LA LUCE COME EMOZIONE
Conversazione con Giuseppe Lanci

a cura di Monica Pollini

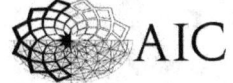

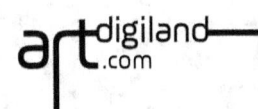

Artdigiland Ltd
Founder and Director: Silvia Tarquini
23, Griffith Downs - The Crescent
Drumcondra
Dublin D9
Rep. of Ireland
www.artdigiland.com
info@artdigiland.com

LA LUCE COME EMOZIONE
Conversazione con Giuseppe Lanci
a cura di Monica Pollini

prefazione di Laura Delli Colli

con il patrocinio AIC - Associazione Italiana Autori della Fotografia
Cinematografica

editing e redazione: Silvia Contorno
grafica e impaginazione: Michela Tranquilli

in copertina: Un'immagine di *Il sole anche di notte* di Paolo e
Vittorio Taviani (1999), foto di Umberto Montiroli

nel retrocopertina: Andrej Tarkovskij e Giuseppe Lanci durante le
riprese di *Nostalghia* (1983); Marco Bellocchio e Giuseppe Lanci
sul set de *La condanna* (1991); Giuseppe Lanci e Greta Scacchi sul
set di *Good Morning Babilonia* di Paolo e Vittorio Taviani (1987);
Nanni Moretti e Giuseppe Lanci sul set di *Caro diario* (1993)

nella pagina a fronte: Giuseppe Lanci, ritratto (2005), foto:
Alessandro Gatti; a p. 12 Giuseppe Lanci sul set di *Uccidete il
vitello grasso e arrostitelo* di Salvatore Samperi (1970)); a p. 259
Giuseppe Lanci sul set di *Nostalghia* di Andrej Tarkovskij (1983)

alcune delle immagini pubblicate nell'edizione deluxe del volume
(formato fotografico, illustrato a colori) sono disponibili per i nostri
lettori al link: http://www.artdigiland.com/immagini-beppe-lanci

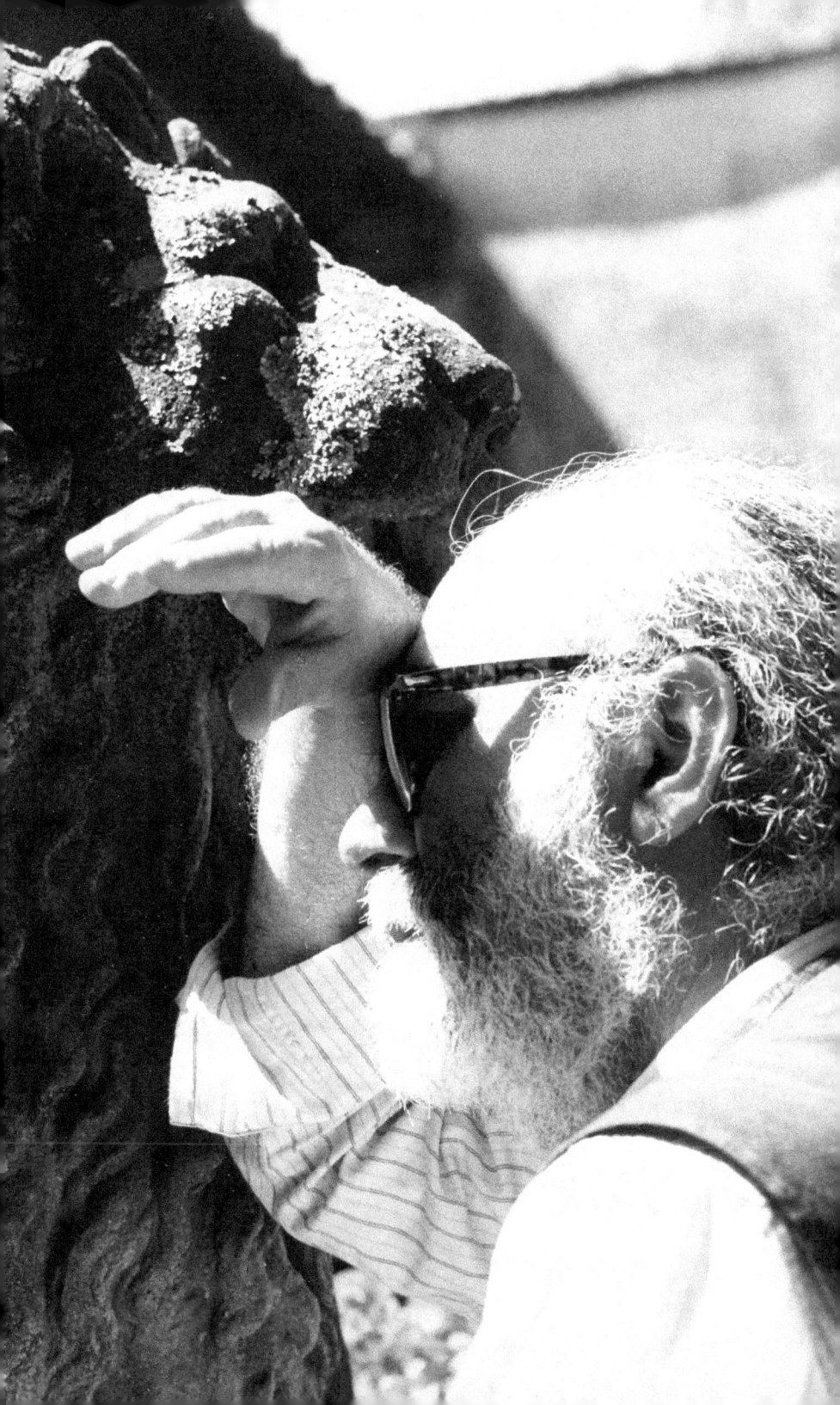

Sommario

Prefazione

di Laura Delli Colli

Sembra di esserci, a leggere il racconto di Giuseppe Lanci, in quella sala del Trianon di Roma dove le poltrone di legno scricchiolavano. Sembra di essere proprio lì, quel pomeriggio, e di sentirla sbottare, sua madre, che di fronte alle immagini di *Rashomon* – che segnano per sempre la scelta professionale del giovanissimo Beppe – rimpiange, delusa, la bellezza popolare e sanguigna di un bel film con Anna Magnani. A partire da quel piccolo racconto vivo, queste pagine si attraversano facilmente, in una di quelle storie che diventano documento prezioso.

I tecnici, gli artigiani, i protagonisti abituati a lavorare nel riflesso del regista spesso non sono capaci di raccontarsi ma, soprattutto, ne hanno scarsissima voglia. Per qualche eccesso di riservatezza o per una resistenza a «perdere tempo» con la comunicazione del proprio lavoro – come spesso ho sentito dire in casa – tendono, storicamente, a restare in un'ombra che non valorizza il loro operato e il ruolo chiave che la squadra della luce ha, oggettivamente, sul set. Ecco perché chi riesce – come Beppe Lanci in queste pagine – a rompere, finalmente, questo diaframma ci consegna qualcosa di veramente importante. Anche per la Storia?

«Erede di quell'aristocrazia artigianale che discende dal capostipite Tonino Delli Colli» lo definisce il biografo ufficiale dei *cinematographers* Stefano Masi, nel suo *Dizionario mondiale*. Posso dirlo, dunque, senza rischiare fraintendimenti per questioni di appartenenza familiare, che la sua è una di quelle storie della luce che hanno radici "antiche", in quel meraviglioso saper fare che nasceva dalla capacità – allora davvero tutta artigianale – di costruire sull'intuizione e sul talento. Gli artigiani di ieri imparavano da chi aveva imparato: mio padre, Franco, lo aveva fatto

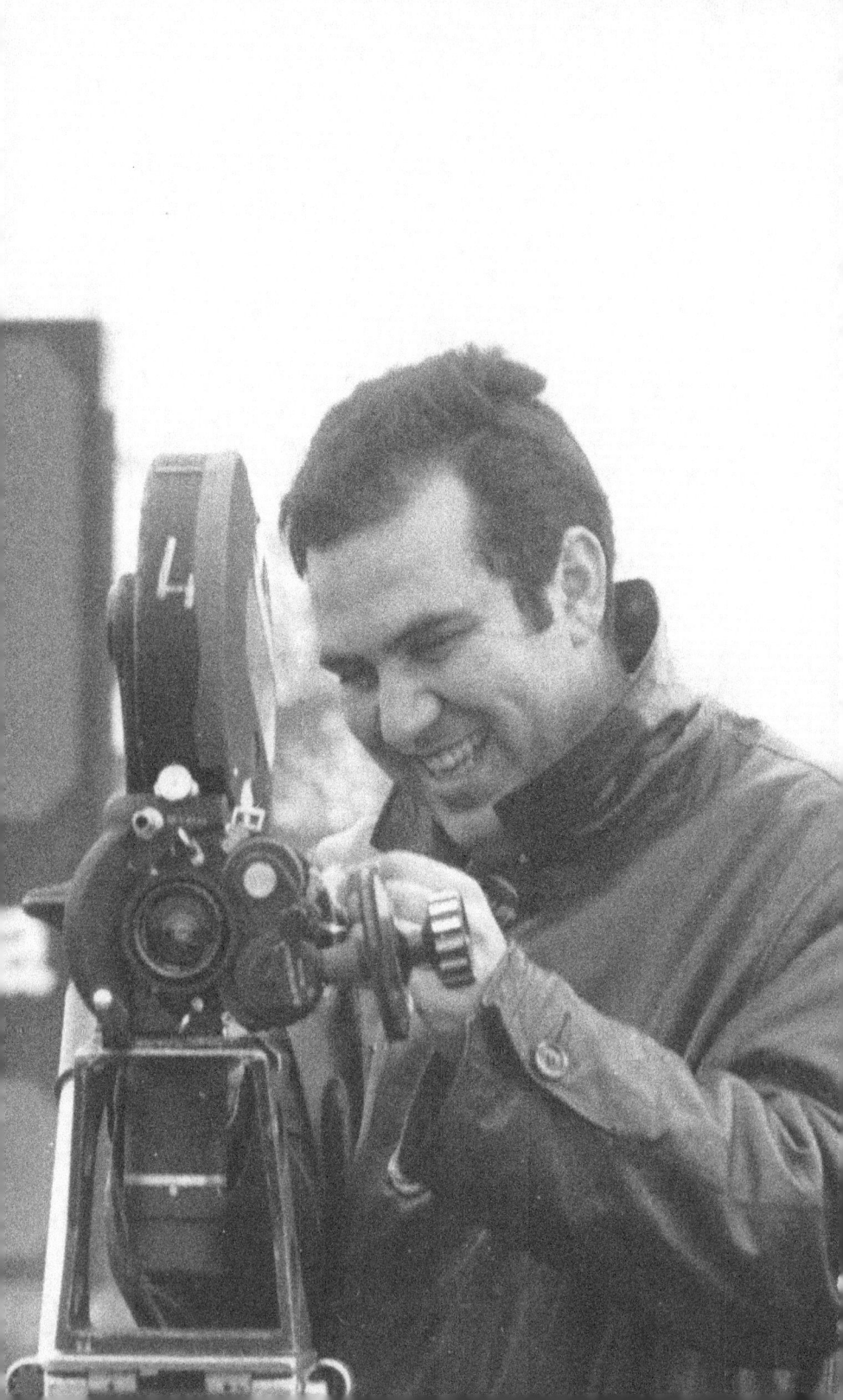

prima di Beppe e di un altro Franco (Di Giacomo) dal cugino più grande. E anche per Beppe, nell'incontro con Tonino, era andata così. Posso immaginarli perfettamente i loro dialoghi su quei set dove la vecchia "aristocrazia artigianale", senza diploma, misurava la luce, prima che con gli occhi all'esposimetro, semplicemente col calore su una guancia, in una sfida spudorata col proprio intuito, provocando con la forza dell'esperienza chi la fotografia, invece, cominciava a studiarla, magari al Centro Sperimentale, aggiungendo al talento la consapevolezza della tecnica e le esercitazioni. Loro, i pionieri di un tempo, non avevano avuto la possibilità di farlo, ma hanno fondato la loro professione e quella di intere generazioni che li avrebbero seguiti. Lanci, folgorato di fronte a *Rashomon* da una qualità fotografica che lo avvia sulla strada della luce, è la conferma che tra gli irriducibili di ieri, arrivati al successo internazionale nonostante l'ostinata resistenza ad andare oltre le mura di Cinecittà e i *cinematographers* di oggi, consacrati autori, c'è stata una generazione preziosa, che ha unito artigiani e artisti, imparando a costruire consapevolmente sulla lezione dei pionieri. E illuminando con la propria testimonianza chi aveva creduto nella luce anche quando il cinema non ne conosceva in pieno l'importanza.

Intervista

La famiglia, la scuola, *I pugni in tasca*

Se ripensi alla tua storia, credi che ci sia stato qualche evento particolare che ha segnato il tuo cammino, che riconosci come fondamentale per il tuo percorso umano e artistico?

Tutto è iniziato con la morte di mio padre, nel 1953. All'epoca frequentavo le scuole medie, con ottimi voti in latino e in italiano, per cui tutto lasciava prevedere il ginnasio, il liceo e poi chissà quale facoltà. La morte prematura di mio padre ha reso impossibile, per motivi economici, che io proseguissi gli studi. Mi è stato raccontato in seguito che prima di morire si era raccomandato di farmi studiare, motivo per il quale finii all'Istituto Statale d'Arte di Roma. Era una scuola in cui si imparava un mestiere e aveva una durata inferiore rispetto al percorso universitario. C'era un solo problema: non sapevo disegnare. Avevo buoni voti nelle materie umanistiche, ma per il disegno ero negato. Il primo anno, propedeutico, era in comune per tutti gli indirizzi. C'erano molte lezioni legate al disegno: disegno di architettura, disegno dal vero, disegno geometrico. Alla fine del primo anno, quando dovetti scegliere quale specialità frequentare, decisi per fotografia, perché in quel corso non mi sarebbe stato richiesto di disegnare. Il nome esatto del diploma era: "Maestro d'arte di fotografia".

Cosa ricordi del periodo trascorso a scuola?

Mentre ero ancora studente partecipai anche a concorsi di fotografia. Grazie ad alcuni lavori di composizione vinsi due premi, uno da 50.000 Lire, riscosso dopo non so quanti anni con una polizza dell'Ina Assicurazioni. Vinsi anche un premio a Firenze, alla Mostra dell'Arte e dell'Artigianato, ben 15.000 Lire! Io e Carlo Tafani, mio amico e compagno di studi, mandavamo ai concorsi fotografie di ottima fattura: belle, ben presentate, con la cartellina, il passepartout: era un lavoro serio e ben confezionato.

Che ricordi hai dei tuoi professori?

Ripensando ai docenti delle scuole dell'obbligo conservo diversi ricordi positivi, uno su tutti mi è rimasto particolarmente nel cuore: non potrò mai dimenticare quando, al momento di lasciare le medie, l'ultimo giorno di scuola, la professoressa Zucca mi chiese dove sarei andato al liceo. Sperava che dicessi al Liceo Classico Terenzio Mamiani o al Virgilio. Le dissi invece che avrei frequentato l'Istituto d'Arte: le sono venute le lacrime per il fatto che non proseguissi gli studi classici.

Hai detto che tutto è iniziato con la morte prematura di tuo padre. Quali altri fatti ti hanno portato alla tua professione?

Il secondo episodio fondamentale fu questo: alla fine della scuola, nel 1961, il mio compagno Carlo Tafani, anche lui in seguito direttore della fotografia, mi disse: «Beppe, vogliamo provare il concorso per il Centro Sperimentale?». Io, detto in tutta sincerità, non sapevo assolutamente cosa fosse il Centro Sperimentale di Cinematografia. Mi piaceva molto andare al cinema ma non ero un vero appassionato, non avevo mai avuto una Super 8. Accettai la sua proposta e ci preparammo insieme per gli esami di ammissione.

Fino a quel momento che rapporto avevi avuto con il cinema d'autore?

Prima di allora avevo avuto solo due incontri con il cinema d'autore. Mio fratello un giorno disse a mia madre: «Proiettano *Rashomon* al cinema Trianon, è un capolavoro assoluto!».

Vi ricordo che stiamo parlando degli anni '50. Mia madre mi prese per mano e mi chiese di accompagnarla alla proiezione. Andammo a vedere il film in una sala enorme, completamente deserta – ci saranno state sette o otto persone, compresi noi due –, si sentivano gli scricchiolii delle sedie. Dopo un po' mia madre sbottò: «E questo sarebbe il capolavoro?! Adesso quando andiamo a casa tuo fratello mi sente!». Questo è stato il mio primo incontro con il cinema d'autore! Riuscite a immaginare una donna semplice, del popolo, alla proiezione di *Rashomon*? Le piacevano film come *L'onorevole Angelina*, con Anna Magnani! Il secondo "incontro" è legato alla visione de *Il settimo sigillo* di Ingmar Bergman, uscito nel 1957. È stato il primo film che ho visto di mia spontanea volontà e più lucidamente perché stavo studiando fotografia, quindi iniziavo a conoscere e capire diversi aspetti della tecnica, dell'illuminazione. La fotografia straordinaria di Gunnar Fischer mi colpì moltissimo: avevo 15 anni. Ancora oggi lo ritengo un film in bianco e nero formidabile.

Hai accennato a tua madre. Che tipo di famiglia era la tua? In che contesto sei nato?

La storia della mia famiglia è carica di problemi. Prima della Guerra mio padre lavorava per l'Aereonautica poi, una volta terminato il conflitto o forse durante, non ricordo, ha preso in gestione un negozio di pneumatici. Mia madre era una casalinga, aveva smesso di studiare in terza elementare. Aveva frequentato una scuola gestita dalle suore; un giorno la maestra, una laica, le diede una frustata sulla mano e mia madre di tutta risposta le tirò il calamaio addosso, sulla camicetta bianca! Da quel momento si rifiutò di tornare in classe, quindi non terminò gli studi, sebbene fosse stata ammessa alla quarta. Era una donna semplice, ma aveva una certa grinta. Mia sorella ha avuto la poliomielite da piccolissima e il fatto che camminasse era un miracolo, mia madre lo diceva sempre. Intorno agli 11 anni venne operata ma le tagliarono un tendine e questo le causò ulteriori problemi. Mio fratello, il primogenito, durante l'occupazione tedesca fu deportato in un campo di concentramento: aveva 17 anni. Durante la festa del primo maggio al rione Testaccio lui ed altri ragazzi manomisero uno strumento di accensione di un tram e per questo motivo fu preso, portato a via Tasso e mandato al nord in un campo di lavoro, finché non venne trasferito a Dachau. Mentre era a via Tasso, diverse persone si fecero pagare lautamente da mio padre con la promessa di riportargli a casa il figlio, ma molto probabilmente lui era già in viaggio per il campo di concentramento. Fortunatamente è tornato, ma la sua vita era stata devastata. Morì giovane di infarto. Abbiamo sempre avuto problemi economici, papà è morto quando avevo 11 anni e frequentavo la seconda media.

Mentre eri ancora studente hai avuto contatti con il mondo del lavoro?

Sì, durante gli studi lavoricchiavo in un negozio che stampava immagini per il Vaticano: c'era un archivio di foto, arrivavano le richieste, prendevamo i negativi corrispondenti e stampavamo. Non avevo mai visto qualcuno che stampasse bene come il proprietario di quell'attività: era un vero genio! Stampava a una velocità incredibile, sembrava una macchina! Durante il periodo all'Istituto d'Arte fotografavo le opere di ceramica dei colleghi di scultura, ma si trattava di lavoretti da poco conto.

Quali erano allora le prospettive lavorative una volta terminata la scuola dell'obbligo?

All'epoca, appena un ragazzo si diplomava, riceveva proposte di lavoro direttamente a casa; ricordo che mi arrivò una proposta da un'industria grafica. Ma non era certamente la mia più grande aspirazione.

Finché non arrivò l'idea di tentare il concorso di ammissione al Centro Sperimentale...

Esattamente. Quando Carletto Tafani mi fece la fatidica proposta avevo solo 19 anni. Durante l'estate ci preparammo perché nel bando di concorso erano richieste varie materie: c'era anche trigonometria, che noi, ovviamente, all'Istituto d'Arte, non avevamo affrontato. Era una materia utile per le nozioni inerenti la fotometria, la misurazione della luce, la sensitometria. Così per tutta l'estate precedente il concorso prendemmo delle lezioni da un professore. Malgrado un esame assolutamente nozionistico, in base al quale pensavo che non mi avrebbero preso, rientrai nei quattro posti disponibili. Quando ci furono gli esami orali il primo malcapitato uscì dicendo: «Qui chiedono di parlare del direttore della fotografia! Ma chi è?!». Nessuno sapeva chi fosse questa strana figura! Ricordo che un altro ragazzo aveva con sé due opuscoli di un cineforum, uno su *Miracolo a Milano* di De Sica con fotografia di Aldò (Aldo Graziati) e l'altro, se non sbaglio, su *La fontana della vergine* di Bergman, illuminato da Sven Nykvist. Quando entrai per sostenere l'esame parlai di Aldò, perché avevo visto il film da poco. Soltanto dopo, al Centro Sperimentale, ho cominciato a scoprire veramente questo lavoro, insieme ai miei tre compagni italiani e al gruppo di uditori, studenti stranieri che all'epoca avevano la possibilità di assistere alle lezioni da esterni.

Durante il periodo al Centro Sperimentale hai avuto dei docenti che ritieni ti abbiano trasmesso insegnamenti importanti per la tua formazione? Dei maestri che ricordi con particolare affetto?

A dire il vero no. Al Centro frequentavamo lezioni tenute da un direttore della fotografia, che veniva da Torino, dal documentario industriale. Questo docente ci trasmetteva nozioni arretrate rispetto al periodo storico che stavamo vivendo: erano gli anni '60, la nuova fotografia cinematografica stava esplodendo. In Francia era già nata la Nouvelle Vague e in Italia avevamo Gianni Di Venanzo, riconosciuto in tutto il mondo come il più grande direttore di fotografia mai esistito, che utilizzava piccoli mezzi, tecniche inedite, apparecchi di illuminazione innovativi. L'unico docente che ci infondeva barlumi di reale conoscenza era l'anzianissimo Carlo Ventimiglia, 80 anni passati, che teneva il corso di ottica, però lo gestiva dal punto di vista dell'ottica applicata, mostrandoci come, attraverso questa disciplina, fosse possibile scoprire il linguaggio cinematografico. Il suo modo di insegnare era estremamente interessante, inoltre era l'unico operatore con una certa esperienza, avendo lavorato anche con Hitchcock, motivo per il quale ogni tanto si lucidava la medaglia! Aveva persino costruito delle macchine da presa, insomma si trattava di un personaggio speciale. Dal momento, poi, che tanti insegnanti spesso non si presentavano a lezione, avevamo a disposizione molte ore libere. Questo era un vantaggio per chi avesse voglia di esercitarsi. Spesso, senza docenti, ci recavamo nel teatrino di posa e chiedevamo al responsabile una pizza di pellicola in bianco e nero e un elettricista. Lavoravamo con il bianco e nero, così come accadeva fuori dal Centro, nel resto del cinema italiano. Questa è stata la nostra vera "palestra cinematografica". A lezione ci veniva insegnato un modo di illuminare "classico", molto tradizionale, che poteva andare bene dieci anni prima. Si utilizzava solo il proiettore, ma in quel periodo erano uscite le pinze, le quarzo. Non era obbligatorio girare con le pinze, ma era una possibilità, proprio come la luce riflessa o la macchina a mano. Ecco perché nelle nostre esercitazioni "autogestite" provavamo di tutto, tanto che un nostro docente, quando vide come ci esercitavamo, ci fece una sfuriata perché trovava il nostro modo di lavorare inconcepibile. Noi non sapevamo ancora bene cosa significasse girare, però cercavamo una strada che fosse nostra e non imposta dall'alto, oppure tentavamo di riprodurre quello che vedevamo al cinema, ovviamente con scarsi risultati! Poco alla volta si creavano rapporti con gli allievi degli altri corsi e si formavano spontaneamente delle piccole troupe.

Che pellicole utilizzavate durante le esercitazioni?

Era l'inizio degli anni '60. Usavamo la Ferrania P30, 100 ASA, una pellicola meno pulita, più contrastata, ad esempio, rispetto alla Dupont S2 e S4, 100 e 400 ASA. Poi c'era anche la Kodak con le pellicole Plus X, Double X e Tri X. Quando uscì l'Ilford ci accorgemmo che aveva una gamma di pellicole straordinarie, come la Mark Five. C'era una vasta possibilità di scelta. Inoltre, lavorando in bianco e nero, potevamo modificare il bagno di sviluppo e aumentare il contrasto, la sensibilità, la grana. Questa possibilità di manipolazione influiva direttamente sul modo di lavorare in ripresa. Ad esempio, dopo aver girato una scena, se ne girava nuovamente una parte, apponendovi un cartellino con su annotata l'atmosfera che si desiderava dare alla scena stessa, ad esempio "tramonto", "esterno giorno", "notte americana"... L'assistente operatore scaricava il magazzino e faceva una tacca sulla pellicola che serviva allo sviluppatore per tagliare il negativo nel punto desiderato. In questo modo poteva tagliare alcuni pezzi e svilupparli a tempi diversi. Quando il direttore della fotografia arrivava in laboratorio trovava i provini sviluppati e con il tecnico di laboratorio sceglieva la versione migliore.

Quali sono stati i lavori che ricordi del periodo al Centro Sperimentale?

Durante il biennio sono riuscito a guadagnarmi qualcosa facendo anche servizi fotografici nei matrimoni e qualche foto agli attori e alle attrici del Centro, ma soprattutto ho girato due saggi di diploma, invece di uno, perché un allievo del corso di fotografia aveva abbandonato la scuola. Queste esperienze hanno arricchito le mie conoscenze sul campo, al fianco di due compagni del corso di regia: Andrea Frezza e Luigi Perelli. Inoltre ho seguito la realizzazione di tutti i corti della scuola: in alcuni casi scattavo semplicemente delle fotografie, ma ero comunque presente sul set. È sempre utile vedere l'operato di un collega, per far tesoro delle sue soluzioni e anche dei suoi errori o delle difficoltà. Il primo anno sono stato assistente operatore nel saggio di diploma di Marco Bellocchio, *Ginepro fatto uomo*, del 1962. Quell'anno accademico annoverava allievi quali Bellocchio e Silvano Agosti, il tandem vincente de *I pugni in tasca*. Alla fine del primo anno avevo fatto moltissima pratica, tra le esercitazioni in teatro di posa, le esperienze in macchina e i corti di fine anno. Lavorando al corto di Bellocchio conobbi Alberto Marrama, il direttore della fotografia che in seguito, nel 1965, mi avrebbe chiamato per fare da assistente operatore ne *I pugni in tasca*. Su quel set, grazie alle numerose esperienze scolastiche, sono stato in grado di sostituire Marrama sia in macchina sia alle luci, anche se solo per tre giorni.

Cosa è successo una volta ottenuto il diploma in fotografia al Centro Sperimentale?

Appena diplomato sono partito militare e sono stato lontano da Roma e dal cinema per 15 lunghi mesi assolutamente inutili, mentre Marco Bellocchio si era recato in Inghilterra per frequentare la Slade School of Fine Arts di Londra. In quel momento il cinema inglese viveva un periodo particolarmente vivace. Quando sono tornato ho riallacciato i rapporti con i registi che avevo conosciuto al CSC e ho girato alcuni documentari. All'epoca la Società Corona Cinematografica era regina del documentario. I suoi dirigenti consegnavano ai giovani registi poca pellicola per contenere i costi. Erano sicuri, grazie ai loro "contatti", di ottenere premi di qualità, per cui potevano contare su un guadagno certo ogni anno. Dopo queste esperienze, Alberto Marrama, che stava per girare un film con Bellocchio, mi ha chiesto di partecipare: senza esitare un istante ho accettato!

I pugni in tasca è un film capitale del cinema italiano...

Sì, potrei dire che è stato il mio film di esordio, anche se avevo lavorato a un altro film durante l'estate del '62, tra il primo e il secondo anno al Centro, che però non è mai stato finito e non è mai uscito. Si intitolava *Le sbandate*. All'epoca c'erano molte produzioni ed era in vigore una legge che stabiliva la presenza di un allievo tecnico del Centro Sperimentale all'interno di ogni troupe, cosa che senza dubbio aiutava l'inserimento dei giovani nel mondo del lavoro. *I pugni in tasca* era un film autoprodotto, che costò pochissimo. La troupe era composta da nove persone e non avrei mai immaginato che avremmo realizzato il capolavoro che poi si è dimostrato. Oltre che assistente operatore ero anche fotografo di scena: ognuno di noi svolgeva due o tre mansioni.

Cosa ricordi della lavorazione?

Il clima sul set a volte aveva tratti goliardici, c'era un'atmosfera serena, si rideva molto, si scherzava. Ci si conosceva bene, eravamo tutti amici. Enzo Doria era l'organizzatore generale e aveva il compito di coordinare il lavoro. Sua moglie, Gisella Longo, era scenografa ma si occupava anche dei costumi e del trucco. Vittorio De Sisti era fonico e aiuto regista, mentre Enzo Novelli era direttore di produzione e segretario di edizione. Lou Castel, Paola Pitagora e Marino Masé erano gli attori principali, poi c'erano un elettricista e un macchinista. Per quanto riguarda i fondi, credo che Marco li abbia messi insieme anche facendosi aiutare dalla sua famiglia. Se non sbaglio il film costò circa 30.000.000 di Lire. Durante la lavorazione abbiamo alloggiato a Bobbio, in un albergo gestito da parenti di Marco, cercando così di contenere le spese. A questo proposito, ricordo che un giorno a pranzo presi una cotoletta, oltre alla frittata, e subito fu chiesto a gran voce chi avesse ordinato due secondi! Non era contemplato nel budget, avevo "sforato"! Durante la lavorazione mi venne affidata una grande responsabilità – così mi sembrava, essendo ancora giovane e inesperto. Il direttore della fotografia, Alberto Marrama, doveva recarsi a Roma per problemi di famiglia, così gli ultimi tre giorni mi trovai da solo sul set: interni, esterni, movimenti di macchina, insomma c'era una nutrita serie di scene da realizzare. Ero solo, l'unico operatore, accompagnato soltanto da un macchinista che faceva anche i fuochi. La stessa cosa mi è capitata nel 1970 quando mi sono trovato a girare una notte interamente da solo per il film *Strategia del ragno* di Bernardo Bertolucci, perché il direttore della fotografia Franco Di Giacomo era tornato a Roma per impegni presi in precedenza.

Il clima familiare che caratterizzava il set non ha impedito di realizzare un grande film...

È vero, quando il film è uscito è stato un vero successo. La sua realizzazione è stata in tutto e per tutto avventurosa: lo stabilimento di sviluppo e stampa ha danneggiato in parte il negativo e ha stampato la copia zero in modo disastroso, cosicché abbiamo dovuto riprendere il negativo e farlo stampare dall'Istituto Luce. Una volta completato, il film cominciò a marciare e a fare il giro del mondo nei festival, vincendo molti premi. Credo che al botteghino italiano abbia toccato i 200.000.000 di Lire. Se non sbaglio fu venduto in numerosi paesi stranieri. Si trattò anche di un vero affare, tanto che la casa di produzione Vides poco dopo propose a Marco di realizzare *La Cina è vicina.*

Da assistente a operatore di macchina. Sul set con Tonino Delli Colli e Franco Di Giacomo

L'anno successivo, nel '66, un altro ex allievo del Centro Speri-mentale, Silvano Agosti, ti contatta per il suo film, Il giardino delle delizie, in veste di assistente operatore...

Sì, *Il giardino delle delizie* è stato uno dei miei primi film da assistente operatore. Aldo Scavarda era il direttore della fotografia e Vittorio Storaro operatore di macchina. Scavarda, avendo lavorato a *L'avventura*, era considerato un direttore della fotografia importante, mentre Storaro non era ancora noto. È stata un'esperienza particolarmente difficile per me, dalla quale però ho imparato molto, perché Vittorio mi ha aiutato considerevolmente. Si trattava di un film molto difficile da realizzare; non ho più affrontato in tutta la mia vita un lungometraggio tanto complicato. Non nascondo che in quel contesto ho sofferto parecchio. Vedendomi patire giorno dopo giorno, una simpaticissima truccatrice mi disse: «Peppe, ma chi te lo fa fare 'sto lavoro? Cambia mestiere! Guarda che questi sono matti! Ti verrà la gastrite!».

Perché il film era così difficile? Che tipo di richieste faceva Agosti?

Usavamo spessissimo lunghe focali e facevamo carrelli con un obiettivo a fuoco rapido, così da passare dalla figura intera al dettaglio dell'occhio. Come sanno bene i miei colleghi, questo tipo di inquadrature è di una difficoltà estrema.

Una volta terminato questo lavoro, hai ripreso la collaborazione con Bellocchio per il suo secondo film...

Le cose sono andate così: quando è stata ora di realizzare *La Cina è vicina*, Elda Tattoli, direttore del doppiaggio de *I pugni in tasca* e molto amica di Tonino Delli Colli, ha suggerito a Bellocchio di prendere Delli Colli come operatore. A quel punto Marco in persona ha chiesto a Delli Colli di assumermi come assistente. Era una sorta di gesto di riconoscenza, dal momento che per *I pugni in tasca* avevamo lavorato tutti per una cifra molto più bassa del minimo sindacale. A quel tempo le troupe erano molto chiuse, ogni direttore della fotografia aveva il proprio operatore di macchina e il proprio assistente; nei casi migliori potevi rientrare come aiuto, ma era difficilissimo. Eppure Tonino Delli Colli mi chiamò, sebbene non fossi molto esperto. Lavorare a *La Cina è vicina* ha significato per me il passaggio a un tipo di cinema professionalmente più importante.

Che tipo di rapporto si creò con Tonino Delli Colli?

Tonino Delli Colli, persona per certi aspetti dolcissima, all'inizio ebbe nei miei confronti un atteggiamento ambivalente. Da un lato di rispetto perché "avevo studiato", mentre lui veniva dalla gavetta, ed ero amico di Marco Bellocchio, dall'altro era preoccupato per la mia inesperienza. Poco alla volta mi diede fiducia e, quando Franco Di Giacomo, il suo operatore, fu coinvolto nell'alluvione di Firenze, mi fece stare alla seconda macchina. Tonino mi affidava questo compito ben volentieri, perché non amava stare in macchina. Ricorderò sempre positivamente gli anni di lavoro al suo fianco, durante i quali ho partecipato a film importanti: *C'era una volta il West* di Leone, *Porcile* di Pasolini, *Il giorno della civetta* di Damiani, *Metti, una sera a cena* di Patroni Griffi, che fu un grandissimo successo. Le nozioni imparate a scuola mi consentirono di comprendere ciò che accadeva attorno a me, il modo di illuminare di Tonino e la tecnica che lo contraddistingueva. È stato molto formativo lavorare al suo fianco, anche se successivamente ho scelto di affiancare Franco Di Giacomo. Credo di dover ringraziare Franco, perché Tonino riceveva tante richieste da parte di vari assistenti, ma tennero me, perché con Franco era nata un'amicizia abbastanza stretta, che è continuata fino alla sua morte. Rimasi con loro fino al 1969, quando sono passato a operatore di macchina con Franco. Quando io e Franco ce ne andammo, insieme, Tonino ne soffrì molto e, sebbene gli avessimo trovato dei validi sostituti, non fu assolutamente contento, anzi ne rimase seccato. Gli dovetti scrivere una lettera di scuse, spiegando i motivi per cui avevo scelto Franco. Da un punto di vista meramente lavorativo sarebbe stato più sicuro per me rimanere con Tonino, però con Franco si era consolidata l'amicizia e c'era una maggiore intesa per una vicinanza generazionale. Dopo aver preso la mia decisione proposi a Tonino il collega con cui avevo frequentato il Centro Sperimentale, dicendogli: «Carletto è proprio giusto per te!». E Tonino si fidò della mia proposta. Effettivamente Carlo Tafani era davvero "giusto" per Delli Colli: rimase con lui tantissimi anni, poi passò in macchina, insomma fece la sua strada, lavorando in tutti i film di Sergio Leone. Era uno dei più bravi, a mio avviso forse il più bravo operatore di macchina che il nostro cinema abbia avuto.

Cosa ti è rimasto di più del lavoro con Delli Colli?

Io e Tonino eravamo molto diversi caratterialmente, quindi dal punto di vista umano le differenze superavano le affinità. Una cosa è certa: se avessi avuto il suo carattere avrei avuto una vita lavorativa e forse anche relazionale molto più facile, perché lui riusciva a modificare le situazioni a suo vantaggio, mentre io ho sempre cercato di realizzare ciò che i registi desideravano. Quello che mi è sempre piaciuto di Tonino era l'essenzialità, il suo saper scegliere esattamente dove mettere la luce più importante, la cosiddetta "luce chiave" che conferisce l'atmosfera, il carattere, il significato alla scena. Era la sua dote principale e la ritengo una dote fondamentale. Guardando alla sua carriera, all'elevato numero di film che ha realizzato e alla loro importanza, soprattutto dal 1959 in poi, stupisce come sia rimasto un uomo molto semplice, per certi aspetti umile. Rifiutò di andare negli Stati Uniti dove la sua abilità gli avrebbe portato un grande successo, benché si trattasse di un mondo più complicato. Vi sarebbe stato introdotto da Luis Malle. Ma la semplicità ha sempre fatto parte del suo carattere, spesso diceva: «Sto tanto bene qui in Italia! Lavoro, realizzo i film migliori... Chi me lo fa fare di andare dall'altra parte del mondo?». Non aveva chissà quali ambizioni. Ho sempre considerato questo suo atteggiamento come un grande pregio. È stato allegro e vitale fino a pochi anni prima della morte, un bel vecchietto, sempre spiritoso, molto caustico. Uno degli ultimi ricordi: eravamo al funerale di Pasqualino De Santis, che era morto in Ucraina, mentre stava lavorando a un film di Rosi, e la salma tardava ad arrivare dall'aeroporto alla Chiesa degli Artisti, in Piazza del Popolo. Per ingannare l'attesa siamo entrati in un bar. C'era tantissima gente, sia in chiesa, sia sul sagrato, e ad un certo punto Tonino mi ha detto, con la sua lieve balbuzie: «Fammi un po' vedere chi c'è, perché poi al mio funerale ci saranno le stesse facce»!

Cosa puoi raccontare del tuo ultimo lavoro da assistente al fianco di Delli Colli?

Il film si intitolava *La tenda rossa* ed era diretto dal regista russo Mikhail Kalatozov. La lavorazione era iniziata in Russia dove la troupe – interamente russa, eccetto un solo operatore italiano – aveva girato la maggior parte del film. Ad un certo momento il set si trasferì a Roma per girare in teatro di posa un blocco di varie settimane, che comprendeva tutti i colloqui e gli incontri fra il comandante Umberto Nobile, capo della spedizione al Polo Nord, e i numerosi personaggi del film. Si trattava di una specie di processo, dal momento che il comandante era accusato di una condotta non corretta nei confronti dell'equipaggio del dirigibile. Nell'appartamento di Nobile, interpretato dall'attore inglese Peter Finch, si presentano i vari personaggi. Il cast annoverava nomi quali Sean Connery, Claudia Cardinale, Hardy Kruger e attori russi di alto livello.

Dove avete girato?

Girammo queste scene nei teatri di posa della Vides, a Roma: è stata una bella esperienza.

Come mai era stato nominato un direttore della fotografia italiano, se la troupe era quasi interamente russa?

A Tonino Delli Colli era stato detto che l'operatore russo era malato e che non poteva venire in Italia, motivo per cui il produttore aveva chiamato proprio Tonino, perché era convinto che la lavorazione avrebbe richiesto meno tempo. Tutti gli attori venivano pagati a posa, quindi era una spesa notevole per la produzione. Dopo poco tempo e contro ogni previsione, però, questo direttore della fotografia russo apparve sul set, e Tonino si trovò in una posizione decisamente imbarazzante. Molto elegantemente salutò e lasciò me e Franco Di Giacomo a proseguire per svariate settimane.

Come è stato l'approccio lavorativo con troupe e regista russi?

I colleghi russi erano imperturbabili e non avevano alcun tipo di problema a girare nuovamente dall'inizio qualsiasi scena. Facevano spesso delle riunioni, durante le quali noi giocavamo a pallone, talvolta anche con Sean Connery, che aveva giocato nel Manchester City! I loro meeting erano estremamente lunghi, credo che servissero a pianificare il lavoro. In ogni caso il loro modo di girare era semplice, non ho mai notato particolari complessità. Il direttore della fotografia amava molto la macchina a mano. Erano abituati al fatto che il direttore della fotografia stesse anche in macchina, però si adeguarono al modo di girare italiano. In quell'occasione per la prima volta scoprii un modo di lavorare che non era assolutamente come quello occidentale: il fattore "tempo" non era preso in considerazione. Il direttore della fotografia aveva a disposizione tutto il tempo che voleva per preparare un'inquadratura, nessuno gli chiedeva quanto gli occorresse. Qui in Italia non hai ancora finito di montare la macchina da presa e già ti chiedono: «Quanto ti manca?!». Ancora non si sa quale sarà l'inquadratura, ma questa domanda te la senti fare ugualmente! È la battuta classica! Invece ricordo che lui provava, posizionava una luce, cambiava qualcosa, spostava gli apparecchi, metteva la luce riflessa, utilizzava un pannello: era una vera e propria ricerca, un modo di concepire il lavoro assolutamente differente dal nostro.

Questo è stato possibile in Italia perché c'erano dei finanziamenti cospicui, o perché si trattava di un artista russo, che quindi godeva di una certa libertà di azione?

Kalatozov era un regista importante, ma il progetto era internazionale, quindi sicuramente i finanziamenti erano cospicui e provenivano da vari Paesi. Senz'altro la produzione poteva vantare un budget adeguato al piano di lavoro, che evidentemente prevedeva una certa libertà. Mentre eravamo impegnati con questo film, Tonino Delli Colli ne cominciò un altro, quindi anche noi salutammo la troupe russa per raggiungerlo e proseguire sulla nostra strada.

Prima di incontrare Tonino hai partecipato anche alla realizzazione di film con un budget del tutto diverso, non è così?

Sì, nel 1966, per esempio, ho lavorato ad un film prodotto in cooperativa, *Morire gratis*, diretto da Sandro Franchina e girato in bianco e nero con la pellicola Mark Five e HPS della Ilford. La produzione disponeva di mezzi ridottissimi e la troupe era ridotta all'osso. Un ex allievo del Centro, Guido Cosulich, si occupava della fotografia e dei movimenti di macchina. Durante il primo giorno di riprese, ad un certo punto era in cima ad una scala per fare il totale di una festa in terrazza; ha iniziato a scendere, mi ha messo la macchina in mano e mi ha detto di proseguire in mezzo alla gente! Ho girato piccole sequenze, però ho cominciato a capire che il ruolo di operatore non mi dispiaceva affatto. Da quel momento in poi ho vissuto tante occasioni in cui ho potuto cimentarmi nel mestiere di operatore, a fianco di grandi registi. Negli anni '60, con il diffondersi della poetica della Nouvelle Vague, si tendeva ad usare la macchina da presa con una libertà assoluta. La Mark V veniva trattata a 400-600 ASA e l'HPS fino a 1200 ASA. Era il modo di lavorare di quel periodo.

Nel '69 sei diventato "ufficialmente" operatore di macchina. Come hai vissuto questo "esordio"?

Esordivo come operatore di macchina al fianco di un amico, Franco Di Giacomo, che a sua volta esordiva come direttore della fotografia. Mi riferisco alla lavorazione del film di Salvatore Samperi, *Uccidete il vitello grasso e arrostitelo*, uscito nel 1970. La prima settimana di lavoro non è stata affatto semplice, perché Samperi veniva dal grande successo di *Grazie zia*, motivo per il quale si sentiva un regista importante. Con il tempo ha avuto fiducia nei miei confronti, non ci sono più stati problemi di sorta, però all'inizio il rapporto professionale è stato impegnativo. Franco Di Giacomo cercava di tranquillizzarmi dicendo che se avessi avuto problemi con le scene più complesse, le avrebbe girate lui al mio posto. Bastava questa rassicurazione a darmi maggiore serenità.

Eri preoccupato?

Moltissimo! Faccio un esempio. Dovevamo realizzare una inquadratura fissa semplicissima: da un ballatoio la macchina da presa *plongée* inquadrava le scale, quindi si trattava di un'inquadratura fissa con grandangolare, niente di particolare. Durante la notte sognai di avere i piedi in campo! Un incubo! Nei giorni seguenti in laboratorio più volte domandai come fosse l'inquadratura e se fosse tutto a posto! Non ero ancora sicuro! Infine arrivò il materiale e lo vedemmo in proiezione: tirai un sospiro di sollievo, i piedi non c'erano! Adesso li cancellerebbero in post produzione, ma allora avremmo dovuto girare di nuovo la scena.

L'anno successivo, nel 1971, hai nuovamente affiancato Samperi nel film Un'anguilla da 300 milioni. *Come fu quella lavorazione?*

Un'anguilla da 300 milioni *era un film a bassissimo costo. Ero sempre operatore, con Franco Di Giacomo; avevamo a disposizione un gruppo elettrogeno da 20 KW e proiettori abbastanza piccoli che trasportavamo con un pulmino Volkswagen. Durante le riprese Franco ha avuto un problema di salute e mi ha lasciato solo per un paio di settimane. Uno degli ultimi giorni, dovevamo girare una scena notturna nella zona dei canali vicino a Caorle. Samperi mi ha detto che sarebbe stato bello vedere la barca da lontano, un campo abbastanza grande. Ammetto che la mia incapacità di valutazione di quello che avrei potuto fare con la luce di cui disponevo era piuttosto elevata. Decido comunque di cimentarmi nell'impresa e non deludere il regista. Dirigo quel poco di illuminazione che avevamo sulla barca, e l'effetto mi sembra interessante. Poi scendo, vado a misurare con l'esposimetro: non c'era nulla! L'esposimetro mi dava dei valori assolutamente insufficienti rispetto alla sensibilità della pellicola. Però quella luce mi piaceva! In quel momento è arrivato un banco di nebbia che ci ha letteralmente sommersi. Mi sono salvato così! Ce ne siamo andati in albergo e quella scena è stata realizzata successivamente da un'altra troupe con mezzi più consistenti.

Cosa ha significato lavorare sul set, come operatore di macchina, con artisti e professionisti di grande livello?

È stata un'ottima "scuola" e non credo di esagerare nel dire che la mia intera professione sia stata una formazione continua. Continuando ad affiancare Franco Di Giacomo, oltre a Salvatore Samperi, ho lavorato con Dario Argento, Bernardo Bertolucci, Damiano Damiani, Luigi Magni, ancora con Bellocchio, realizzando film che hanno incrementato la mia esperienza e la mia conoscenza del mestiere. L'operatore di macchina era un lavoro che amavo moltissimo perché allora, non esistendo il controllo video, era necessario un rapporto di estrema fiducia tra regista e operatore, dal momento che il regista avrebbe visto solo in proiezione il risultato delle riprese. È stato un periodo ricco di fatti ed esperienze formative e dal momento che mi trovo bene con Franco e il lavoro mi piaceva, non avevo nessuna ansia di diventare direttore della fotografia.

Quali erano le caratteristiche di Franco Di Giacomo dal punto di vista umano?

Franco aveva una capacità relazionale invidiabile, riusciva sempre a stabilire un bellissimo rapporto con il regista e con la troupe: faceva parte della sua genialità. Spesso riusciva ad "accomodare" le situazioni in modo da non dover entrare in conflitto con i colleghi. Stavo bene con lui e, da operatore di macchina, avevo il mio spazio ben preciso. Abbiamo realizzato tanti film insieme, sotto la direzione di registi importanti del nostro cinema.

E dal punto di vista tecnico e professionale?

Il suo stile assomiglia in parte a quello di Tonino, in effetti la matrice è la stessa. Rientrano entrambi nello stesso solco della direzione della fotografia italiana, anche se ovviamente con sfumature personali, ogni volta diverse a seconda del regista e della storia.

Hai nominato Dario Argento: cosa puoi raccontare dell'esperienza con lui?

Sono stato operatore di macchina nel suo film *Quattro mosche di velluto grigio*, del 1971. Dario è un regista molto esigente, estremamente abile nel costruire situazioni complesse con movimenti di macchina che mettono seriamente alla prova la tua capacità di operatore. Ha una grande raffinatezza nel costruire le inquadrature. Lavora meno sugli attori, è più un costruttore di immagini, di inquadrature, di movimenti di macchina, tesi a creare suspense. È stato un film, dal mio punto di vista, molto faticoso. Ogni movimento di macchina che lui ideava era difficile e spesso dovevo capire come fare per realizzarlo. Proprio per questo la ritengo un'esperienza importante.

E come è stato lavorare in macchina a Polvere di stelle *con Alberto Sordi?*

Considero *Polvere di stelle* un bel film e Sordi un uomo dalla personalità incredibile. Era molto vitale. La sceneggiatura era bellissima, ho sempre apprezzato la trovata della compagnia di avanspettacolo, piena di battute, di trovate. È un film originale e molto divertente. Per non parlare del fatto che Alberto Sordi e Monica Vitti costituivano una coppia fantastica, anche se tra loro era "amore/odio"! Sordi era capace di stare di faccia sia nel campo sia nel controcampo! In qualsiasi inquadratura riusciva a trovare un modo di girarsi e rubare la scena a tutti. Ci siamo divertiti tanto con Alberto.

La scena all'interno del Teatro è davvero mozzafiato...

Sì, è una scena che mi ha sempre molto emozionato. L'abbiamo girata all'interno del famoso Teatro Petruzzelli di Bari, il Teatro più grande d'Italia. Vedere la platea e le gallerie affollate è stato un vero spettacolo, circa 2000 persone. Si trattava di un "altro" cinema, di livello superiore. La produzione aveva fatto un accordo con il Ministero della Difesa, per cui avevamo ottenuto la possibilità di riempire il Teatro con militari delle tre armi: è stato emozionante vedere questo bellissimo luogo d'arte pieno di persone.

Come regista, dava delle indicazioni specifiche?

In realtà no, lui era un grande attore e lavorava moltissimo con gli altri interpreti, motivo per cui lasciava libertà di azione a Franco Di Giacomo, il direttore della fotografia. Probabilmente lo stesso film diretto da un altro regista avrebbe raggiunto una qualità formale maggiore, perché lui non era in grado di autocontenersi. I tempi delle inquadrature, ad esempio, molto spesso si "dilatavano" perché aggiungeva una battuta, gli veniva un'idea, ma si trattava di un procedimento non "disciplinato", quindi sul set si percepiva la mancanza di un certo "ordine". Ma è stato un bellissimo film, ne conservo un bel ricordo.

E fuori dal set com'era?

Ci invitava spesso a cena, poi elegantemente si alzava, chiamava il responsabile della produzione, a cui diceva: «Tutti i ragazzi stanno con me, mi raccomando» e se ne andava in albergo. Quindi la produzione era costretta a pagare il conto! Ho incontrato di nuovo Sordi solo dopo tanto tempo, in un film di Luigi Magni, quando ormai gli acciacchi degli anni si facevano sentire.

Quali sono le differenze sostanziali tra il lavoro dell'assistente operatore e dell'operatore di macchina?

L'assistente ha il compito di fare i provini-macchina prima delle riprese, cioè di controllare che la macchina funzioni alla perfezione. Verifica ad esempio che la messa a fuoco a occhio corrisponda alla messa a fuoco con il metro, verifica la fissità della macchina. Controlla i campi, ossia che l'inquadratura che si vede dall'oculare sia esattamente corrispondente a ciò che l'obiettivo impressiona sulla pellicola. Sul set deve preparare la macchina e durante le riprese si occupa della messa a fuoco sull'obiettivo seguendo i movimenti degli attori. In alcuni casi lavora con lo zoom, qualora l'operatore di macchina non sia abituato a farlo personalmente. L'operatore invece, guardando nell'oculare, esegue i movimenti di macchina decisi dal regista con la collaborazione del direttore della fotografia. Il suo lavoro prevede un aspetto relazionale, il rapporto con il regista, volto a trovare il giusto movimento di macchina. Ci sono registi molto abili nel muovere la macchina, ma ci sono anche registi che hanno chiaro il movimento degli attori e accettano suggerimenti su come eseguire le riprese. In questo caso il contributo dell'operatore può essere determinante. Una volta che si è deciso se fare, ad esempio, un carrello o un dolly, lo stesso movimento può essere eseguito più o meno precisamente. Nel lavoro dell'operatore subentrano la personalità, il gusto, l'esperienza.

In quale ruolo ti sentivi più a tuo agio?

Sicuramente nel ruolo di operatore di macchina perché è un lavoro più creativo, mentre l'assistente ha mansioni più tecniche, per le quali, tra l'altro, devo ammettere di non essere particolarmente portato. Esistono assistenti in grado di smontare e rimontare le macchine da presa, mettendo le mani dappertutto. Io sono negato! Confesso che talvolta vivevo questo ruolo con ansia, soprattutto durante la lavorazione di film importanti. Sono passato in macchina molto volentieri anche perché avevo avuto diverse esperienze nel corso del tempo, girando dapprima piccole cose, poi sequenze più lunghe; ero anche stato alla seconda macchina e questo bagaglio di esperienze cominciava a darmi sicurezza.

Tra i tanti film da operatore puoi "vantare" anche un western di Sergio Leone, C'era una volta il West...

È vero, Leone voleva portarmi in Spagna come operatore alla seconda macchina, perché aveva visto una mia inquadratura girata a Roma che aveva reputato geniale, mentre per me era una cosa semplicissima: in una colluttazione che giravamo con due macchine c'era da seguire Charles Bronson che cadeva a terra e io l'ho fatto con la macchina a mano perché con quella fissa non lo avrei mai preso. A Leone è sembrato che avessi fatto una cosa fantastica! Sono sempre stato trattato al di là dei miei meriti! Alla fine, però, Tonino Delli Colli, che era il direttore della fotografia, ha preferito prendere come secondo operatore uno spagnolo e io ho continuato a fare l'assistente. Abbiamo girato un ambiente nel teatro di posa del Centro Sperimentale. Tonino ha trovato in Leone un regista che sapeva realizzare ottime inquadrature. Le sue immagini erano dense, riempiva il formato in modo straordinario. Il suo art director, Carlo Simi, ha costruito le scene del film come luoghi veri: niente polistirolo, vere travi di legno! Tonino brontolava: «Ma cosa siamo venuti a fare in teatro, se è peggio che dal vero?!». Non aveva tutti i torti, anche perché non si poteva muovere né spostare niente! Avevamo molti impedimenti! Ma gli ambienti erano fantastici.

Come sceglieva il formato Leone? Preferiva obiettivi anamorfici o sferici?

Leone preferiva gli obiettivi sferici – giravamo in due perforazioni – , che effettivamente presentavano diversi vantaggi, sia nella profondità di campo, sia nella scelta di lenti di cui disporre. Inoltre erano estremamente pratici: lo zoom anamorfico della Panavision di quel periodo era grande e pesante. Con gli obiettivi sferici, invece, si girava in modo decisamente più comodo, anche perché Leone era solito piazzare gli attori molto vicini alla macchina. A volte dovevo togliere la ventolina del paraluce perché altrimenti sbatteva sul cappello dell'attore inquadrato! In questo modo, però, riusciva a mantenere a fuoco sia il viso dell'attore sia il panorama, con una ricchezza che in Cinemascope non si poteva avere. Negli anni successivi, con il Super 35 è avvenuta la stessa cosa: non a caso molti importanti film americani sono stati girati in Super 35. In quel caso non si è certo voluto risparmiare sulle lenti anamorfiche, è stata fatta questa scelta perché ritenuta migliore. *C'era una volta il West* fu un film faticosissimo, una lavorazione molto lunga...

Ricordi episodi particolari?

Beh, per esempio mi hanno sparato! In una scena Henry Fonda doveva sparare ad un uomo che stava su un tetto, quindi noi riprendevamo con la macchina alta sulla traiettoria dello sparo. Io ero vicino alla macchina per fare i fuochi, Fonda ha sparato e mi ha preso sulla fronte. Queste cose succedevano, non dico normalmente, ma ogni tanto sì! Erano i famosi "colpi a salve", che tanto "a salve" non erano! Provocavano lo scoppio, una fiammata e una fuoriuscita minima di residui di pallottola. In teoria non erano pericolosi, ma in realtà, se ci si trovava in un raggio ravvicinato, si correva il rischio di essere colpiti o feriti. Se mi avesse preso poco più in basso, avrei perso l'occhio... Però, a dirla tutta, una cicatrice procurata da Henry Fonda ci può stare! Anche l'anno prima mi avevano sparato, su un altro set.

Sul serio?

Il giorno della civetta diretto da Damiano Damiani, in cui ero sempre assistente. All'inizio del film c'è la scena di un agguato, sparano al camionista, il camion va fuori strada, l'autista scende ma cade a terra. Il mafioso si avvicina e gli dà il colpo di grazia con la lupara. La ripresa prevedeva una soggettiva del ferito che guarda il mafioso. Avevamo messo un compensato che reggeva un vetro davanti all'obiettivo per consentire al mafioso di sparare proprio in macchina. Fortunatamente, dopo aver fatto i fuochi, mi sono istintivamente riparato gli occhi con la mano: sparato il colpo, il vetro si è frantumato in mille pezzi. Credo si sia sentita una parolaccia da parte mia! Mi sono ritrovato mano e fronte piene di schegge. Sono andato all'ospedale di Partinico dove mi hanno chiesto se avessi portato l'iniezione per l'antitetanica! Non sapevo che in ospedale occorresse portarsi da casa le iniezioni! Ecco le due volte in cui mi hanno sparato. Per il resto, mi sono salvato. Fortunatamente ho fatto un solo western: direi che mi è bastato!

Da operatore di macchina qual è il film che ti ha dato maggior soddisfazione?

L'*Orlando furioso* di Luca Ronconi è stata una bella sfida, professionalmente parlando. Lo ritengo un film molto interessante. Costruendo le inquadrature mi sembrava come se da una materia grezza bisognasse tirar fuori qualcosa di prezioso. Si preparavano i carrelli, i dolly con lo zoom (si girava in 16 mm), si prospettavano varie possibilità finché Ronconi non indicava quella che a suo avviso poteva funzionare per il film. Era estremamente piacevole poter costruire l'inquadratura nel dettaglio insieme al regista.

Come era nata questa collaborazione?

Ronconi in quel periodo aveva rivoluzionato il teatro, aveva portato tante innovazioni con i suoi spettacoli, nei quali coinvolgeva gli spettatori. Ma non sapeva nulla di cinema e non sapeva da che parte cominciare. Il film era stato iniziato da Vittorio Storaro che, dati i continui rimandi, ha dovuto lasciare il set per impegni presi in precedenza ed è stato sostituito da Arturo Zavattini, che mi ha chiamato per fare l'operatore di macchina.

La poca esperienza cinematografica di Ronconi cosa comportava?

Ronconi spiegava ai colleghi le sue idee e cercava poi il modo di esprimerle con la ripresa. Di prassi si consultava prima con Zavattini dopodiché insieme decidevamo se mettere un carrello, un dolly, era una prova continua. Ronconi visionava la prova e scartava quello che non gli piaceva. Allora facevamo piccoli cambiamenti, altri tentativi, finché non raggiungevamo la forma che gli era più congeniale. È stato un lavoro di squadra molto bello, che ricordo con piacere. Avevamo tra le mani delle strutture scenografiche incredibili, ricordo i cavalli finti che si muovevano su binari. Presso il Palazzo Farnese di Caprarola, infatti, era stata allestita una scalinata che disponeva di binari per la salita di questi cavalli. Purtroppo i meccanismi si inceppavano spesso, quindi occorreva girare da capo, e i tempi si dilatavano. È stato un lavoro molto complesso. Non essendoci mai inquadrature semplici, si può immaginare che i tempi di lavorazione fossero infiniti.

Per quanto tempo sei rimasto su questo set?

Ho collaborato ad una parte esigua della lavorazione, otto settimane per l'esattezza. In genere nell'arco di otto settimane si finisce un film, mentre in questo caso si trattava di una piccola porzione di lavoro. La gestazione de *L'Orlando* è durata moltissimo, credo più di venti settimane. Il prodotto finito venne trasmesso in televisione in varie puntate.

Avete girato tutto in interni?

Sì, in particolare ricordo la grande battaglia girata interamente al Teatro 5 di Cinecittà. Tutto lo spazio immenso del teatro era stato impiegato unicamente per lo scontro. Il lato lungo era stato ricoperto da panni bianchi che, essendo illuminati dai proiettori, consentivano un'interessantissima luce riflessa su tutta la scena. Molto bello.

Non c'è stato nulla su cui non eri d'accordo?

In realtà non ho mai capito perchè un lavoro del genere, di costo enorme, sia stato girato in 16 mm! L'ho sempre ritenuta una scelta completamente assurda! La troupe vantava nomi quali Pierluigi Pizzi per le scenografie e i costumi, Storaro e Zavattini per la fotografia. Che senso aveva girare in 16 mm? C'erano delle scenografie mirabolanti, dei costumi meravigliosi! Un altro aspetto che non mi ha mai convinto era legato alla produzione. Il primo organizzatore aveva detto che ci sarebbero volute 24 settimane per realizzare il film ed è stato cacciato su due piedi. È stato sostituito da un altro, ipoteticamente più bravo, che ha annunciato che il film si sarebbe fatto in 12 settimane. Lui è rimasto come organizzatore, ma il film è stato concluso in 24 settimane. L'organizzatore bravo è stato allontanato, quello furbo ha realizzato il film. Dopo le mie otto settimane anche io ho abbandonato il set per tornare a lavorare con Franco Di Giacomo e al mio posto è arrivato un altro operatore.

Cosa significa girare in 16 mm?

Con il 16 mm l'immagine è molto meno definita, non c'è quella leggibilità che si ottiene con il 35 mm. La qualità dell'immagine è inferiore, non perché siano diverse le emulsioni o i prodotti chimici della pellicola. È il formato, la porzione minore di pellicola che viene impressionata a rendere l'immagine meno leggibile, con meno informazioni.

Ci sono altri film in cui eri operatore che sono stati importanti?

Un altro film importante per me è stato *Nel nome del padre* di Bellocchio, ricco di inquadrature davvero emozionanti. La trama si svolge in un collegio in cui, venuta la sera, tutti si ritirano nelle loro cellette; ad un certo momento il sacerdote si guarda in giro e la macchina da presa comincia a vagare spiando, attraverso le finestrelle. Ho sempre amato molto questa scena, così come la ripresa di un ballo fra le suore e il personale della cucina che si conclude su un affresco, con la musica in sottofondo che contribuisce a creare atmosfera. Alcune inquadrature mi hanno lasciato a bocca aperta, Marco sa girare in modo eccellente. In *Marcia trionfale* ha ideato delle scene decisamente complesse. Ad esempio voleva riprendere l'addestramento dei soldati in corsa, utilizzando il dolly, con il quale era molto difficile andare alla velocità desiderata, perché ha un peso specifico considerevole. Ottenere l'idea della velocità attraverso l'uso del dolly non è semplice! Questo tipo di lavoro ti suscita una grande soddisfazione nel momento in cui lo vedi realizzato in proiezione, perché sai esattamente quanto impegno e quanta precisione sono serviti. Rallentare molto i movimenti degli attori avrebbe prodotto un risultato falso, quindi occorreva cercare la giusta velocità con gli strumenti a disposizione. Sebbene l'immagine fosse "sporca", tecnicamente meno corretta, funzionava come Marco desiderava. Abbiamo rallentato il movimento degli attori ma non oltre un certo limite. Siamo andati alla ricerca dell'equilibrio tra attori e macchina.

Tanti film e tante sfide tecniche per te, giovane operatore. Non sbagliavi mai?

A dire il vero sì! Penso di aver commesso uno degli errori più gravi della mia vita alla macchina da presa proprio su un set di Bellocchio! Giravamo una scena di *Nel nome del padre* in un grande refettorio e avevo il compito di scendere con la macchina da presa da un affresco scoprendo poco alla volta tutta la sala mentre gli addetti portavano i carrelli del cibo. La mia attenzione era tutta concentrata sui proiettori che Franco Di Giacomo aveva posizionato ai lati del grande salone. Ci stavo "giusto giusto", dovevo fare attenzione a non riprenderli, misurando ogni millimetro di movimento di macchina. Assolutamente concentrato su questo dettaglio, non mi sono accorto che gli addetti ai carrelli del cibo erano ancora fermi quando li ho inquadrati! Quindi abbiamo dovuto girare la scena dall'inizio! In genere però me la sono sempre cavata. Anche a mano, con l'Arriflex, mi difendevo bene.

A proposito di Arriflex, se non sbaglio quando eri operatore di macchina disponevi addirittura di una loop modificata su misura, in base alle caratteristiche della tua vista...

È vero! Io sono astigmatico e, benché avessi corretto un po' questo difetto con le lenti, ho sempre guardato in macchina principalmente con l'occhio sinistro. La prima macchina con cui ho lavorato, l'Arriflex 2C, era costruita in modo tale da costringermi ad assumere una posizione estremamente contorta per poter guardare con l'occhio sinistro, inoltre lo *chassis* premeva in modo fastidioso sulla fronte: l'aggettivo "scomodo" non rende a sufficienza l'idea. Alcuni miei colleghi mi regalarono uno sportelletto e una prolunga della *loop* di un'Arri Blimp. Successivamente Carletto Tafani aggiunse un obiettivo e Gino Fiorentini, un bravissimo meccanico, assemblò il tutto. Avendo una *loop* più lunga di quella normale potevo guardare con l'occhio sinistro senza problemi, con un obiettivo buono, luminoso: un ottimo strumento, che ho utilizzato per tutto il periodo in cui sono stato operatore di macchina, dal 1969 al 1976. Quando sono passato alla fotografia non ho più avuto bisogno di questo apparecchio strabiliante. Verso la fine degli anni '80 ho deciso di regalarlo a Roberta Allegrini, perché anche lei guardava con l'occhio sinistro, sebbene fossero tempi in cui l'Arriflex si usava meno.

Come operatore hai lavorato anche con Pasolini...

Purtroppo è stata un'esperienza molto breve. Pasolini ha strutturato *Porcile* in due parti, una girata in Sicilia e fotografata da Armando Nannuzzi, e una girata a Padova, alla quale ho collaborato, fotografata da Tonino Delli Colli. Ricordo Pasolini come una persona molto dolce, di una gentilezza estrema, di una educazione fuori dal comune. Girava in modo non certo tradizionale.

In che senso?

Da assistente, non capivo il suo modo di girare. A lui non importava affatto se gli attori si "impallavano" o se si "scavalcava" il campo. Girava con una libertà assoluta, riuscendo a creare sempre delle inquadrature estremamente affascinanti. Credo che tutti i direttori della fotografia che hanno lavorato con lui abbiano fatto un ottimo lavoro. Apparentemente sembrava che Pasolini non curasse la continuità fotografica in esterno. Se per lui un'inquadratura era bella, rimaneva bella anche se la luce era cambiata. Non si preoccupava della verosimiglianza e delle "formalità".

Gli esordi da direttore della fotografia, tra cinema e televisione. *Salto nel vuoto*

Come è avvenuto il passaggio da operatore di macchina a direttore della fotografia?

Ogni volta che mi viene chiesto di parlare del mio esordio come direttore di fotografia, non posso non menzionare un piccolo ma significativo lavoro televisivo: un telefilm per la RAI con la regia di Antonio Bertini, di 50 minuti, in bianco e nero, in 16 mm, intitolato *Carlo 23%*. Il numero indica la percentuale dei ragazzi che abbandonavano il percorso di studi, non finendo la scuola dell'obbligo. Il film ruota attorno a una gita di classe. Al momento in cui i docenti vanno a recuperare gli allievi dopo un temporale, manca Carlo, simbolo dei ragazzi che si perdono. Era un film molto carino, diverse parti erano in piano sequenza, con il carrello, mentre i flashback sull'infanzia degli studenti erano stati realizzati a macchina fissa. Attraverso queste trovate di linguaggio avevamo cercato di conferire al film un certo "colore". Era il 1972. Mi trovavo nel pieno del mio lavoro come operatore di macchina. Circa cinque anni dopo, assieme a Paolo Zaccaria e Franco Di Giacomo, abbiamo costituito una cooperativa, la Cinelasa, che avrebbe dovuto produrre un film di Umberto Silva per l'Italnoleggio. Come spesso avveniva, il progetto è stato rinviato, tanto che, quando siamo riusciti a far partire il film, Franco Di Giacomo, che avrebbe dovuto essere il direttore della fotografia, ha rinunciato per un altro film, per lui più importante, con Dino Risi. A quel punto tutti i colleghi mi hanno detto all'unanimità: «Beppe, fallo tu!». È stato il mio vero esordio come direttore della fotografia nel cinema, nel 1977: *Difficile morire* di Umberto Silva. Girato a Cinecittà, il film era stato pensato nel dettaglio da Silva, studioso di cinema, oltreché regista. Durante la lavorazione Umberto ha mantenuto un atteggiamento intellettuale che lo portava a girare i totali senza tagliarli con i primi piani: scelta coerente, ma allo stesso tempo "pesante" in termini di ritmo. In seguito il montatore chiedeva se c'erano dei primi piani da inserire, ma Silva non li aveva girati. Quasi tutto il budget era stato speso per scene e costumi, quindi il film formalmente era molto riuscito.

Quali furono le caratteristiche del tuo lavoro fotografico?

Avevo fatto una serie di provini perché il regista mi aveva richiesto una luce tagliata ma molto morbida. Se non sbaglio avevamo montato insieme due filtri, il *fog* e il *low contrast*. Dal punto di vista cromatico la prima parte doveva essere "calda", differenziandosi dalla seconda, dalle tonalità più fredde. Mi divertii a usare un'ampia gamma di filtri, dato che mi è sempre piaciuto intervenire il più possibile in ripresa. A seconda della dominante che volevo dare all'immagine sfruttavo la serie dei filtri 81 e la serie degli 82. Prima di cominciare le riprese mi sono recato a Cinecittà e ho consegnato allo stampatore, Giacomo Volpi, un foglio con l'elenco di tutti i filtri che avrei utilizzato, in modo che sapesse esattamente come stampare. Avevo dato una certa dominante e non volevo che in stampa la togliessero o la modificassero. Ricordo di avergli detto che avrei scritto sul provino il numero del filtro usato. Potrei essere tacciato di pignoleria, ma questo modo di procedere ha assicurato al film un trattamento particolarmente attento e accurato in fase di stampa.

Hai nominato la Cinelasa, potresti spiegare come funzionavano queste cooperative e che tipo di esperienza è stata?

Devo dire che funzionavano male. In genere in cooperativa si realizzavano film che non era possibile produrre in nessun altro modo. Un soggetto o un'idea che avessero delle *chances* commerciali venivano prodotti normalmente, mentre i film che nessuno voleva finanziare si facevano in cooperativa. Come si può immaginare si trattava di progetti destinati all'insuccesso. Un altro difetto di queste cooperative, un vero e proprio "peccato originale", consisteva nel fatto che si prevedeva di distribuire gli utili dopo aver recuperato le spese di produzione, quelle per le copie e per la pubblicità. Ho sempre ritenuto che le cooperative avrebbero funzionato correttamente se la percentuale fosse stata sull'incasso lordo perché, anche se l'incasso fosse stato esiguo, qualcosa si sarebbe guadagnato comunque. Invece così, dovendo aspettare la copertura delle spese, non si sapeva mai con esattezza quale sarebbe stato il nostro corrispettivo. Il problema era anche che alcune cooperative non erano gestite con trasparenza: quando si andava a fare i conti gli utili non c'erano mai! Non esagero nell'affermare che erano film ai quali lavoravamo gratis. Le cooperative sono state l'illusione di un certo periodo politico ed è stato un vero peccato che non abbiano funzionato, perché l'idea era molto interessante.

Difficile morire è stato l'unico film che hai realizzato in cooperativa?

No, ne avevo fatto un altro quando ancora ero assistente operatore, *Morire gratis*. Come ho accennato prima, fu uno dei miei primi film. In quel contesto è avvenuto un fatto estremamente positivo: sono diventato molto amico del regista, Sandro Franchina, e di tutta la sua famiglia. Un'amicizia che è durata per tanti anni. Abbiamo realizzato il film senza compenso, non c'è stata nessuna possibilità di guadagno. Questi film nascevano quasi sempre senza distribuzione: il progetto partiva, si terminavano le riprese e nella maggior parte dei casi rimanevano chiusi in un cassetto, anche se avevano un certo valore. In Francia, appena uscito, il film ha vinto un premio come opera prima, mentre non è mai circolato in Italia. Quando Franchina è morto prematuramente ha cominciato ad essere proiettato. *Morire gratis* è stata per me una bellissima esperienza; anche in questo caso la troupe era ridotta al minimo, eravamo quattro o cinque persone. L'operatore, Guido Cosulich, mi ha messo la macchina in mano e abbiamo cominciato a girare come si usava negli anni '60, in ambienti dal vero. Lo associo, inoltre, al mio primo viaggio all'estero, siamo andati a Parigi! È stato uno dei primi, se non il primo film italiano "on the road"!

Tornando al tuo lavoro di direttore della fotografia, come avveniva la decisione di lavorare al film successivo? Ti si presentavano delle occasioni? Come sceglievi?

Un aspetto particolare della mia storia consiste nel fatto che non ho mai dovuto cercare lavoro: è una cosa che tra l'altro non so fare, mi si paralizza la mano se devo comporre un numero di telefono a questo scopo! Erano i film che parlavano per me. I film che io realizzavo mi procuravano il lavoro successivo.

Ci puoi fare un esempio?

Umberto Silva era un critico cinematografico e, tra le altre cose, aveva scritto un saggio su Miklós Jancsó, regista ungherese noto per i suoi piani sequenza. Miklós per amicizia aveva fatto un cammeo nel film. Quando abbiamo stampato la prima copia di *Difficile morire*, Silva ha invitato Jancsó in proiezione insieme a Giovanna Gagliardo, che allora era la sua compagna e collaborava alle sue sceneggiature. Dopo aver visto il film, la Gagliardo mi ha detto: «Vuoi lavorare al mio film di esordio?». Stava parlando di un film RAI con Carla Gravina come protagonista, un progetto molto bello sulla condizione della donna all'interno della famiglia, il cui titolo iniziale era *Dedicato a Cenerentola*, poi cambiato in *Maternale*. In realtà la Gagliardo aveva già contattato Mario Vulpiani, operatore che aveva affiancato per tanti anni Marco Ferreri, ma lui non poteva dedicarsi alla preparazione del film a tempo pieno in quanto stava lavorando. Sebbene non lo conoscessi, per correttezza, l'ho chiamato, comunicandogli che la signora Gagliardo mi aveva convocato. In quell'occasione lui mi ha detto di stare in guardia, perché non c'erano finanziamenti adeguati e che sarebbe stato un lavoro tecnicamente complicato. Effettivamente si trattava di numerosi piani sequenza, sia in interno sia in esterno, presso una villa, e i mezzi erano davvero ridotti. Alla fine però siamo riusciti a ottenere un risultato più che soddisfacente.

Qual è stato il lavoro fotografico?

Si trattava di un film che non aveva bisogno di grandi contrasti, era molto legato al colore, al cromatismo, che si esprimeva al meglio nelle sequenze legate alla preparazione del pranzo, alla preparazione delle verdure: un vero e proprio trionfo di colori. La Gagliardo prediligeva i piani sequenza, il che per me rappresentava una difficoltà dal momento che il film era girato in una villa con porte e finestre che si affacciavano sul parco. Nei piani sequenza la macchina da presa entrava e usciva in continuazione dall'edificio, e questo per me significava dover compensare la luce degli interni e degli esterni. Tra l'altro avevo pochi mezzi a disposizione. La lavorazione durò cinque settimane, quindi un lasso di tempo contenuto. Ricordo delle sequenze lunghissime, la pellicola finiva prima che avessimo terminato di girare la scena. All'interno della stessa sequenza avveniva un salto temporale, quindi gli attori cambiavano vestiti e acconciature. È stato un film molto bello, una esperienza significativa per la mia crescita professionale.

Come cambia il lavoro del direttore della fotografia quando si lavora per il piccolo schermo? Ci sono delle differenze tra la fotografia televisiva e quella cinematografica?

Non credo affatto nella diversità tra la fotografia cinematografica e quella televisiva. Credo che questa differenza sia radicata solo nella mente dei tecnici RAI, i quali spesso compiono una sorta di "autocensura" impedendo sin dall'inizio, ai loro operatori, di fare un certo tipo di lavoro, ottenendo risultati di qualità inferiore. Ho sempre cercato di illuminare con la stessa accuratezza e la stessa precisione, a prescindere dalla destinazione del prodotto: tra cinema e televisione non ci sono mai state differenze per me. Dopo la messa in onda di *La vita che verrà* di Pasquale Pozzerese per RAI 2 ricevetti telefonate di complimenti da vari colleghi e mi arrivò persino la battuta: «Ma allora è possibile fare bella fotografia per la televisione!». Credo che la mia coerenza nell'illuminazione abbia condotto in quel caso a una qualità fotografica analoga a quella che ottenevo nel cinema. D'altronde, se in tv vedo un bel film, che è stato creato per il cinema, ed è interessante anche dal punto di vista fotografico, significa che è possibile ottenere un buon risultato anche per i prodotti televisivi. In quel periodo trasmettevano in tv una serie di film in bianco e nero che erano stati creati per il cinema con una fotografia eccezionale, ad esempio *Il servo* di Joseph Losey. Erano film fantastici, un bianco e nero meraviglioso, mentre agli operatori televisivi era richiesta una fotografia più morbida, quasi senza contrasto. Mi è sempre sembrata un'assurdità!

Cosa è successo dopo Maternale?

Dopo aver girato *Maternale* ci sono stati periodi di fermo, durante i quali non cercavo di lavorare a tutti i costi, anche perché, non avendo ancora una famiglia, preferivo aderire a progetti che mi piacessero veramente. Ho scelto di partecipare a lavori televisivi, piccoli progetti, che mi interessavano di più. In quel periodo mi chiamò Bellocchio che mi disse: «Ho parlato con la Gagliardo e le ho chiesto: com'è Peppe sul set?», poi aggiunse: «Vieni a trovarmi in ufficio così parliamo di questo progetto». Si riferiva a *Salto nel vuoto.*

Eccoci dunque al tuo primo film con Bellocchio in veste di direttore della fotografia: cosa ha significato per te?

Per me è stata una vera e propria occasione perché si trattava di una bella sceneggiatura, un bravo regista e un cast importante. Anche nei film precedenti avevo sempre cercato di seguire una logica di rispetto della sceneggiatura, di aderenza alla storia, però con *Salto nel vuoto* la mia consapevolezza rispetto al lavoro si è decisamente compiuta. Marco ha una grande sensibilità per la luce e, sebbene non dica ai suoi collaboratori cosa fare esattamente, quando vede una scena ben illuminata, la riconosce all'istante. Fu lui a spingermi verso le sottoesposizioni, dal momento che il film si prestava particolarmente al gioco tra luci e ombre, con scene molto buie, al limite del visibile. Conservo ancora delle recensioni oltre che dei bellissimi ricordi, ed è un film che mi piace far vedere ai miei allievi. A distanza di tempo mi rendo conto di alcuni difetti nella realizzazione, oggi userei delle tecniche diverse, dei modi di illuminare differenti, però l'atmosfera funziona davvero.

Cosa ti aveva chiesto Bellocchio?

Marco voleva che tutte le sequenze girate nella casa del protagonista, Michel Piccoli, e di sua sorella, Anouk Aimée, fossero decisamente buie. Mi ha chiesto una fotografia che ricordasse l'espressionismo tedesco, quindi effettata, carica di ombre, molto scura. Non esagero nel dire che si trattava di una casa in cui si doveva sentire la morte: la vita era fuori, nella città, quindi le persiane erano sempre socchiuse; alle finestre c'erano le tende e questa penombra era in stretta relazione con il rapporto morboso tra i due personaggi. Nel lavorare su questo buio mi sono sentito spalleggiato, perché Marco è un regista che ti permette di osare, di sperimentare. Quando abbiamo stampato la copia mi telefonò il produttore e mi disse: «Ma non si può stampare una copia più chiara?». Gli ho risposto che l'assenza di luce era una prerogativa del film e che se avessimo stampato più chiaro l'immagine si sarebbe ingrigita, mentre risultava molto più interessante che il nero restasse nero. Nella realizzazione di questo film c'è stato un grande impegno da parte mia, anche perché si trattava del mio terzo film e non avevo ancora una grande esperienza.

Puoi approfondire il riferimento all'espressionismo?

L'effetto che Marco desiderava doveva ricordare la luce tipica del cinema tedesco precedente al sonoro, carico di ombre, di contrasti. L'espressionismo in sé richiede una forzatura con le luci dal basso, le ombre proiettate, una certa enfasi che noi invece abbiamo evitato, dovendoci inserire in un contesto realistico. Quindi ho cercato di mantenere i contrasti forti, ma di non far sentire l'intervento tecnico. Ero riuscito a ottenere ciò che Marco mi aveva chiesto, ma oggi, purtroppo, abbiamo a disposizione delle copie che hanno trent'anni, che ormai hanno perso la qualità fotografica che le contraddistingueva in origine. Fortunatamente le cineteche stanno portando avanti sempre di più l'importante lavoro del restauro dei film.

In che misura sei stato aiutato dal lavoro degli scenografi?

La scenografia era di Amedeo Fago e Andrea Crisanti e, benché l'interno della casa fosse stato costruito in teatro di posa, un regista mi disse qualche tempo dopo: «Mi daresti l'indirizzo dell'appartamento? Ci voglio girare una scena anch'io...». Questo stava a significare che il tipo di luce realizzato, insieme all'ottimo lavoro di scenografia, conferiva l'illusione della realtà. La costruzione dell'appartamento aveva degli assi interessanti, che terminavano tutti con una finestra o una porta a vetri, e questo mi dava costantemente la possibilità di illuminare dall'esterno e avere profondità, fattore indispensabile per ottenere l'illusione della terza dimensione. Alla base del mio lavoro c'è l'intento di riuscire a creare una scansione di piani, in questo modo lo spazio "si allunga", si arricchisce di una dimensione caratterizzata dalla profondità. Questo è stato a grandi linee il lavoro di fotografia che ho portato avanti in questo film, metodo al quale sono arrivato passo dopo passo, esperienza dopo esperienza. Come dico sempre ai giovani, possiamo dare l'illusione della terza dimensione attraverso un uso accorto dell'illuminazione.

C'è stato un lavoro preliminare con gli scenografi oppure hai trovato la scenografia già pronta?

Il film era stato rimandato per motivi economici, sebbene fosse pronto per essere girato. Inizialmente la scena era stata disegnata da Amedeo Fago ma quando la lavorazione è partita Fago e il direttore della fotografia, Tonino Nardi, hanno dovuto rinunciare perché nel frattempo erano stati coinvolti in altri progetti. Ecco perché la produzione ha convocato Andrea Crisanti come scenografo e me come direttore della fotografia. Non saprei dire se Andrea abbia apportato delle modifiche al disegno originale, anche se ne dubito, perché i preventivi del film erano già stati completati dagli Stabilimenti De Paolis. La struttura dell'appartamento e la scelta dell'arredamento erano stati pensati in profonda sintonia con la storia che si voleva raccontare, così come è avvenuto per le scelte fotografiche; il colore, per esempio, risulta praticamente assente. È percepibile solo fuori dalla casa, nelle sequenze che mostrano Roma, la luce del sole e il verde degli alberi. All'interno della casa si avvertono solo toni neutri, i personaggi indossano abiti color pastello, piuttosto neutri. L'unico colore che spicca è affidato all'abbigliamento della cameriera, talvolta in giallo o rosso.

E che lavoro hai fatto sugli attori?

In *Salto nel vuoto* viene portato avanti un profondo discorso sui personaggi, il regista vuole "entrare" nella loro anima e cercare di far emergere sensazioni ed emozioni. Si avverte una sorta di "malattia" che inizialmente sembra appartenere alla sorella, ma che nel corso del film scopriamo provenire dal fratello, il vero malato, che nel finale si suicida gettandosi dal balcone. Questo tipo di personaggi, così drammatici, richiede atmosfere adeguate, che aiutino la narrazione. Se all'interno di una scena viene illuminato tutto e lo spettatore è messo nella condizione di vedere tutto, sarà difficile alludere a cose segrete, a cose non dette. Se, al contrario, quella scena presenta zone di luce, zone di ombra, tratti di buio in cui l'attore si immerge, lo spettatore dovrà compiere un vero e proprio sforzo per entrare dentro il mondo che vede proiettato. Inoltre, quando il pubblico è chiamato a decodificare delle zone con poca luce, si crea una maggiore intimità, un'interazione tra il film e lo spettatore. È avvenuto questo in *Salto nel vuoto*, così come in *Nostalghia* di Tarkovskij.

Per quanto riguarda il realismo, invece?

Il realismo concerne il rispetto di tutte le fonti di luce esistenti nell'appartamento. Nel film la luce viene prevalentemente dall'esterno, come fosse la luce del sole. Per dare quest'impressione ho usato un proiettore diretto che riproduceva l'effetto principale della luce solare. Ho messo poi dei polistiroli che davano una luce riflessa proveniente dalla stessa direzione, perché oltre all'effetto del sole ci fosse anche la riflessione del cielo. In questo modo ho ottenuto l'effetto netto della luce solare e quello del chiarore di contorno, che non era la luce di riempimento, perché aveva sempre la stessa direzione della luce principale. Parlando di realismo non posso non menzionare il piano sequenza finale. Ancora non si sapeva quale fosse l'inquadratura che avrebbe suggellato il suicidio del protagonista, tanto che Marco mi disse: «Voglio girare per tutta la casa, devo poter fare un'inquadratura in cui vedo tutto l'appartamento». Per assecondare questo suo desiderio ho preparato una luce che provenisse interamente dall'esterno, lasciando le persiane accostate, immergendo l'appartamento nella penombra. Il carrello libero ha permesso un movimento di macchina particolarmente fluido. Mentre gli attori e Marco facevano le prove ho fatto qualche piccola correzione, dopodiché abbiamo girato un piano sequenza straordinario. Ho sempre ritenuto bello il movimento di macchina in sé, ma soprattutto il rapporto che si instaura tra il movimento di macchina e l'attore: Piccoli rimane solo in casa, si sente praticamente abbandonato perché la sorella se n'è andata. Si rende conto di essere un vinto, e tutto il mondo gli crolla attorno. La macchina da presa parte dall'ingresso, dove la sorella e la cameriera escono per andare al mare, e compie un movimento indipendente, durante il quale ogni tanto incontra Piccoli che quasi ne prova fastidio, la sfugge. La macchina da presa è una presenza incombente, da evitare. Nel corridoio c'è un carrello che prima segue l'attore e poi lo lascia in prossimità della stanza della sorella: la macchina si sofferma vicino alla stanza, lui esce di campo, poi ritorna, attraversa la stanza e si butta dalla finestra. È una scena di una forza incredibile, molto potente, bellissima: l'ho rivista poco tempo fa e devo ammettere che ogni volta mi suscita una sorpresa e un impatto non indifferenti. Questo significa che il nostro lavoro serve a far esprimere al meglio una sequenza, non solo a far vedere gli oggetti rappresentati, ma a creare un'atmosfera, un'emozione, come nel caso dei bambini vestiti di bianco che girano per la casa. Se avessi illuminato di più i ragazzini avrei riportato la narrazione alla realtà, mentre il fatto che rimangano delle ombre bianche contribuisce alla possibilità che si tratti di un ricordo, di un sogno o di un incubo, insomma di una dimensione onirica che all'improvviso avvolge anche lo spettatore. Illuminare in modo differente avrebbe avvicinato l'immagine a un realismo che in quel momento non avrebbe avuto senso.

Infatti, nel film c'è una commistione tra reale e sogno, tra presente e passato, tra ricordi e incubi...

Negli incontri che hanno preceduto l'inizio delle riprese Marco mi ha detto di volere una diversificazione tra i ricordi, il sogno e la realtà e io ho commentato che, nella lettura della sceneggiatura, ho notato in alcune sequenze una certa continuità tra passato e presente. Attraverso il mio lavoro potevo usare qualche piccola differenza di illuminazione, ma la mia opinione era che la differenziazione non dovesse essere così netta. Marco ha concordato con la mia visione, tant'è vero che nel film si passa dal presente al ricordo addirittura all'interno della stessa inquadratura, senza stacchi netti che facciano capire l'inizio (o la fine) del sogno, del ricordo.

Come ad esempio la scena in cui appaiono i bambini nel salotto, di cui parlavi prima...

Esatto: i bambini che uscivano dal buio erano interamente vestiti di bianco, avevano tutti le camicie da notte candide, e questo ha fatto sì che anche nel buio più intenso fossero leggibili. Ho sempre ritenuto che le scene con i bambini fossero fra le più belle del film. Anche in questo caso c'è stato un ottimo lavoro di *équipe*, sebbene non ci siano stati troppi discorsi o ragionamenti a monte. Marco ha guidato tutti noi da vero direttore d'orchestra e contemporaneamente ogni reparto ha fatto delle scelte che hanno pagato in termini di qualità del lavoro. C'è stata una scena che poi, con mio grande rammarico, non è stata montata: i bambini giocavano a mosca cieca mentre gli adulti parlavano della sorella, se fosse o meno il caso di internarla in un ospedale psichiatrico. I bambini erano stati fatti uscire dal salotto per giocare a mosca cieca, ma senza benda, quindi ci doveva essere un buio molto forte, altrimenti il gioco non avrebbe avuto senso. Creare un buio che permettesse di vedere qualcosa è stata un'impresa particolarmente difficile. Nonostante la sequenza fosse riuscita veramente bene, sotto tutti i punti di vista, purtroppo alla fine si è deciso di non montarla.

In che modo hai realizzato scene così buie?

Innanzitutto mi sono aiutato con la luce che illumina le tende dall'esterno, perdendo un po' di realismo, perché di notte non entra così tanta luce in una abitazione. Ho sfruttato inoltre un controluce molto leggero posizionato sopra la finestra, che mi consentiva di segnare leggermente il divano, l'arredamento della stanza. Ovviamente toccava anche i ragazzini, ma in maniera leggerissima. Non ci sono altri tipi di luci. Al momento di girare è arrivato Nanni, il tecnico dello stabilimento di sviluppo e stampa Spes-Catalucci, all'epoca molto famoso, ha sentito Bellocchio dire: «Pronti? Giriamo! Motore!» e sottovoce mi ha detto: «Beppe, ma non accendi la luce?». Allora si usava la 100 ASA, non esistevano pellicole più sensibili. È stata una scelta che ha funzionato molto bene perché ho potuto sfruttare il colore bianco delle camicie da notte con cui la costumista, Lia Morandini, aveva vestito i bambini. Se fossero stai vestiti di nero non si sarebbero visti!

Girare in teatro di posa, con tutte le agevolazioni del caso, quindi ha facilitato il tuo lavoro?

Nonostante abbia girato in teatro avendo a disposizione ogni sorta di comodità, ho fatto finta di non avere queste agevolazioni, posizionando tutta la luce, o quasi, all'esterno della costruzione. Mettere la luce ovunque restituisce un'illuminazione non più realistica, che può risultare "finta". Non ho mai amato il controluce, che in natura non c'è, e dà un effetto irreale che personalmente non mi interessa. Tanti direttori bravi e affermati usano sempre il controluce. Sono scelte di fondo che ogni direttore della fotografia compie nel suo lavoro, non c'è una regola prestabilita. Io sono contrario al "manuale", secondo cui le luci si dividono in principale, di riempimento e controluce. A mio avviso così facendo si codifica un modo di illuminare che non è corretto. Ognuno è libero di scegliere ciò che preferisce, però non si può prestabilire la necessità del controluce. Lo ritengo un vero e proprio errore di metodo.

Prima hai parlato della sequenza finale del suicidio, ma il film si chiude con un'altra immagine...

È vero, nel finale, non appena Michel Piccoli si getta dal balcone, viene inquadrata la sorella che si sveglia di colpo nella casa al mare, dove si è recata in vacanza con la cameriera; la donna si alza dal letto e si va a sdraiare accanto al bambino, figlio della cameriera, concludendo il film con questa immagine di donna col bambino. Il brusco risveglio di Anouk Aimée può dare il sospetto che il suicidio del fratello sia un brutto sogno o un incubo. In seguito Bellocchio stesso ha riconosciuto che avrebbe dovuto fidarsi del montatore Roberto Perpignani, il quale sosteneva che sarebbe stato più avvincente terminare il film con l'inquadratura del suicidio, un finale più forte, efficace, potente.

Ci sono stati episodi durante la lavorazione che ricordi particolarmente?

Sì! Stavamo effettuando le riprese della scena in cui Michele Placido fa una *performance* teatrale, all'aperto, su un barcone. Avevamo girato tutto il giorno e dovevamo preparare il materiale che ci sarebbe servito per girare la notte successiva. Io stavo parlando con l'elettricista per dire dove avrei voluto la luce, solo che avevano lasciato il boccaporto dell'imbarcazione aperto e, accidentalmente, ci sono precipitato dentro! Mi sono escoriato tutta la schiena, procurato una frattura al mignolo e un colpo alla testa! I colleghi mi hanno portato all'ospedale Santo Spirito, che era nelle vicinanze, dove i dottori mi hanno interrogato a lungo per capire se fossi cosciente poi, quando hanno visto che ragionavo bene, mi hanno chiesto cosa stessimo facendo e ho risposto che stavamo girando un film. Alla loro domanda: «Davvero? E come si intitola?», neanche a farlo apposta mi sono trovato a rispondere: «*Salto nel vuoto*»!

Cosa è successo dopo?

La mia preoccupazione principale era quella di dover lasciare il film, perché il dottore che mi aveva visitato aveva detto che avrei dovuto subire un'operazione alla mano. Ho passato una notte agghiacciante: all'epoca c'erano ancora i cameroni nell'ospedale Santo Spirito, quindi, come potete immaginare, c'era gente che urlava, vittime di incidenti stradali, feriti che arrivavano in continuazione... Fu una notte da dimenticare. La mattina all'alba passò la suora, credo fosse la caposala, alla quale dissi che avrei rinunciato volentieri alla colazione per essere operato il prima possibile. Quando mi portarono a fare la visita, il medico esclamò: «Ma chi ti ha detto che devi essere operato?», mi strattonò la mano e mi mise un tutore. Nel primo pomeriggio ero già in proiezione, anche se tutto indolenzito. Il giorno successivo al mio incidente Marco e la troupe non hanno girato per aspettare di capire quale sarebbe stata la mia sorte. Ho terminato il film con il braccio al collo e sono stato persino alla seconda macchina con una sola mano! A differenza de *I pugni in tasca*, in questo caso ero perfettamente cosciente del film e del lavoro che stavamo portando avanti, ci tenevo moltissimo.

Al fianco di Andrej Tarkovskij. *Nostalghia*

L'inizio degli anni '80 vede il tuo incontro con Andrej Tarkovskij. In diverse interviste hai indicato come fondamentale il rapporto con lui, non solo all'interno della tua carriera ma anche nella tua esperienza personale. Cosa ci puoi raccontare del vostro primo incontro?

Un caro amico, Norman Mozzato, sposato con la mia carissima amica Laura De Marchi, mi aveva detto che Tarkovskij sarebbe venuto in Italia, dove avrebbe voluto girare un film sceneggiato da Tonino Guerra e illuminato da Luciano Tovoli. Tovoli aveva girato per la RAI una lunga intervista tra Tarkovskij e Guerra. Nel frattempo avevano girato anche, con Giancarlo Pancaldi, una sorta di taccuino di viaggio, dei loro sopralluoghi in Italia. Il regista russo era venuto diverse volte nel nostro Paese e Norman lo accompagnava in qualità di interprete, avendo studiato cinema in Unione Sovietica e avendolo conosciuto durante il suo praticantato sul set di *Andrej Rublëv*. In quel periodo avevo appena terminato un altro progetto, *Il ritorno*, mediometraggio di un'ora per la televisione, diretto da Giorgio Treves, ambientato nelle sinagoghe del Piemonte. Ricordo perfettamente il momento, mi è rimasto impresso nella memoria: di ritorno dal Piemonte, appena entrato in casa ha squillato il telefono, ho fatto giusto in tempo ad appoggiare i bagagli e a rispondere: era Norman. Sapevo che Tarkovskij avrebbe realizzato un film, Norman me ne aveva parlato, ma sapevo anche che vi avrebbe preso parte Tovoli. Invece Norman mi dice che Tarkovskij vuole incontrarmi. Ho detto: «Un momento, mi siedo!». Non avrei mai immaginato di poter affiancare un regista di quel calibro. Ero soltanto al quinto film della mia carriera.

Come mai ci fu questo cambiamento?

Tarkovskij mi disse che Luciano Tovoli era interessato, ma che era preso dal progetto di un proprio film come regista. A quel punto Andrej ha iniziato a cercare un operatore più giovane, ha raccolto informazioni ed evidentemente gli è stato suggerito il mio nome. In quel periodo aveva visto *Salto nel vuoto* di Bellocchio e aveva espresso il desiderio di conoscermi. Ne ho avuto la conferma leggendo i suoi *Diari - Martirologio*, pubblicati postumi, nei quali aveva annotato: «Ho visto *Salto nel vuoto*, un po' cerebrale. Il direttore della fotografia è Beppe Lanci: non male».

Dove è avvenuto il vostro primo incontro e come si è svolto?

Il nostro primo incontro è avvenuto in un bar di piazza Navona. Doveva essere un thè, in realtà si è trattato di una sorta di "seduta psicanalitica", in cui Andrej ha cercato di comprendere il più possibile chi fossi. Ha voluto sapere dove abitassi, come fosse arredata casa mia, si è interessato a tutti gli aspetti della mia vita. Dopo questa specie di "esame" mi ha dato una sceneggiatura con una copertina verde e mi ha detto: «Leggila, poi ci risentiamo». Da allora, per parecchi mesi, ci siamo visti una infinità di volte, quasi sempre con Norman, dato che Tarkovskij non parlava nemmeno una parola di italiano, e tantomeno io il russo. Eravamo avvantaggiati dal fatto che Norman fosse un interprete particolarmente esperto di cinema, quindi il rapporto era assolutamente privo di problemi di comprensione. Ai nostri incontri spesso partecipava Donatella Baglivo, che ha girato uno *special* su Tarkovskij non appena il film è andato in porto e altri film su Andrej. Il nostro rapporto quasi quotidiano è proseguito vari mesi, durante i quali abbiamo effettuato diversi sopralluoghi ma soprattutto abbiamo partecipato a tante cene a casa di amici. Durante una delle ultime cene Andrej mi scattò una Polaroid – amava le Polaroid come sapete; ha pubblicato anche un libro che raccoglie i suoi scatti più belli, *Luce istantanea* – dicendo testualmente: «Questa la porto con me in Russia, così faccio vedere che almeno il direttore della fotografia l'ho trovato»! Quel momento ha suggellato la decisione che sarei stato io il suo direttore della fotografia.

Cosa è successo dopo la sua partenza?

Sembrava che non se ne facesse più nulla. In origine avrebbe dovuto essere una produzione della Vides e Franco Terilli avrebbe dovuto esserne l'organizzatore, ma la *Vides* non era riuscita a ottenere finanziamenti dalla RAI o dall'Istituto Luce, anche perché era difficile definire i costi di un film con un regista come Tarkovskij.

Per quale motivo?

In Russia i tempi di realizzazione erano incredibilmente lunghi: la lavorazione di *Stalker* era durata più di quattro mesi, quella di *Andrej Rublëv* un anno. Insomma si trattava di tempi "infiniti", quindi si iniziava il film ma non si sapeva quando sarebbe terminato. Dopo la partenza di Tarkovskij non seppi più nulla di lui; qualche volta, attraverso Norman, ci scambiavamo dei saluti, ma niente di più. In questo periodo di lontananza Andrej ha mantenuto rapporti costanti con Tonino Guerra. Guerra conosceva bene Sergio Zavoli, che nel frattempo era diventato nuovo direttore della RAI, e insieme riuscirono a realizzare un accordo che vedeva RAI 2 produttrice del film, insieme alla Opera Film, una società della Gaumont Italia.

In che momento Tarkovskij ha fatto ritorno in Italia?

Era la fine dell'inverno del 1982, circa due anni dopo il nostro primo incontro. In quel periodo ero stato impegnato in altri lavori, tra cui *Gli occhi, la bocca* di Bellocchio. Tarkovskij, persona di una sensibilità che oserei definire straordinaria, dopo averlo visto mi disse: «Su questo film si vede che tu e il regista non siete andati molto d'accordo». In effetti c'erano state delle opinioni divergenti sul modo di lavorare, niente di grave. Marco aveva girato la prima parte del film nella sua modalità tradizionale, ma nella seconda parte voleva a tutti i costi che scattasse qualcosa tra Lou Castel e Angela Molina, per arricchire il film di elementi autentici. Per questo motivo dava loro la massima libertà, lasciando l'intera troupe nell'incertezza, perché non sapevamo come si sarebbero comportati. A mio avviso la seconda parte è risultata molto meno precisa dal punto di vista dell'immagine, rispetto agli altri film di Bellocchio. Rimasi spiazzato dall'osservazione di Tarkovskij che, ignaro di tutta la faccenda, indovinò immediatamente il cuore della questione. Dal mese di marzo, sono stato a sua disposizione fino a settembre inoltrato, rimanendo al suo fianco fino agli inizi della lavorazione, per circa sei mesi.

Cosa hanno significato questi sei mesi di convivenza con Tarkovskij?

Sono stati mesi fitti di incontri che servivano, da parte sua, a farmi conoscere il suo mondo poetico. Non mi chiedeva mai un effetto in particolare, piuttosto di entrare in simbiosi con lui. Quando si andava a vedere un posto le nostre reazioni erano abbastanza simili: ci colpiva la stessa luce che filtrava da un soffitto sfondato, oppure pensavamo contemporaneamente che quell'esterno sarebbe stato interessante per una certa scena. Abbiamo sfruttato questi mesi per effettuare una serie molto dettagliata di sopralluoghi, tra i quali la visita alla chiesa allagata, che si trova circa al chilometro 100 della Salaria. In quell'occasione abbiamo avuto un incidente e ci siamo salvati per miracolo. Evidentemente lassù qualcuno voleva che facessimo questo film! Eravamo in quattro: Franco Casati, direttore di produzione, Norman Mozzato, Tarkovskij ed io. La Salaria è molto stretta; in una curva lo sterzo non ha funzionato e siamo andati dritti, quindi abbiamo attraversato l'altra carreggiata e siamo finiti in un avvallamento. Ringraziando il Cielo l'altra corsia era deserta e non ci siamo fatti nulla!

I sopralluoghi hanno costituito buona parte della preparazione del film?

I sopralluoghi sono stati determinanti nella scelta delle location. Spesso, appena tornati a casa di Norman e Laura, Andrej disegnava uno storyboard in cui già delineava il modo di girare, i dolly, i piani sequenza, i carrelli, il numero di inquadrature, mantenendo questo stile di lavoro per quasi tutti gli ambienti, sicuramente per quelli più rilevanti. Prima di iniziare le riprese ci siamo recati in tanti posti diversi, a Tarquinia, per esempio, per la cripta dove si svolge la processione. In quel caso Tarkovskij voleva verificare con me quale fosse la soluzione per illuminare al meglio un ambiente così affascinante. La cripta, con le sue colonne di marmo, ricordava un bosco fitto di notte: in un ambiente del genere non è proprio semplice posizionare la luce. Andrej si preoccupava di capire se io sarei riuscito a illuminarlo come lui voleva, anche perché non era tipo da spiegare in dettaglio che immagine desiderasse, si trattava di avere le "antenne". L'organizzatore del film, Franco Casati, ci ha aiutato cercando sempre di darci il massimo, nei limiti del budget. Solitamente nel nostro cinema bisogna insistere per fare i sopralluoghi, altrimenti ci si ritrova a dover fare l'elenco del materiale senza aver visto i posti da illuminare: lavoro impossibile oltre che inutile e poco preciso. Il direttore della fotografia dovrebbe sempre stilare l'elenco in base alle esigenze imposte dal luogo. Questo ordine nella preparazione ha contribuito notevolmente all'ottimo risultato finale.

Come è avvenuta la scelta degli ambienti per l'abitazione di Domenico?

Per la casa di Domenico avevamo trovato delle location interessanti ad Anagni, dove abbiamo scelto due diversi luoghi all'interno di un casale abbandonato. In origine l'ambiente che avremmo dovuto usare maggiormente era quello grande, ma poi è stato utilizzato per girare un passaggio, solo un paio di inquadrature, perché avevamo notato entrambi una piccola stanzetta che aveva di suo una luce molto interessante: presentava una finestrella e il soffitto era sfondato, facendo filtrare dall'alto una luce particolare. In quella circostanza Andrej mi ha chiesto a bruciapelo: «È possibile ricreare questa luce?». Di tutta risposta ho mandato un macchinista sul tetto, il quale me ne ha confermato la praticabilità, motivo per cui Andrej ha deciso di girare la maggior parte dell'incontro tra i due personaggi tutto in quella stanza. Le due scene girate in quella medesima stanza hanno atmosfere completamente differenti, perché con la luce è possibile creare situazioni diverse, persino opposte. Una scena è totalmente buia, con macchie di luce, in penombra estrema, l'altra invece è più uniforme, anche se mantiene le sue ombre. Quell'ambiente sembra grigio, non c'è colore, sembra quasi un film in bianco e nero benché si tratti di una scena a colori. C'è un po' di colore solo nell'incarnato degli attori e nella fiammella della candela.

Una forte suggestione si crea attorno alla piscina di Bagno Vignoni, avvolta dalla nebbia, quasi "incantata"...

A Bagno Vignoni, antica località termale in cui Santa Caterina era solita fare le sue abluzioni, i vapori sono un fenomeno naturale, soprattutto durante la notte o nelle prime ore del giorno, quando la differenza di temperatura tra l'acqua e l'esterno aumenta. Poi, quando il sole scalda l'aria, i vapori scompaiono, motivo per cui abbiamo dovuto usare la nebbia artificiale, dato che giravamo a giorno inoltrato. Purtroppo una scena ha "sofferto" molto, nel senso che non è stata realizzata esattamente come l'avevamo progettata: mentre giravamo è uscito il sole, infatti se si osservano attentamente le inquadrature girate sotto il portico, si noterà che lo sfondo è molto illuminato e porta un aumento di contrasto non voluto.

Gli interni sono stati girati in teatro di posa o in abitazioni reali?

Tutta la parte dell'albergo è stata girata presso gli Stabilimenti De Paolis, di cui abbiamo sfruttato sia alcuni ambienti veri

– come la sala d'attesa dell'albergo e il corridoio che dà sulla stanza del protagonista, in cui si vede sul fondo una rampa di scale – sia il teatro di posa, che ci ha permesso di realizzare la lunga sequenza della camera di albergo. Anche l'ambiente che compare alla fine del film, quando Domiziana Giordano telefona al protagonista per dirgli di aver visto Domenico, è stato girato in teatro.

Il film si apre con una sequenza molto suggestiva che mostra il paesaggio laziale immerso nella nebbia. Puoi raccontare come l'hai realizzata?

Dato che il film è doppiato, non avevamo il problema del sincrono, quindi abbiamo potuto girare a più fotogrammi per rallentare il passaggio della nebbia, perché non è bello vedere sullo schermo questo elemento atmosferico che si sposta rapidamente, sebbene questo a volte in natura si verifica, se c'è vento. Una nebbia che si muove lentamente ci è sembrata più "credibile", e l'abbiamo voluta in diverse inquadrature. Per girare questa sequenza avevamo previsto un giorno di lavorazione. Dal momento che Andrej voleva riprendere l'alba, ci servivano le primissime ore del giorno. L'unico giorno in cui non abbiamo lavorato è legato proprio a questa scena! Ci siamo recati sul set molto presto (era ancora notte) poiché la macchina da presa doveva essere posizionata su delle torrette alte circa quattro metri e mezzo, sulle quali era stato montato anche il dolly. Abbiamo impiegato molto tempo solo per posizionare torrette, carrello e dolly, perché la ripresa prevedeva un pezzo di carrello e un'alzata con il dolly. Il punto esatto in cui montare era già stato individuato. In fondo alla scena si intravedeva una costruzione molto lontana che poteva far pensare a una chiesa sebbene non lo fosse. Tutto intorno solo campi. Montiamo tutto nel modo più accurato possibile, una volta pronti aspettiamo l'alba e... si mette a piovere! Quando ha smesso di piovere era giorno pieno e credo sia stata la prima volta in cui la produzione ha insistito: «Giriamo ugualmente! Non possiamo perdere una giornata! Giriamo ugualmente!». Andrej ha passato a me la patata bollente esclamando: «Se Peppe dice che si può fare, la giriamo, altrimenti ce ne andiamo!». Ho risposto che si poteva girare senza ombra di dubbio, nessuno ce lo avrebbe impedito, ma non avremmo certo ottenuto l'alba che lui desiderava, quindi siamo andati tutti a casa. Quello è stato l'unico giorno senza riprese in nove settimane di lavorazione.

Il giorno dopo andò meglio?

Siamo tornati il giorno seguente e abbiamo realizzato una delle più belle scene del film. Abbiamo iniziato a girare non appena l'ago dell'esposimetro ha iniziato a muoversi, quando ha cominciato a dare un minimo di esposizione. Andrej mi ha chiesto una dissolvenza fatta in macchina: ho chiuso tutto il diaframma e, siccome non era tranquillo, ha voluto mettere persino un panno nero davanti, perché aveva paura che si vedesse qualche chiarore. Al momento opportuno ho aperto tutto il diaframma. L'automobile che arrivava era una Volkswagen nera, difatti nella copia cinematografica l'impressione è che si tratti di una scena in bianco e nero; il colore emerge solo quando l'auto frena, facendo risaltare il rosso degli *stop*. Avevamo piazzato anche le macchine per la nebbia, in base al vento. Ciò che mi ha sempre emozionato di questa sequenza è l'aumentare progressivo della luce, del tutto naturale; poco alla volta, infatti, la scena diventa più chiara per il sorgere del sole.

Da qui si passa alla cripta a cui accennavi prima, un'altra scena bellissima, dove assistiamo alla processione mariana...

La scena della cripta in cui avviene la processione con la statua della Madonna è stata realizzata secondo quanto avevamo pensato e progettato durante il sopralluogo. Se fossimo arrivati per la prima volta un giorno qualunque alla cripta di San Pietro a Tarquinia mi sarei dovuto arrangiare e avrei sicuramente realizzato una luce meno interessante.

Di quali mezzi o espedienti fotografici ti sei servito?

Occorre premettere che quella cripta ha due porte laterali attraverso le quali si raggiunge la chiesa superiore, salendo una rampa di scale; inoltre ha delle finestrelle piccolissime e su un lato presenta una finestra posizionata a un dislivello notevole. Ho subito capito che quello poteva essere l'unico punto in cui mettere la luce, perciò ho chiesto ad Andrej di non inquadrare la finestra. Lui aveva la capacità di comprendere al volo ciò che avevo in mente, non occorreva parlare molto. Ho parlato con l'organizzatore e insieme abbiamo contattato il capo macchinista, che si è organizzato per costruire un traliccio. L'indomani, quando sono arrivato, era stato costruito anche un pianale all'altezza della finestra, su cui ho disposto quattro o cinque proiettori. Lo spazio era poco, potendo ne avrei messi anche più. Li ho posizionati obliqui, per cercare di arrivare negli angoli più lontani e sul vetro della finestra ho messo un pannello di frost 216, grazie al quale la luce si diffondeva per tutta la cripta. Allora usavamo già la pellicola 250 ASA, però io giravo sempre con lo *zoom* a 3.1 di diaframma. Tarkovskij non ha mai inquadrato la fonte di luce, è rimasto su altri assi, davanti all'affresco di Piero della Francesca. Abbiamo girato due o tre giorni con quella sola fonte di luce. Ecco perché la preparazione è fondamentale; se fatta in maniera adeguata ti consente di recuperare tempo prezioso durante le riprese. Se avessimo messo l'illuminazione all'interno alla cripta avremmo dovuto spostare le fonti di luce per ogni inquadratura e sarebbe stato più difficile mantenere la continuità fotografica. La produzione, in fondo, ha semplicemente pagato due macchinisti che il giorno prima delle riprese hanno montato un traliccio, niente di speciale. Dovrebbe essere un modo di procedere normale.

Leggendo i Diari - Martirologio *di Tarkovskij su di te ci sono molti complimenti, mentre si trovano giudizi a dir poco "taglienti" su altri collaboratori...*

Una volta terminato il montaggio del film la moglie di Andrej mi confidò che lui aveva esclamato: «Peppe ha fatto un grandissimo lavoro!». Non mi aveva mai detto nulla direttamente. La reale bellezza fotografica di un film si coglie solo quando ogni immagine è stata montata. Il direttore delle fotografia può anche realizzare una bella scena, ma il valore del suo lavoro emerge dall'insieme, che deve funzionare in un certo modo. Credo che, dopo aver visto il risultato finale al montaggio, Andrej fosse contento del lavoro che avevamo svolto e che comprendesse l'apporto di tutti. Non ritengo di aver fatto il lavoro più importante, anzi: non dobbiamo dimenticare l'opera dello scenografo Andrea Crisanti, che ha dato un importante contributo al film, i costumi di Lina Taviani, i movimenti di macchina dell'operatore, il lavoro del capo macchinista e del capo elettricista. L'intera troupe si è dedicata al film in maniera speciale. Pensiamo soltanto ai movimenti di macchina, che sono sempre una combinazione tra l'opera del capo macchinista, che muove il dolly o il carrello, e l'operatore di macchina, a cui si deve aggiungere una buona dose di armonia con l'assistente che fa lo *zoom*. Non mi stancherò mai di affermare che l'esecuzione di macchina in *Nostalghia* è praticamente perfetta, i movimenti di macchina rasentano la perfezione. Tarkovskij non faceva mai complimenti a nessuno: il complimento maggiore era non sentirsi dire nulla! Non credo di esagerare nell'affermare che la troupe di *Nostalghia* fosse davvero di ottimo livello.

Come hai scelto lo stampatore del film?

Mi era stato indicato come responsabile il boss dello stabilimento Technicolor, che, come tutti i boss, era disponibile al 100 % solo per celebri direttori come Storaro e Rotunno. Infatti, quando gli chiedevo notizie dei miei provini, mi diceva che non aveva avuto il tempo di vederli perché troppo impegnato. Tra l'altro lui non stampava direttamente, ma delegava il lavoro, mentre io volevo avere un rapporto diretto con chi stampava. Fortunatamente queste difficoltà si verificarono soltanto per i provini, perché il primo giorno di riprese ho preso il girato, sono andato dall'amministratore delegato e ho detto: «O mi date uno stampatore di mia fiducia, che segua veramente il film, con il quale posso avere un dialogo proficuo, oppure vado a Cinecittà e il discorso finisce qui. Mi rifiuto di lavorare in queste condizioni». È successo il finimondo, i funzionari si sono chiusi in una stanza a litigare. Alla fine, però, mi hanno accontentato e mi hanno mandato uno stampatore che era a mio avviso il più bravo di tutti: Giancarlo Barberi. Ha seguito il film con grande cura e attenzione e non ho problemi a dire che non avrebbe potuto fare un lavoro migliore. Prestava particolare attenzione al momento della stampa e, se qualche sequenza non era perfetta, era subito pronto a ristamparla: era davvero molto accurato e preciso. Devo ammettere che mi sono scelto il miglior stampatore possibile per *Nostalghia*, di una bravura incredibile.

Come ha reagito la troupe italiana al metodo di lavoro di Tarkovskij?

La troupe italiana era entusiasta. Sono stati tutti estremamente bene con lui. All'inizio della lavorazione Andrej era diffidente, in primo luogo perché era sempre seguito dai servizi segreti e questo, ovviamente, contribuiva ad aumentare il suo sospetto; in secondo luogo veniva da esperienze cinematografiche in Russia, dove le troupe statali annoveravano colleghi bravi ed esperti, ma anche fannulloni incredibili. Tant'è vero che uno dei primissimi giorni mi disse: «Io sono puntuale; se arrivo sul set e la troupe non c'è me ne vado e quel giorno non si gira». Io gli ho risposto di stare tranquillo, perché i nostri colleghi sarebbero arrivati tutti con largo anticipo. Andrej all'inizio delle riprese sembrava incontentabile, diffidente, ma dopo qualche giorno il clima è cambiato e ha compreso che la troupe era affascinata da lui, che tutti erano consapevoli di contribuire alla realizzazione di un grande film. Si è creato un clima di grande partecipazione e di grande collaborazione tanto che qualsiasi tipo di esigenza del regista, come il prolungamento degli orari di lavoro sul set, non provocava mai lamentele, cosa molto frequente nel cinema. Questo è stato possibile perché il carisma di Tarkovskij era palpabile e riconoscibile da chiunque.

In che senso era "incontentabile"?

Era esigentissimo. Ogni proiezione al suo fianco era un patema d'animo. Spesso è capitato che avessi la febbre! Devo ammettere che ogni ciak di *Nostalghia* mi procurava una grande ansia. Ogni volta era una sorta di esame, perché lui era solito richiedere la perfezione ai suoi collaboratori, non si accontentava di nulla di meno. Ricordo che all'inizio della lavorazione ha fatto stampare ugualmente anche le inquadrature interrotte dall'operatore di macchina, che erano considerate scarti. L'operatore si è offeso perché ha creduto che Tarkovskij non si fidasse del suo modo di lavorare. Andrej, invece, voleva capire meglio il lavoro dell'operatore e comprendere la ragione dei suoi stop. Dopo un paio di proiezioni c'è stato un grandissimo accordo tra i due. A volte, soprattutto all'inizio, è capitato di stampare con una dominante un po' troppo tendente al giallo e per lui questo costituiva una vera e propria tragedia. Bisognava correre ai ripari, dal momento che il risultato non era esattamente come lui lo aveva immaginato.

Non capitavano mai episodi in cui questa estrema attenzione, questa tensione artistica venisse stemperata, da una risata, da un momento di allegria?

Certo! Non voglio che pensiate che sul set ci fosse un clima di terrore! In quel periodo la Gaumont stava girando un altro film con un regista francese[1], in cui venivano usate diverse lune finte, in plastica e vari materiali. A un certo punto la produzione decide di inviarci una di queste lune, che posizioniamo per la ripresa. La illuminiamo e Andrej, dal punto in cui era, dietro la macchina da presa, esclama: «Sì, mi sembra bella! Peccato che sia un po' storta...». In realtà si era quasi liquefatta sotto il calore delle lampade! Per risolvere il problema abbiamo dovuto lavorare tutta la notte per far costruire da un fabbro un'intelaiatura di ferro, sopra la quale montare un plexiglass e dietro posizionare la struttura per le lampade; si trattava di lampade sotto dimmer, che permettevano di aumentare gradualmente la luce, montate su uno stativo elettrico che si alzava lentamente. Quando ci siamo accorti che la nostra luna stava letteralmente colando, c'è stato un momento di ilarità generale, seguito però immediatamente da un bel lavoro tecnico per cercare di riparare al disastro dello scioglimento.

Quale è stato il tuo apporto al film? In che modo la tua sensibilità si è inserita nella poetica di Tarkovskij?

La fortissima personalità di Tarkovskij ha determinato inevitabilmente la fotografia del film, ad esempio con la decisione di inserire la nebbia, che ha immerso le immagini in una magia che altrimenti non avrebbero avuto. Quello che mi ha sempre colpito del modo di lavorare di Tarkovskij era l'estremo controllo di ogni singolo aspetto del film, ma allo stesso tempo anche la totale libertà che lasciava ai suoi collaboratori: non mi sono mai sentito dire quali tecniche utilizzare o come illuminare una scena. Quando il protagonista e l'interprete si trovano nell'atrio dell'albergo, ad esempio, mentre aspettano di ricevere le chiavi delle stanze, ho potuto immergerli in un buio quasi assoluto e, mentre Gorčakov sta pensando alla moglie, attraverso un flashback, i suoi occhi brillano di nostalgia, un luce leggera gli disegna delicatamente il viso, rendendo i discorsi sull'arte, sulla poesia e sulla musica ancora più affascinanti. Non è possibile decidere a priori un effetto di questo tipo, ma si palesa man mano, mentre stai realizzando l'inquadratura: avviene semplicemente, nel momento in cui presti credito all'intuizione che nasce dentro di te. Ecco, posso dire che Tarkovskij abbia lasciato carta bianca alle mie intuizioni, che ho cercato di realizzare al meglio.

Le lavorazioni italiane sono diverse da quelle russe. Come si è trovato Tarkovskij in Italia?

Innanzitutto non dimentichiamo che stiamo parlando di una lavorazione di nove settimane, un lasso di tempo non esagerato, mentre in Russia Andrej era abituato a tempi molto più lunghi. Quando facevamo il piano di lavorazione spesso gli abbiamo detto: «Andrej, tu dici sempre di sì, ma riusciremo a girare il film in così poche settimane?» e lui, estremamente tranquillo: «Sì, non vi preoccupate». In effetti è stato di parola. Il film è curatissimo, ogni sequenza aveva un intervento scenografico consistente. Andrej è riuscito a realizzare in poco tempo un lavoro eccezionalmente bello. Nei suoi film i piani sequenza hanno tutti una durata considerevole, quindi se ne avessimo girato anche uno solo nell'arco di una giornata si sarebbero ottenuti almeno setto o otto minuti di film.

Quali sono state le sue principali richieste riguardo alla fotografia?

Le richieste di Andrej vertevano sostanzialmente sull'uso di un colore spento, sull'utilizzo del bianco e nero per i ricordi e poco colore nel film in generale. Il protagonista è quasi sempre vestito di scuro, ha un cappotto nero, un pullover nero e una camicia bianca; la stanza dell'albergo è grigia, le pareti sono grigie. Gli unici colori che emergono timidamente sono quelli della natura, nei casi in cui è visibile, perché più spesso la nebbia impasta l'immagine senza lasciar trasparire forme e colori particolari, fatta eccezione per i capelli biondi di Domiziana Giordano. Per il resto altre note cromatiche sono completamente assenti. Questa scelta permette un passaggio fluido tra passato e presente, ricordo e sogno.

Puoi dire qualcosa di più sulla scelta di girare alcune parti in bianco e nero?

Tarkovskij voleva girare in bianco e nero i ricordi della Russia, le immagini in cui Gorčakov rivede la moglie, la figlia e il cane. Per rendere il passaggio dalla realtà presente ai ricordi il più fluido possibile, abbiamo dovuto rendere il colore di tutto il resto del film quasi spento, quasi inesistente, coinvolgendo scelte cromatiche di ambienti e costumi e il tipo di stampa. Ho scelto infatti la stampa ENR della Technicolor, che ha la peculiarità di desaturare il colore, aumentare i contrasti, motivo per cui abbiamo ottenuto dei neri molto profondi. Abbiamo fatto un solo provino presso gli Stabilimenti De Paolis in cui ho illuminato gli attori, mentre Andrej ha fatto un lento carrello su tutti i suoi personaggi. Abbiamo girato sia a colori sia in bianco e nero. La luce era assolutamente la stessa e devo dire che in entrambi i casi funzionava benissimo. Ho sempre pensato che non ci fosse la necessità di modificare qualcosa dal punto di vista dell'illuminazione.

Come funziona questo ENR?

Si tratta di un tipo di stampa che permette di far restare sul positivo colore una quantità di argento che invece normalmente si scioglie nel fissaggio, motivo per cui alla fine rimane solo un positivo con i coloranti, che ci fa vedere i colori. Su questa immagine a colori ne rimane un'altra in bianco e nero, fornendo un contrasto maggiore, i neri sono più profondi e la brillantezza del colore viene considerevolmente attenuata. Ho mostrato a Tarkovskij un provino con questa stampa e lui lo ha accettato immediatamente.

Il bianco e nero è stato funzionale non solo per i ricordi, ma anche per il bellissimo "micro paesaggio", mostrato da una ripresa che parte dall'interno della casa di Domenico ed esce all'esterno. Come hai realizzato questa sequenza estremamente suggestiva?

Durante un carrello si verifica un movimento di luce che sembrerebbe causato dal passaggio di una nuvola: la luce cala poi ritorna più forte. Il mio scopo era di creare una sorta di movimento su questa materia, erba, rivoli di acqua, muschio, non soltanto attraverso il movimento di macchina, ma grazie anche al fluire della luce. Si tratta di piccole soluzioni che ho trovato durante le riprese, in base all'immagine che si voleva creare.

In altre occasioni hai parlato di Tarkovskij come di un regista nel quale la luce diventa linguaggio. Ci puoi fare un esempio?

Tra le cose che mi hanno stimolato di più parlerei della "fotografia dinamica", qualcosa che non avevo mai visto prima di allora. Consiste nella possibilità di modificare la luce all'interno di un piano sequenza, non per motivi naturalistici – nel senso che se accendi una luce chiaramente l'illuminazione si modifica – ma per aggiungere un'emozione all'immagine, per suggerire modulazioni emotive. Durante i mesi precedenti la lavorazione, Tarkovskij mi aveva detto: «Mi piacerebbe fare dei cambi di illuminazione all'interno della stessa sequenza. In parte ho già accennato in *Stalker* questo tipo di fotografia, ma non in modo consistente». È stata una delle poche richieste specifiche di Andrej, sulla quale abbiamo lavorato da prima che iniziassero le riprese. Abbiamo trovato le risposte tecniche che ci permettessero di girare in tranquillità, ci siamo dotati di tutti i mezzi necessari. Solitamente non sfruttiamo il fattore tempo in ripresa perché cerchiamo di girare sequenze che non presentano differenze dal punto di vista fotografico, per facilitare l'assemblaggio di inquadrature fotograficamente coerenti in fase di montaggio. Tarkovskij, invece, riteneva assolutamente interessante sfruttare il fattore temporale del piano sequenza, all'interno del quale si permetteva di modificare la luce, modulando le emozioni e i significati della sequenza e aggiungendole valore. Voleva dei cambiamenti che non corrispondessero necessariamente a un processo esterno o ad una azione fisica.

Che strumenti hai utilizzato per ottenere questi effetti?

Mi sono attrezzato con una serie di "persianine", dei telai strutturati proprio come le finestre a persiane, dotati di lamelle regolabili che si aprono e chiudono con un nottolino, permettendo un aumento o una diminuzione graduale della luce. Ci eravamo ingegnati a trovarle perché non si usavano più ed erano rimaste sepolte nei magazzini. Le abbiamo recuperate e messe in funzione. Su alcune abbiamo installato un piccolo motore per poterle comandare a distanza, nel caso fossero in una posizione difficilmente raggiungibile dall'elettricista. Sono dell'opinione che manovrarle a mano produca un risultato migliore. Durante la lavorazione, ogniqualvolta Tarkovskij lo richiedeva, abbiamo usato questi telai che erano stati applicati a tutti i miei proiettori.

In quale scena a tuo avviso è stato realizzato il miglior esempio di "fotografia dinamica"?

Ritengo che la scena più riuscita da questo punto di vista sia quella della camera d'albergo. L'attore entra nella stanza, spegne le luce dell'abat-jour e del bagno, apre una finestrella che si affaccia su un cortile scalcinato, mentre fuori piove, consentendo di percepire lo scrosciare della pioggia e facendo aumentare la luce all'interno dell'ambiente. Da quel momento in poi, durante un lentissimo carrello sommato allo *zoom*, la luce della stanza comincia a modificarsi. L'attore è immerso sempre più nell'ombra, così come il bagno, dal quale esce un cane. Se avessi lasciato una luce fissa, forse il pubblico avrebbe riso dell'ingresso del cane, che dovrebbe essere in Russia. Lo avevamo visto infatti in un flash back in cui correva davanti alla casa del protagonista. Senza questi cambi, che hanno prodotto una dimensione onirica, la sua presenza non avrebbe avuto senso! Invece lo spettatore accetta questo elemento senza porsi alcun problema. E tutto questo esclusivamente grazie alle modificazioni della luce. Il cane si accuccia vicino al padrone, ormai sdraiato sul letto, lui lo accarezza, la macchina perde di vista finestrella e bagno, quindi per un momento il personaggio è quasi immerso nel buio, finché improvvisamente arriva un'altra luce che illumina la parete chiara riflettendosi sul letto, e poi scompare. Nel frattempo vediamo il primo piano del protagonista mentre ritorna la prima luce che si era spenta, finisce la pioggia e parte un sogno in cui sua moglie abbraccia l'interprete. L'impostazione è realistica, ma i cambi di luce ci proiettano in una dimensione onirica. Devo dire che realizzare questa scena è stata una bella scommessa: ci è voluto un giorno di lavoro, ma stiamo parlando di circa 8 o 9 minuti di film, quindi ne valeva la pena anche dal punto di vista produttivo. Non vi nascondo che è stata una prova particolarmente difficile. Dal muro del cortiletto, sotto la pioggia battente, a un certo punto si è staccato un pezzo di intonaco. Tarkovskij ha scelto proprio quel ciak perché questo dettaglio aggiungeva un tocco ulteriore all'insieme. Ho sempre ritenuto geniale il passaggio dal reale al sogno all'interno della stessa inquadratura, veicolato senza nessun altro mezzo all'infuori della modificazione della luce. Secondo Tarkovskij questo era un modo interessante di sfruttare il piano sequenza. Quando abbiamo visto quella sequenza in proiezione per la prima volta è stata un'emozione grandissima.

Per raggiungere questo risultato è stata necessaria una stretta collaborazione tra regista, direttore della fotografia e operatore di macchina, non è così?

Esattamente. Anche perché non bisogna dimenticare che tutto questo è stato fatto "a occhio", senza *video control*! In macchina c'era un bravissimo operatore, Pino De Biase, che ha girato in modo egregio. Occorreva calcolare tutto senza sapere come sarebbe stato il risultato finale, almeno fino al momento della proiezione. Non si poteva esercitare alcun tipo di controllo, come era normale nel cinema fino alla fine degli anni '80, quando si è iniziato a utilizzare il monitor di controllo. Negli anni seguenti uscì la Moviecam, munita di una telecamera e di un piccolo monitor di controllo, molto comodo per l'assistente operatore. Poi il monitor di controllo diventò di uso comune a partire dagli anni '90. Ma ai tempi di *Nostalghia* non esistevano ancora tutte queste agevolazioni. Era tutto affidato al lavoro sincronico e armonico di regista, direttore della fotografia e operatore di macchina.

Riguardo alla pioggia. C'è stata una collaborazione significativa con lo scenografo?

Sì, posso citare un esempio significativo. Durante la preparazione Andrea Crisanti portò la pianta della stanza d'albergo in costruzione presso gli Stabilimenti De Paolis. Tarkovskij aveva espresso il desiderio che le pareti fossero in rilievo, perché amava la materia, gli piaceva poter sentire le asperità degli oggetti, delle cose, perciò una parete intonacata perfettamente liscia non lo convinceva affatto. Nel disegno originale c'era solo la finestrella da cui si vede lo scrosciare della pioggia. Chiesi ad Andrea di aprire anche una finestra sulla parete sinistra. In questo modo potevo far filtrare una luce radente che facesse percepire le irregolarità della parete. Credo sia stata la mia unica richiesta allo scenografo. La stanza era dotata inoltre di una parete mobile, quella della porta, di fronte al letto, tant'è vero che in alcune inquadrature la stanza sembra "normale", mentre nella sequenza più importante, quella della fotografia dinamica, già dall'inizio si nota una dimensione diversa, ottenuta togliendo la parete. Inquadravamo da una distanza maggiore, dando all'ambiente delle dimensioni diverse da come erano state fino a quel momento.

Il passaggio da una luce più forte al buio quasi assoluto, per poi ritornare a una luce più leggera faceva parte della sceneggiatura?

No, anzi, nella sceneggiatura questa scena era scritta in modo completamente diverso, sembrava addirittura ci fossero una serie di inquadrature. Nella sequenza realizzata Domiziana Giordano è fuori campo e si sente solo la sua voce; l'albergatrice, come comparsa, alla fine non è stata inserita. Nella sceneggiatura non c'era alcun tipo di indicazione o di appunti sui cambi di illuminazione all'interno della sequenza, a riprova del fatto che Tarkovskij lasciava carta bianca ai suoi collaboratori, in questo caso, a me.

C'è stata una scena particolarmente difficile da realizzare, in cui sono state messe a dura prova le tue capacità di direttore della fotografia?

Ammetto che la scena girata all'interno della chiesa sommersa ha richiesto un lavoro decisamente complesso. La sequenza si apre con un ruscello, la macchina lo segue dall'alto e riprende una statua di angelo sommersa; proseguendo lungo il corso d'acqua si scopre la facciata della chiesa, tutta bianca, piena di sole. Nella prima giornata di lavoro l'esterno era stato ripreso con sole pieno. Il giorno successivo invece sembrava notte, il cielo era plumbeo, quindi, benché ci fossero delle aperture sul tetto, l'interno della chiesa era completamente buio. Solitamente in casi del genere si abbandona il set e per quel giorno si evita di girare, invece ho cercato di riprodurre all'interno la medesima luce del giorno prima, attraverso degli effetti. Penso che il risultato finale sia leggermente "teatrale", nel senso che un occhio attento potrebbe notare la diversità rispetto all'atmosfera che si sarebbe ottenuta in una giornata di sole pieno. Ma dato che il protagonista aveva un dialogo con la bambina, che rappresenta una sorta di figura angelica, la mia illuminazione particolare poteva essere ammessa. Avevo immerso degli specchi nell'acqua ed ho posizionato un proiettore sullo specchio, così che rifrangesse la luce e restituisse l'illusione del sole. Quando Andrej ha visto il risultato in proiezione mi ha detto: «Ero convinto di dover rigirare questa scena, invece devo dire che mi piace».

Abbiamo parlato dell'uso del bianco e nero. Invece i passaggi in seppia?

Nel film compaiono alcune sequenze che sono color seppia, ma queste variazioni cromatiche dipendono soprattutto dalla stampa della pellicola. Se una sequenza era stata stampata seppia nella copia lavoro e Tarkovskij era stato in moviola a lavorarci per cinque o sei mesi, e si era affezionato a quel tono, succedeva che quando glielo si proponeva neutro non lo considerava appropriato o di suo gradimento.

Tecnicamente come è possibile ottenere una stampa cromaticamente diversa, in questo caso tendente al seppia?

Si stampa sempre con un positivo colore ma può capitare che una scena venga stampata con una leggera quantità di rosso in più, che le conferisce quella dominante. Se si togliesse un punto di rosso diventerebbe neutra, un bianco e nero perfetto, quindi in alcuni casi si può trattare anche di errori di stampa, come è successo in *Nostalghia*. La copia in pellicola conservata alla Cineteca Nazionale del Centro Sperimentale di Cinematografia, malgrado presenti righe e abbia un sonoro leggermente disturbato, dal punto di vista dell'immagine credo sia il miglior esemplare esistente.

In diverse dichiarazioni, parlando di Tarkovskij, hai detto che lui ha operato su di te una sorta di "plagio artistico". Cosa intendi esattamente?

L'utilizzo del termine "plagio" è senz'altro un'esagerazione, ma è utile per spiegare come Tarkovskij mi abbia portato a pensare in un modo abbastanza simile al suo. Spesso reagivamo allo stesso modo di fronte a un luogo, a una luce o a un'atmosfera. Abbiamo raggiunto una sintonia che ci ha permesso di lavorare al meglio. Come ho già detto, durante il film Andrej non mi ha mai dato indicazioni tecniche o specifiche riguardo all'illuminazione, eventualmente da aumentare, diminuire o modificare. È stato un lavoro essenzialmente basato sulla fiducia, sull'intesa.

C'è una qualità di Tarkovskij che hai apprezzato sopra le altre?

Andrej mi ha insegnato molto e principalmente mi ha colpito la coerenza nel portare avanti le scelte che riteneva imprescindibili, il non lasciarsi vincere dalla tentazione di modificare una scena credendo erroneamente di avere vita più semplice. Era un artista che non si sottometteva a questa logica: se si compie una scelta, bisogna portarla avanti. Vi faccio un esempio. Il primo giorno di riprese abbiamo girato a Faleria, in bianco e nero, la scena in cui la famiglia di Domenico esce dalla casa dopo tanti anni di reclusione, con quel carrello lungo la scalinata che mostra la corsa del bambino. Ovviamente serviva il sole perché ci interessavano i contrasti, i neri, invece è stata una giornata che ci ha fatto impazzire: sole, nuvole, di nuovo sole, ha persino piovuto. Quella sera io mi sono lamentato del pessimo meteo con Norman Mozzato, che ha riferito a Tarkovskij le mie preoccupazioni. Andrej mi ha fatto chiamare e mi ha detto in tutta calma: «Peppe, non ti devi angosciare, perché io monto solamente immagini belle, che funzionano. Se una scena non è buona non la monto, perché per me l'immagine ha un'importanza fondamentale». Credo che lui sia stato l'unico regista di parola che io abbia incontrato nella mia vita. Molti altri registi dicono lo stesso, ma alla fine montano qualsiasi cosa, persino gli scarti e sequenze inguardabili! Lui è stato davvero l'unico regista che ha mantenuto la promessa. In secondo luogo mi ha trasmesso il rispetto del lavoro. Era esigente ma rispettava il lavoro di tutti, in particolare il mio. Non dimentichiamo che Tarkovskij ha montato il film, ha scelto le musiche; sebbene disponesse di uno scenografo, era comunque sempre lui ad aver l'ultima parola, ad apportare eventuali modifiche o cambiamenti alle scene, e per i costumi era la stessa cosa. In merito alla fotografia diceva: «Io controllo il lavoro di tutta la troupe, ma se tu hai capito quello che mi serve posso verificarlo solo in proiezione. Io e te siamo come una coppia di sposi: il nostro orgasmo è quando vediamo in proiezione il lavoro che avevamo stabilito»! In effetti c'è stata una grandissima sintonia durante tutto il film.

La sequenza girata all'interno della piscina di Santa Caterina, a Bagno Vignoni, ha comportato delle difficoltà tecniche particolari?

No, in quel caso non ci sono state difficoltà particolari dal punto di vista fotografico, dato che abbiamo girato sfruttando la luce naturale di un pomeriggio nuvoloso. La scena era più complessa per la macchina da presa, il cui movimento – un carrello parallelo alla piscina, per tutta la sua lunghezza – può dare impressione di essere semplice, ma in realtà non lo era affatto. Il film è interamente girato con lo *zoom*. Il protagonista, in base alla parola data a Domenico, doveva attraversare la vasca termale portando una candela accesa. Quando Oleg inizia il suo viaggio è in figura intera e giriamo a 24 fotogrammi al secondo. Nell'andata l'inquadratura si stringe e i fotogrammi aumentano. Quando la candela si spegne e Oleg torna indietro, l'inquadratura è di nuovo a figura intera e torniamo a 24 fotogrammi. Perciò nell'andata si ottiene una sospensione maggiore, i movimenti sono più lenti, anche se non ci si rende conto del ralenti. Stiamo parlando di 32-34 fotogrammi, però questa scelta aggiunge qualcosa, rende quasi "rarefatti" i movimenti del protagonista e riesce a dare al film un'atmosfera di grande sospensione. Quando finalmente, al terzo tentativo, l'uomo arriva dall'altra parte, lo *zoom* continua a stringere fino al massimo, arrivando al dettaglio della candela, con 40 fotogrammi di ralenti se non sbaglio. Durante tutte queste variazioni, dovevo apportare continuamente piccole modifiche di diaframma. Abbiamo girato questa scena due o tre volte al massimo. Nonostante sembri molto semplice, in realtà è una sequenza complessa, soprattutto per l'attore che in quel momento era coinvolto in una interpretazione carica di tensione emotiva.

Mentre Gorčakov compie il suo "sacrificio" nella vasca di Santa Caterina, Domenico, a suo modo, consuma il suo al Campidoglio. Quali sono stati i tuoi accorgimenti per realizzare questa sequenza girata in un luogo così noto e facilmente riconoscibile?

Il Campidoglio è stata una scelta di Tarkovskij ma, evidentemente, non aveva la stessa valenza che ha per noi romani. Fortunatamente Andrea Crisanti era venuto a conoscenza che il Marco Aurelio era in restauro ed era stato sostituito da una copia, motivo per cui si poteva ottenere più facilmente il permesso di girare. Dopo aver vagliato l'ipotesi, Andrej ha accettato di girare tutta la bella sequenza dei pazzi al Campidoglio. Avevo fatto una sola richiesta a Tarkovskij, ovvero di non girare con il sole, perché se avessimo ritratto il Campidoglio completamente assolato, avremmo ottenuto una "cartolina" perfetta, in totale contrasto con l'intero film. La mia proposta ha creato non pochi problemi, dal momento che eravamo in un periodo di bel tempo, con intere giornate di sole. Abbiamo così cercato di girare il più possibile in certe ore, in modo da avere almeno i fondi in ombra. Un giorno abbiamo girato con una piccola striscia di sole per terra, però in genere siamo riusciti a lavorare con il cielo coperto, condizione ottimale e senz'altro più giusta per il tipo di sequenza.

Cosa ci puoi dire dell'ultima sequenza, in cui la casa russa del protagonista si trova all'interno della chiesa di San Galgano?

In quel caso Andrea Crisanti ha davvero realizzato un lavoro straordinario. Durante i sopralluoghi avevamo visitato l'interno dell'abbazia di San Galgano, meravigliosa chiesa senza tetto, e in quell'occasione Andrea aveva portato con sé delle cantinelle per controllare le proporzioni, dopodiché ci siamo messi dal punto di vista della macchina da presa e lui ha potuto constatare quali fossero le proporzioni con cui avrebbe dovuto costruire la casa russa del protagonista. All'interno dell'inquadratura Tarkovskij ha voluto inserire anche la presenza dell'acqua, per cui le finestre della chiesa si rispecchiano nel piccolo lago antistante la *isba* russa. Questo ha conferito un qualcosa di ambiguo, di strano all'immagine. Finché la macchina non indietreggia sempre più e svela la struttura nella sua interezza. Solo allora ci si rende conto che la casa è costruita in scala, perché con l'obiettivo prescelto era perfetta: si potevano individuare oltre alla casa, la stradina, gli alberi, i pali della luce: un lavoro incredibile. Per rendere l'atmosfera ancora più suggestiva e l'immagine "russa" fino in fondo, inizia persino a nevicare. L'inquadratura è stata realizzata con un dolly posto su un carrello e con uno *zoom* che andava da 100 a 20. La velocità della macchina era a 32-34 fotogrammi per rendere più fluido il movimento e rallentare la caduta della neve.

Che definizione daresti di Tarkovskij regista?

Per risponderti utilizzo una definizione di Tarkovskij stesso. Esistono due categorie di registi: quelli che ripropongono la realtà e quelli che la reinventano. Lui la reinventava: apparentemente si partiva da una situazione realistica e poi ci si accorgeva di avere davanti agli occhi qualcosa di completamente diverso. Si era verificata una trasformazione, dovuta a tanti fattori, di recitazione, scenografici, ambientali, di movimenti di macchina, l'aggiunta della nebbia, il *ralenti*. Era in grado di creare una situazione che si allontanava dalla realtà da cui si era partiti. Un'invenzione continua di ogni situazione. Rivedendo il film ci sono delle sequenze veramente emozionanti. Situazioni che sembrerebbe impossibile poter realizzare, che invece vengono proiettate sullo schermo ammantate di una luce nuova, inaspettata.

Eri presente quando c'è stata la prima proiezione, a film concluso? Eri con Tarkovskij quando il film è stato proiettato per la prima volta?

In quel periodo mi trovavo nei pressi di Bologna per la lavorazione all'*Enrico IV* di Bellocchio, ma sono tornato a Roma un sabato per dare l'ok alla prima copia. Sono andato a prendere Tarkovskij a casa e ci siamo recati insieme alla Technicolor. Abbiamo lavorato tutto il pomeriggio fino a notte fonda con Giancarlo Barberi, che è stato disponibilissimo, perché la prima copia aveva delle differenze rispetto alla copia lavoro e Andrej preferiva le immagini della copia lavoro, motivo per cui ha voluto rivederla interamente. Dopo lunghe ore passate insieme, abbiamo dato a Barberi una serie di indicazioni per la stampa, dopodiché sono dovuto ripartire per tornare sul set bolognese. Dopo aver visto *Nostalghia* al cinema, ho benedetto ancora di più il fatto di essere riuscito a ottenere uno stampatore di mia fiducia, perché questo film sarebbe stato completamente rovinato da una persona non abbastanza sensibile.

Quando l'hai visto al cinema che sensazione hai provato?

È un lavoro bellissimo e ci tengo a sottolineare ancora che Barberi aveva stampato una copia ottima. I neri erano scintillanti. Credo che il livello straordinario del film debba molto anche alla scelta di Erland Josephson e Oleg Jankovskij, due interpreti eccezionali. Tarkovskij presentò *Nostalghia* a Cannes, dove vinse il premio delle giuria, malgrado l'opposizione di Sergej Bondarčuk, nemico storico di Tarkovskij e rappresentante del regime sovietico, che ha cercato fino all'ultimo di non fargli ottenere alcun premio. Andrej aveva ottime possibilità di ricevere la Palma d'Oro, ma questa ipotesi non si è concretizzata. Da Cannes ricevetti numerosi telegrammi di complimenti. Fu una bella soddisfazione.

Dopo l'uscita di Nostalghia *a Cannes cosa è successo?*

Andrej ed io siamo rimasti in rapporto. Avrebbe voluto che andassi in Svezia a lavorare al suo ultimo film, *Sacrificio*. Inizialmente avrebbe dovuto essere una coproduzione RAI con la Svensk Film Institutet, casa cinematografica statale svedese, poi invece la RAI è uscita dal progetto, e a quel punto è stato proposto Sven Nykvist come direttore della fotografia: non si poteva certo dire che fosse un ripiego! In seguito Andrej mi ha confidato: «L'ho fatto soffrire parecchio. Abbiamo proiettato *Nostalghia* all'Istituto Statale e devo dire di non aver mai assistito ad una proiezione così perfetta. Quando è finita, l'ho visto molto preoccupato di che cosa lo aspettava!»[2]. Dopo circa una settimana dall'inizio della lavorazione, in cui Nykvist aveva rivestito contemporaneamente il ruolo di direttore della fotografia e di operatore di macchina, Tarkovskij ha sbottato: «Voglio l'operatore di macchina, ricominciamo da capo», ripristinando la divisione dei ruoli. Insomma, ha fatto faticare Nykvist non poco! Con grande dispiacere non ho più potuto collaborare con lui perché al suo ritorno dalla Svezia si era aggravato ulteriormente. Nonostante fosse malato parlava di nuovi progetti che avremmo potuto affrontare insieme. Quando io, Norman e Laura siamo andati a trovarlo ad Ansedonia, pochi giorni prima che morisse, ancora parlava di tutti i suoi programmi, dei film da realizzare. «Sai, Peppe, ti ho pensato perché ho visto un cortile con una luce fantastica!». Pochi giorni dopo si è recato a Parigi per l'ultimo tentativo di cure e lì è morto. Era giovane, aveva cinquant'anni. Ha fatto solo otto film, aveva enormi difficoltà a lavorare in Unione Sovietica, ha vissuto in semi povertà a causa del regime comunista. Il suo primo film, *L'infanzia di Ivan*, che potremmo definire il suo "film di laurea", ha vinto il Leone d'Oro a Venezia. Per questo ha ricevuto grandi onori in patria. Gli hanno offerto ponti d'oro. Poi ha realizzato *Andrej Rublëv*, incentrato sostanzialmente sulla crisi di un artista che non parla più, si rifiuta di dipingere, quindi evidentemente contro il potere. L'intera storia di questo monaco, che alla fine ricomincia a dipingere, è narrata in uno stupendo bianco e nero, mentre l'unica immagine a colori è costituita dall'icona finale della Santissima Trinità. Dopo questo capolavoro gli hanno impedito di lavorare: il film è stato nascosto, mai visto da nessuno, finché qualcuno è riuscito a portarlo alla Mostra Internazionale del Nuovo Cinema di Pesaro e a proiettarlo. A quel punto ci si è resi conto che si trattava di un film straordinario. In seguito ha realizzato *Lo specchio*, *Solaris*, *Stalker*. Voleva rimanere nel nostro Paese, quindi avremmo di sicuro lavorato ancora insieme. Qui in Italia aveva comprato una casetta, un rudere a San Gregorio, nella zona di Tivoli e nel frattempo viveva in affitto nell'attesa di ristrutturarlo. Era già diventato il "boss" del paesino: sono andato a trovarlo più volte e quando andavamo in giro la gente lo salutava, gli offrivano un bicchiere di vino. Aveva socializzato bene!

A distanza di tanti anni, cosa ti rimane dell'incontro con lui?

L'esperienza artistica e umana vissuta con Andrej è stata fondamentale. Ho sempre considerato *Nostalghia* come un tesoro:

ogni tanto incontro qualcuno che lo ha visto e mi dice qualcosa in merito, è un film che si vuole vedere e rivedere. Nel 2012 ho partecipato a un convegno dedicato ad Andrej presso l'Università LUMSA, dal titolo *Andrej Tarkovskij. Un umanista cristiano nella temperie del Novecento*, in occasione dell'ottantesimo anniversario della nascita, al quale è intervenuto anche suo figlio, Andrej Jr. Ero stato invitato da Massimo Nardin, docente dell'Università, con il quale abbiamo animato una conversazione molto interessante con gli allievi. Questo è solo un esempio recente, ma si tratta di un *continuum*. L'anno scorso sono stato a un cineforum ad Amelia in cui hanno proiettato *Nostalghia*: un posto stranissimo, un misto tra un teatro e una casa, con i divani, un buffet, in cui si paga una piccola quota di iscrizione, si cena, si guarda il film e poi c'è il dibattito! Avevano fatto una locandina molto bella. Tutto questo per dire che sono passati trent'anni, ma il film continua a circolare, ad avere una sua vita.

È un film che proponi ai tuoi allievi?

Certamente! Come potrei non farlo?! È un vero e proprio tesoro. C'è sempre qualcuno che, dopo averlo visto, porta con sé qualcosa di più. Lavorando a stretto contatto con gli studenti che utilizzano sostanzialmente il digitale, mi ritrovo spesso a pensare che Tarkovskij lo avrebbe apprezzato perché avrebbe sfruttato in modo geniale la possibilità di modificare i colori in post produzione. Mi ricordo che si era informato e voleva parlare con la Kodak affinché inventassero una pellicola con dei colori leggermente diversi! Credo che il primo impatto con questa tecnologia lo avrebbe disturbato, ma penso che in seconda battuta avrebbe amato le nuove possibilità creative che gli avrebbero permesso di inventare nuovi colori, di fare sperimentazioni tutte sue, nuovi modi di trasfigurare la realtà.

Come è stato tornare a lavorare agli "altri" film?

Dopo *Nostalghia* tornare ai film "normali", privi di tale rigore, è stato difficile, perché mi ero abituato a un modo di lavorare diverso, estremamente libero. Per Andrej l'immagine era significante, aveva un significato ben preciso. Pur avendo girato film di un certo livello, dentro di me spesso ho sofferto. Forse, stando a contatto con lui, ero diventato troppo esigente. Con il passare del tempo mi sono riabituato, anche perché ho dovuto riconoscere che di Tarkovskij al mondo ce n'è uno solo. Non mi posso certo lamentare, però, anche perché dopo *Nostalghia* ho girato film come l'*Enrico IV* di Bellocchio e *Kaos* dei Taviani. Nonostante la costante collaborazione con registi di questo calibro, non è stato del tutto semplice immergermi nuovamente nel tradizionale cinema italiano. Non credo di esagerare nell'affermare che alcune scene di *Kaos* siano bellissime, ma inizialmente provai fatica, quasi una "sofferenza", perché in quel caso la produzione non voleva sentire storie: si doveva girare a tutti i costi, anche nelle condizioni più sfavorevoli. Se si gira, ad esempio, una sequenza in cui improvvisamente l'atmosfera cambia perché va via il sole, cambiano i contrasti, cambia il colore. Il film diventa all'istante qualcosa d'altro. Non è un problema meramente fotografico: è un problema narrativo.

---

1. Lanci si riferisce al film *La lune dans le caniveau*, di Jean-Jacques Beineix, uscito nel 1983.
2. Nei *Diari* Tarkovskij chiosa: «Prima della partenza abbiamo visionato *Nostalghia*, la fotografia ha fatto a Nykvist una forte impressione. Effettivamente Peppe Lanci ha girato il film in modo straordinario. Anche questa copia svedese è assai migliore di quella mostrata a Cannes, che era la nostra copia campione». *Diari - Martirologio*, di Andrej Tarkovskij, Edizioni della Meridiana, Firenze, 2002.

Il sodalizio con Marco Bellocchio

Quello con Marco Bellocchio è senz'altro il tuo "sodalizio" principale...

La mia carriera è stata totalmente legata a Marco. Con lui ho realizzato 12 film, di cui otto in veste di direttore della fotografia. Ai miei inizi, dopo *I pugni in tasca*, Bellocchio ha chiamato Tonino Delli Colli per il suo secondo film, *La Cina è vicina*, chiedendogli se poteva prendermi come assistente operatore. Il suo operatore era Franco Di Giacomo e, quando Marco in seguito lo ha chiamato a dirigere la fotografia, sono diventato operatore di macchina con lui. Ripensando alla mia filmografia il primo film di un certo peso è stato *Salto nel vuoto*. A volte ho avuto il compito di finire film di Marco iniziati da altri colleghi. Credo ci siano stati buoni risultati dal punto di vista fotografico in ciascun progetto che Marco Bellocchio mi ha proposto. La stima che mi lega a lui è cresciuta nel corso del tempo. Penso che sia un ottimo regista, mi piace come lavora, come imposta le scene. Ritengo che abbia una grande dote nella capacità di gestire gli attori, di riuscire a raggiungere il massimo delle loro potenzialità. Amo estremamente il suo modo di girare. Non è formalista, gira l'essenziale. Nei suoi film tutte le scene hanno sempre un significato profondo.

Sapresti raccontarci in modo più dettagliato le principali caratteristiche della sua regia?

Ho sempre pensato che Marco sia eccellente nella messinscena e nella costruzione dell'inquadratura. Ogni inquadratura è studiata, pensata, in modo da lasciar emergere l'idea che la sostiene. Il suo modo di girare è connotato da una grande precisione. È abituato a girare le stesse scene con focali differenti: dapprima con un obiettivo largo, poi con un obiettivo stretto sullo stesso asse. Come accennavo, credo che sia ancora più bravo nel dirigere gli attori. È una sua dote innata. Forse gli è servito aver frequentato un anno del corso di recitazione al Centro Sperimentale, dopo il quale è passato alla regia. Mi sono rimaste impresse molte scene nelle quali spiegava agli attori come recitare. Il suo modo di recitare la battuta, anche quella di una donna, faceva sentire che quello era l'unico modo di pronunciarla. Dava indicazioni perfette, e non è un caso che quasi sempre gli interpreti sotto la sua guida abbiano ottenuto risultati molto alti, riconosciuti da premi. Penso al giovanissimo Michele Placido ad esempio. Era sconosciuto quando ha recitato il personaggio del soldato in *Marcia trionfale*. Anche Franco Nero, che in quel film interpretava l'ufficiale, ha offerto un'ottima performance. Bellocchio è quasi sempre riuscito a ottenere il massimo dagli attori e dai loro volti, sempre con l'umiltà di modificare qualcosa se l'attore rendeva più del previsto. Riusciva sempre a cucire addosso agli attori qualche scena in più, qualche situazione non prevista, raccogliendo il più possibile dalle loro reazioni, dal loro coinvolgimento. Qualche volta è capitato che durante le riprese mi si avvicinasse, riferendosi ad attori secondari o a comparse, e mi dicesse: «Quello non funziona, non si può fare qualcosa?» e io prontamente: «Non ti preoccupare, lo metto in ombra!».

È vero che Bellocchio lascia agli attori maggiore libertà possibile, anche di movimento?

Sì, è vero. Marco ama lasciare liberi gli attori. Come ho già raccontato, questa "libertà" ha caratterizzato soprattutto la lavorazione di *Gli occhi, la bocca*. Nella seconda parte del film, Marco desiderava che la storia d'amore tra Lou Castel e Angela Molina si accendesse davvero, diventasse reale. Ecco perché ha lasciato ai due attori totale libertà di movimento e azione. Una simile scelta comporta una situazione di luce meno puntuale. Occorreva infatti realizzare un'illuminazione che fosse al servizio di questa ipotesi, del fatto che nessuno sapeva cosa avrebbero fatto i due interpreti durante la ripresa. Era una scelta che aveva conseguenze sia sul modo di girare sia sull'aspetto fotografico: la luce doveva essere inevitabilmente meno effettata. Ho realizzato un'illuminazione che potesse andare bene in qualsiasi situazione. Un carrello doveva terminare con un primo piano di Lou Castel... la macchina è partita e al termine del movimento mi sono ritrovato in primo piano la Molina anziché Castel!

Questo modo di girare era pianificato fin dall'inizio?

Abbiamo iniziato la lavorazione seguendo la sceneggiatura, come Marco è solito fare. Abbiamo girato tutto a Bologna. Il vantaggio di girare fuori Roma è una maggiore libertà. Si è più liberi di fare quello che serve al film. In provincia spesso si trova una apertura che nella Capitale non è immaginabile, sia da parte di privati che mettono a disposizione le loro abitazioni, sia da parte delle amministrazioni comunali che concedono permessi molto più facilmente. In questo caso avevamo la disponibilità assoluta della casa e questo ci ha concesso di lavorare nel modo che Marco si era prefisso.

Come avvenivano tra voi le scelte riguardanti il lavoro fotografico?

Dopo i primi film non c'era più bisogno di indicazioni. C'era una tale sintonia che le parole spesso non occorrevano. Non abbiamo quasi più parlato di fotografia nei film che abbiamo girato insieme. Procedevamo tranquillamente, a meno che una scena non richiedesse esplicitazioni o chiarificazioni. Ciò significa che sul set può crearsi una sintonia che consente di andare oltre le parole e che ci permette, più o meno consapevolmente, di fornire al regista delle soluzioni che si dimostrano adeguate. Solitamente questo avviene perché scatta qualcosa a livello di rapporti, di intesa.

L'interesse che Bellocchio ha manifestato in molti film per la psichiatria e la sfera della psicanalisi ha comportato un'influenza specifica sul tuo lavoro?

C'è da dire che sin dai tempi di *Salto nel vuoto* Marco aveva manifestato questo interesse, coinvolgendo nel lavoro lo psicanalista Massimo Fagioli. Non credo che il viscerale interesse di Marco per la psiche umana abbia influito particolarmente sul mio lavoro. Non era solito darmi indicazioni fotografiche rispetto alle scene da girare, anzi, mi lasciava carta bianca. Forse una volta, per *La condanna*, è stato più esplicito e ha avanzato una richiesta precisa. Mi riferisco alla scena in cui Vittorio Mezzogiorno e l'attrice francese Claire Nebout fanno l'amore all'interno del museo. Fino alla scena precedente questo luogo era apparso in penombra ma, contrariamente al fatto che fosse notte, in quel caso Marco mi ha chiesto una luce teatrale, senza effetti, che rivelasse ogni cosa e dove tutto fosse dichiarato. Un'illuminazione omogenea. Sicuramente senza questa richiesta non avrei mai pensato a quel tipo di luce. Voleva ogni angolo di questo spazio completamente illuminato. È stata forse una delle pochissime volte in cui ha avanzato una richiesta specifica. Ovviamente mi ha chiesto una luce di questo genere per il significato che secondo lui la scena doveva avere.

In quel film Vittorio Mezzogiorno dice: «Non esiste il buio assoluto. Un po' di luce c'è sempre». L'interno del museo è caratterizzato da penombre, da tagli di luce molto visibili. Rimanendo su La condanna, *ci puoi descrivere come hai realizzato la scena del tribunale, in cui Mezzogiorno viene accusato di aver abusato della ragazza?*

In quell'occasione Marco aveva espresso il desiderio di poter avere delle modificazioni di luce durante l'interrogatorio, in concomitanza di alcune battute dei personaggi. Purtroppo questo lavoro è stato mortificato dal montaggio, dove i miei effetti sono quasi spariti. L'intenzione originaria di Marco, che aveva un suo spessore e delle motivazioni, non era più comprensibile, non aveva più la stessa portata espressiva. Sono dell'opinione che quando si compie una scelta, occorra sostenerla fino in fondo. Se non sbaglio il cambiamento di luce è rimasto solo sull'avvocato. È un vero peccato, perché durante le riprese avevo cercato molti passaggi chiaroscurali, molte modulazioni di luce.

Spesso gli interni del museo sono preceduti da esterni al tramonto, in cui la luce è molto soffusa. Come sei intervenuto sugli esterni?

Mi sono servito di qualche filtro, ho controllato l'esposizione, ma non c'era bisogno di interventi forti. *La condanna* ha degli esterni molto belli, che abbiamo girato a Caprarola. Ad un certo punto compare un paesaggio estivo di campagna, assolato. Ricordo il grano dorato, colori particolarmente accesi che non si trovano spesso. Il nostro lavoro spesso si basa anche su una certa dose di fortuna: la fortuna di trovare e poter cogliere momenti di luce appropriati a quello che si vuole raccontare.

Prima hai parlato dello psicanalista Massimo Fagioli. Lo hai incontrato nuovamente su altri set di Bellocchio?

Sì. Bellocchio lo aveva coinvolto anche per *Diavolo in corpo* e lo aveva invitato a seguire la lavorazione. La presenza di Fagioli è stata determinante soprattutto per aiutare la protagonista, Maruschka Detmers, per le scene di sesso.

Cosa ricordi del lavoro fotografico legato a questo film?

Ricordo che l'appartamento in cui abbiamo girato la maggior parte delle scene in cui si muovevano i due protagonisti innamorati era completamente bianco e non arredato. Questa scelta registica e scenografica ha comportato per me un accurato lavoro di fotografia. Ricordo con piacere anche alcuni esterni, a mio avviso molto interessanti, in particolare un crepuscolo girato al mare. In quell'occasione ho messo un filtro correttore in macchina che ha conferito una dominante particolare alla scena. Ne è derivata una sequenza molto interessante dal punto di vista cromatico. Si è trattato di un piccolo accorgimento, che ho adottato perché mi sembrava confacente alla storia. Poi, inaspettatamente, ho scoperto che quel colore coincideva con un'idea di Bellocchio sulla psicologia dei personaggi, di cui io ero assolutamente ignaro. Talvolta sul set si creano queste "alchimie". Ritengo che l'inconscio spesso abbia un ruolo fondamentale nel nostro lavoro. Nello stesso film c'è una scena in discoteca in cui ho dato una luce azzurra particolare e anche quella tonalità ha acquistato un significato all'interno della narrazione di Marco. Sono episodi che si verificano quando si è in profonda sintonia con il regista. Non avvengono a caso, ma non si è in grado di razionalizzarli fino in fondo.

Cosa ricordi della lavorazione?

La lavorazione si è svolta serenamente, ma durante il montaggio sono emersi numerosi problemi con il produttore, Leo Pescarolo, che mal sopportava la presenza di Fagioli in moviola. Ha sospeso il montaggio, minacciando di montare il film lui stesso. Fortunatamente la vicenda si è conclusa bene, tutto si è risolto e il film ha riscosso notevole successo. Dati, però, i contenuti fortemente espliciti, abbiamo dovuto stampare una copia molto scura per la censura.

Cosa ci puoi raccontare de La visione del Sabba?

Anche in quel caso abbiamo avuto dei problemi con la produzione.

Cosa è successo?

Il contratto prevedeva dieci settimane di riprese, ma la produzione riteneva che avremmo potuto concludere il film in minor tempo, ovviamente per risparmiare. Per questo motivo sul set si era creata tensione, non certo il clima ideale per lavorare. Alla fine della proiezione della copia campione, nello stabilimento di Luciano Vittori, però, la produzione non ha esitato a farci i complimenti.

Come hai realizzato la bellissima scena girata di notte della danza attorno al fuoco?

È vero, questa lunghissima sequenza è estremamente bella, dal punto di vista espressivo e fotografico. Abbiamo girato in gran parte di notte, immersi nel buio, che però veniva rischiarato dai "miei" lampi di un temporale in arrivo. Segue l'inizio del Sabba, quando si accendono i fuochi: da una luce notturna fredda e lunare si passa a una luce calda. Oltre a riprendere i veri falò, ho posizionato delle luci gelatinate per rafforzare l'effetto della fiamma.

E il rogo della ragazza?

Si trattava di una sequenza logisticamente molto complicata a causa della location, una grande piazza. Il movimento di macchina inquadrava una grande strada con un corteo, fino a scoprire completamente la piazza. Abbiamo risolto i nostri problemi posizionando un proiettore sul campanile di una chiesa, riuscendo così ad avere luce su tutta la piazza. Quando cominciava il rogo abbiamo acceso dei proiettori con gelatine calde, in modo da aumentare la sensazione del diffondersi della luce delle fiamme. È una scena in notturno molto bella. All'inizio del film viene inquadrato un fulmine che brucia un albero e dopo la fiammata appare la strega: era un effetto particolarmente efficace, perché dal nulla appariva la strega.

Per Diavolo in corpo, La visione del Sabba *e* La condanna *si è ripetuta la collaborazione tra te, Carlo Crivelli, autore delle musiche, e Mirco Garrone, montatore. Per quanto riguarda* La visione del Sabba *qualcuno ha scritto che tu e Crivelli siete "co-*

autori" del film, per il vostro preziosissimo apporto. Come hai collaborato con il musicista?

In linea di massima il lavoro di autore della fotografia, del montatore e del compositore delle musiche procedono su binari paralleli e raramente si incontrano. Ognuna di queste figure deve fare riferimento esclusivamente al regista, che darà le eventuali indicazioni circa le atmosfere, il ritmo e la colonna sonora. Può capitare, però, che le varie professionalità si incontrino. Ad esempio, durante la lavorazione de *La visione del Sabba*, Carlo Crivelli mi ha detto: «Ho visto del materiale in proiezione e alcuni tuoi colori mi hanno suggerito delle idee per comporre la musica».

In che misura è stata determinante la figura dello scenografo, invece, per quanto riguarda un film come l'Enrico IV?

Per *Gli occhi, la bocca* Bellocchio aveva collaborato con due scenografi di Bologna, Leonardo Scarpa e Giancarlo Basili, i quali gli avevano segnalato un ambiente molto particolare in provincia di Bologna che poi è stato alla base dell'*Enrico IV*. Marco ha deciso di far svolgere lì gran parte della storia. Ci siamo dunque recati a Porretta Terme, nel cortile di un castello all'interno del quale il proprietario aveva fatto costruire delle strutture incredibili, per certi versi "folli". Ricordo la ricostruzione dell'Alhambra di Granada e di altri monumenti famosi di tanti paesi stranieri. Avevamo davanti agli occhi un ambiente stranissimo, caratterizzato dalla compresenza di scenografie da tutto il mondo. La disponibilità di location così bizzarre calzava a pennello con il messaggio del film. Dal punto di vista fotografico l'*Enrico IV* ha degli aspetti che mi sono sempre piaciuti molto. La sequenza iniziale, per esempio: viene ripresa la corsa di un'auto su un lungolago. In quel contesto ricordo di aver utilizzato dei filtri per accentuare al massimo l'alba sullo specchio d'acqua, in modo da ottenere un magenta molto carico, molto forte.

Per quanto riguarda gli interni invece?

Avevamo a disposizione degli ambienti quasi assurdi, come la sala del trono, che in principio ci è sembrato un luogo apparentemente non illuminabile. Come sempre accade nel mio lavoro, però, una soluzione alla fine si trova sempre. Ho individuato un buco da dove far filtrare la luce e il risultato che abbiamo ottenuto è molto interessante. I fasci di luce dei proiettori passavano tutti dalla piccola feritoia, restituendo una luce non tradizionale, che si prestava a illuminare quella parte di scenografia.

So che tra i vari film realizzati con Bellocchio prediligi Il Principe di Homburg. *Ci puoi dire perché?*

Il Principe di Homburg è un film che amo molto anche perché la sua realizzazione, per me, è strettamente connessa con l'uscita in commercio di una nuova pellicola della Kodak, la Vision 3 – tutt'ora disponibile. Senza conoscerla e senza averla mai provata, parlai con un tecnico della Kodak che mi fece le lodi della caratteristica principale del prodotto: la bellezza, la brillantezza e la trasparenza dei toni scuri. Dato che il film di Marco era quasi interamente ambientato di notte, gli risposi di getto: «Dammela subito! Usiamo questa Vision!». È davvero una pellicola straordinaria. È stato un bel lavoro, fatta eccezione di un ambiente, ma non ti dico quale. Mi è venuto troppo illuminato! Dal punto di vista fotografico abbiamo trovato delle soluzioni molto interessanti. Ricordo una sequenza in esterno in cui, prima della battaglia, si vede un gruppo di soldati a cavallo nel bosco, mentre poco lontano comincia lo scontro. Il sottobosco in questione era abbastanza scuro, quindi, al di fuori della fitta schiera di alberi, l'immagine era molto sovraesposta. Ho giocato molto sulla sovraesposizione e, così facendo, ho ottenuto un gioco interessante tra il sottotono del bosco e la sovraesposizione del sole, che a mio avviso funziona molto bene. Dato che i due ambienti erano legati da una panoramica, nel movimento chiudevo leggermente il diaframma, ma più di tanto non potevo, per cui rimaneva una differenza notevole tra "l'interno bosco" e l'esterno. Conseguentemente ho girato tutta la battaglia con la stessa sovraesposizione in modo da mantenere una certa continuità fotografica. Ricordo con piacere anche tanti interni in cui abbiamo sfruttato la luce delle candele e i lumi a petrolio, che restituivano una luce calda.

Se non sbaglio questo film ha segnato l'esordio cinematografico italiano di Barbora Bobulova, non è così?

Esatto. Una giovanissima Bobulova che non sapeva ancora bene la nostra lingua, quindi, recitando in presa diretta, aveva uno strano accento, a mio avviso molto affascinante.

Come hai realizzato la sequenza notturna in cui il Principe percorre il giardino reale attorniato dai suoi amici?

La realizzazione di questo blocco di sequenze all'inizio del film ci ha richiesto un lavoro particolarmente consistente. Abbiamo girato il passaggio nel parco, nei pressi di Viterbo, di giorno, in notte americana. Poi abbiamo ripreso in notte vera la scena in cui il protagonista si trova nel bosco. Per questa sequenza Bellocchio avrebbe voluto una scala e l'ingresso del palazzo reale. Non avendo trovato nulla di simile, abbiamo scelto un parco all'interno del quale c'era una scalinata: in cima alla scalinata, lo scenografo, Giantito Burchiellaro, ha costruito la facciata del palazzo reale, in modo da suggerirne l'ingresso nel chiarore della notte. Ho deciso di illuminare tutto attraverso gli alberi, con una luce che filtrava tra le fronde, creando delle zone più chiare e delle zone più scure, quasi fossero delle macchie. La scelta fotografica di giocare con luce e ombra si conciliava particolarmente bene con il tema del film, gli interrogativi su cosa sia bene e cosa sia male, su cosa sia realtà e cosa sia sogno. Questa dicotomia cromatica si riflette anche nell'aspetto del Principe, che indossa per quasi tutta la storia una camicia candida, ed è spesso immerso in luoghi bui. All'inizio del film il giovane entra nel cortile della reggia accompagnato da un folto gruppo di amici e fanciulle, una sorta di corteo. Marco aveva scelto di inquadrare inizialmente solo il primo piano del giovane. Dopo un po' si intravedono delle macchie luminose, le fiaccole accese, che avanzano completamente sfocate, mentre in sottofondo si sentono le voci allegre dei giovani in festa. Poco alla volta l'immagine viene messa a fuoco, finché l'obiettivo si allarga e la scena viene svelata per intero, mostrando il Principe attorniato dalla brigata di amici.

Bellocchio ti aveva dato delle indicazioni precise?

No. Spesso su quel set mi è capitato che fosse proprio l'ambiente a "suggerirmi" delle scelte fotografiche che poi si sono rivelate interessanti. È un aspetto che ho sempre amato del mio lavoro. Se in quel bosco avessi messo la luce in maniera differente, probabilmente nessuno avrebbe obiettato, ma allo stesso tempo non ci sarebbe stato questo gioco di macchie, di chiaroscuro. Correre dei rischi fa sì che il lavoro di ogni direttore della fotografia sia diverso dal lavoro di un altro collega, altrimenti saremmo tutti uguali. Le scelte e l'istinto ti guidano e ti permettono di realizzare un film in una maniera che è solo tua.

Arriviamo al pluripremiato La balia.

La balia è un film che mi è sempre piaciuto profondamente per diversi motivi. Primo su tutti l'eccellente lavoro di scenografia di Marco Dentici. La maggior parte del film è stato girato a Villa Parisi, a Frascati. Davanti al portone di ingresso di questo bellissimo palazzo c'era un prato e nient'altro. Nel film, invece, proprio davanti alla villa vediamo un pezzo di Roma. Lo scenografo ha ricostruito una piccolissima porzione di Roma, con i ciottolati, i sanpietrini, una chiesetta in fondo alla strada. Ha realizzato una strada principale con due traverse, consentendoci così di girare in continuità le uscite in carrozza dalla villa e i percorsi nel cuore di Roma. Le scene che dovevano essere vicine

alla casa sono state girate nella zona di piazza Venezia, tra piazza Venezia e Piazza Campitelli. L'enorme lavoro di scenografia
ha portato buoni frutti. Inoltre la lavorazione ha avuto alcune
caratteristiche a mio avviso imprescindibili per un cinema di un
certo livello.

A cosa ti riferisci?

Mi riferisco alla preparazione, che è stata progettata in modo
serio e puntuale. Bellocchio desiderava girare una serie di sequenze secondo l'andamento cronologico della sceneggiatura,
dal momento che la storia prevedeva una certa evoluzione dei
personaggi. Quindi si prevedeva di dover tornare negli stessi ambienti più volte, cosa che avrebbe comportato una consistente
perdita di tempo. Per fronteggiare questo problema, durante le
riunioni di pianificazione del lavoro, ho avanzato la richiesta di
avere a disposizione maggiore materiale elettrico. In un batter
d'occhio tutta la villa è stata circondata da cavi, stativi, proiettori. Certamente qualche strumento veniva spostato al momento
dei singoli ciak, ma la maggior parte dell'attrezzatura era fissa,
consentendo a Marco di muoversi in piena libertà all'interno
della villa. Così facendo, gli spostamenti da un ambiente all'altro
sono risultati abbastanza "indolori". Questo modo di lavorare ha
comportato un grande vantaggio nelle tempistiche, tanto che
la realizzazione del film è durata una settimana in meno, nove
settimane anziché dieci.

C'è una sequenza di questo film che preferisci su tutte le altre?

Sì, fotograficamente parlando, la sequenza del temporale a mio
avviso è molto interessante. Comincia dal pianterreno, dove ci
sono le cucine e la stanza delle cameriere impegnate a cucire,
lavare, stirare. Inizia a piovere e le donne corrono a raccogliere
i panni. La macchina da presa segue le loro figure all'esterno,
illuminate dai lampi, mentre piove. Una volta rientrate in casa
salgono le scale per chiudere le finestre ai piani superiori, per

evitare che si allaghino le stanze. Mentre salgono le scale, illuminate dai lampi, a un certo punto va via la luce e rimane una flebile illuminazione notturna, mentre ancora qualche lampo filtra dalle finestre. Questa evoluzione dell'atmosfera attraverso la modificazione della luce è molto suggestiva. Si tratta di una sequenza che ha richiesto un'organizzazione molto accurata. Un'altra sequenza che amo molto è quella in cui Maya Sansa fa leggere la sua lettera da Bentivoglio. Dal punto di vista fotografico non ci sono particolari caratteristiche; quello che mi ha sempre emozionato è la densità, la poeticità della scena. Il personaggio della Sansa riceve una lettera dal fidanzato in carcere, che è stato arrestato per motivi politici. Dal momento che la ragazza è analfabeta chiede al personaggio di Bentivoglio di leggerla al posto suo. La lettura della missiva avviene in una stanza in penombra, in cui l'attore accende una luce per poter leggere meglio. Conservo un bel ricordo di questa sequenza soprattutto per la qualità delle parole che si scambiano, di ciò che Bentivoglio legge. Ho sempre ritenuto questa lettera una vera poesia. Nel film il rapporto tra i due personaggi è commovente: tra loro avviene uno scambio, inaspettatamente aprono i loro cuori uno all'altra.

È stato difficile girare con un bambino così piccolo?

No. In merito al piccolo, però, vi posso raccontare una curiosità. Mentre giravamo la scena in cui la balia lo allatta tenendolo in braccio, il piccolino non smetteva di guardare in su perché era attirato dal microfono. Guardava con occhi spalancati il microfonista, finché Marco non ha sbottato: «Questo bambino guarda sempre in alto!». Di tutta risposta, ci è venuto in mente di realizzare un effetto sul soffitto e di riprenderlo. Ho fatto portare una grande bacinella piena d'acqua, nella quale abbiamo messo dei pezzi di specchio rotto. Muovendo leggermente l'acqua, ho ottenuto un effetto, quasi magico, di riflesso della luce, per cui era giustificato che il bambino guardasse il soffitto.

Dopo La balia *avviene un episodio particolarmente importante nel rapporto professionale e umano tra te e Bellocchio, che riguarda* L'ora di religione. *Ci puoi raccontare cosa è successo?*

Alla fine del 1999 per varie vicende familiari, mi sono riavvicinato alla fede, anche attraverso l'incontro con una comunità di preghiera. Io e mia moglie abbiamo iniziato a frequentare questa comunità carismatica, tant'è vero che nel mese di giugno del 2000 ci siamo risposati in chiesa, benché fossimo già sposati in comune. Lo stesso anno ricorreva il Giubileo. In quel periodo si sono sommati alcuni fatti importanti che io reputo dei veri e propri segni, tra cui il Seminario di Palermo, organizzato dalla Regione Sicilia, dall'Assessorato dei Beni Culturali e Ambientali e della Pubblica Istruzione in collaborazione con la Scuola Nazionale di Cinema, nel maggio 2000.

Perché è stato così importante il Seminario di Palermo?

Mi avevano invitato a tenere delle lezioni sulla direzione della fotografia cinematografica, in cinque giorni. Contemporaneamente, in un cinema della città venivano proiettati dieci film scelti da me, sette miei e tre di colleghi. Era stata anche allestita una mostra di immagini dai set. Durante la settimana di lezioni mi si è avvicinata una ragazza e mi ha detto: «La volevo ringraziare per quello che ci sta donando». Sono rimasto senza parole. Lei se n'è andata e non l'ho più rivista. A dire il vero non l'avevo neanche mai vista alle lezioni dei giorni precedenti. L'ultimo giorno una seconda ragazza, che invece a lezione era sempre in prima fila, mi ha dato un bigliettino, chiedendomi di leggerlo dopo la mia partenza dalla Sicilia. Inoltre mi ha consegnato una cartolina di Madre Teresa di Calcutta, da parte della prima ragazza, che nessuno aveva mai visto, né prima né dopo. Dietro aveva scritto un pensiero molto toccante sull'importanza del donare, sull'importanza di ogni istante della nostra vita, di come debba essere vissuta. Secondo questa ragazza avevo mostrato loro tutte queste belle sfumature della vita durante il seminario. Si era anche firmata: Giuseppina[1]. Nello stesso anno ho vissuto altre situazioni particolarmente toccanti, come la morte di mio fratello. Nel frattempo ero stato impegnato con *La stanza del figlio* di Nanni Moretti. Durante la lavorazione del film, che è durata moltissimo, ho vissuto un percorso di fede. Ho avuto numerosi colloqui con un sacerdote e mi sono avvicinato a una comunità di preghiera.

Poi cos'è successo?

Sempre nel 2000 Marco mi ha telefonato per darmi la sceneggiatura de *L'ora di religione*. Senza ancora aver letto nulla, conoscendo l'orientamento di pensiero di Marco, il titolo mi ha preoccupato. Ho letto attentamente la sceneggiatura e l'ho sottoposta al sacerdote che ha sposato me e mia moglie, il quale mi ha detto: «Il film è molto ideologico, porta avanti una sua idea. Non c'è dialogo o confronto tra punti di vista diversi. Si insiste unicamente sullo stesso argomento, contro la Chiesa. Sei tu che devi decidere. Io non ti dirò cosa devi fare. La scelta, in libertà, è tua». Di lì a poco ho incontrato al bar una dottoressa che aveva curato mia moglie in passato, con la quale non avevo nessun particolare rapporto. Ci siamo salutati e abbiamo iniziato a parlare del più e del meno. Forse proprio per il fatto che non avevamo alcun tipo di confidenza, mi sono sentito libero di raccontarle tutta questa vicenda. Rileggendo questo episodio, a posteriori, sono convinto che lei sia entrata nel bar "per me", per avere questo dialogo con me (non ha consumato nulla!). Dopo avermi ascoltato mi ha detto: «Certo, tu sei libero di decidere. Però, a seconda di quello che decidi, il Signore è più o meno contento» e se n'è andata. Ho sempre interpretato questo colloquio come un segno. Ci ho pensato per tutta la giornata. A sera ho pregato per questa situazione, poi ho aperto il Vangelo e mi è capitato sotto gli occhi un passo di Matteo, quello in cui Gesù chiama i pescatori e dice: «Lasciate le reti e seguitemi, vi farò pescatori di uomini». A quel punto tutto nella mia mente si è chiarito. Sono scomparsi tutti i dubbi e, appena è stato possibile, ho preso un appuntamento con Marco per dirgli che non avrei fatto il film. Il direttore della fotografia traspone in immagini ciò che è scritto nella sceneggiatura, mette in quelle immagini dei sentimenti e delle emozioni che sono sue. Io sentivo che avrei dovuto fare qualcosa contro il mio credo. Questa è stata l'origine della nostra separazione.

Dopo il tuo rifiuto cosa è successo?

Quando ci siamo lasciati Marco mi ha chiesto: «Ma ti posso richiamare?». Sono state le sue ultime parole. Da quel momento non l'ho più sentito. Avrei collaborato volentieri con lui naturalmente, per altri film e altre tematiche, senza problemi. Ma credo che questa mia "confessione" lo facesse sentire meno libero. Forse non aveva intenzione di avere attorno una persona dalla quale si poteva sentire giudicato. Mi è dispiaciuta moltissimo la fine della nostra relazione professionale. Il caso ha voluto che per alcuni anni non ci siamo più incontrati. Io arrivavo in un posto e mi veniva detto che Bellocchio era appena andato via, oppure stavo per andarmene e mi dicevano che in giornata sarebbe arrivato Marco.

Dopo questo episodio anche le altre proposte lavorative hanno subito delle variazioni?

Credo che la rinuncia a *L'ora di religione* di Bellocchio abbia portato delle grandi conseguenze per la mia carriera. In precedenza ero solito girare un film con Marco circa ogni due anni. Ed erano sempre lavori con una qualità fotografica di un certo livello. La nostra era una collaborazione importante. Di punto in bianco non ho più avuto tale possibilità. Non so se nell'ambiente cinematografico si sia sparsa la voce che non lavoravo più, ma sicuramente poco alla volta il lavoro si è rarefatto. Ho comunque continuato a lavorare fino al 2011, fino ad *Acciaio*, in pellicola, in cui ho sostituito per tre giorni Marco Onorato che doveva finire *Reality*.

Da Bolognini a Benigni, passando per Magni, Wertmüller, Cavani, Greco, Piscicelli, Archibugi, Luchetti, Von Trotta, Del Monte, Franchi...

Nella tua carriera hai affiancato grandi nomi del cinema italiano, tra cui Lina Wertmüller, insieme alla quale hai realizzato Un complicato intrigo di donne, vicoli e delitti, *vincendo il David di Donatello nel 1986. Come è stato lavorare con lei?*

Lina è una specie di vulcano, un uragano che travolge tutti. Quindi va seguita attentamente. All'epoca suo marito, ora scomparso, Enrico Job, era il suo art director e si occupava di scenografie e costumi: una persona geniale, veramente eccezionale. Era capace di una messa in scena di alto livello, sia per gli ambienti che per i costumi.

Avete girato a Napoli...

Sì, abbiamo girato interamente a Napoli, molto spesso con due macchine da presa, perciò è stato un lavoro complicato. Avevamo "scoperto" il 16 mm, quindi una macchina girava con il 16 mm e l'altra con lo zoom 25-250. Questo comportava una difficoltà abbastanza consistente per l'illuminazione. Ma ci siamo difesi bene, se ci hanno conferito un premio così prestigioso!

Ci sono episodi della lavorazione che ricordi in maniera particolare?

Il film è una sorta di "giallo" i cui protagonisti si dividono in componenti della Camorra vecchia e componenti della Camorra emergente, coinvolta nel traffico di droga. La regista racconta in modo struggente il dramma delle madri dei bambini coinvolti nello spaccio di stupefacenti. Ricordo in particolare la scena durante la quale il vecchio camorrista contrario alla droga, Francisco Rabal, con il suo aiutante, Franco Angrisano, riesce a recuperare dei sacchi di stupefacenti e li riversa su Napoli, spargendoli al vento. Avevamo due macchine da presa disposte sopra una torretta per poter riprendere anche la città. L'attore era di spalle con il suo assistente, e reggeva questi sacchi colmi di borotalco, o farina, non so bene cosa fosse. Dopo aver buttato la polvere bianca su Napoli si sono girati verso la macchina da presa: erano entrambi completamente bianchi! Tutti gli operatori hanno iniziato a ridere! Lo si vede dal sussulto in macchina. Era una scena irresistibile! Alla fine anche Lina ha dovuto ridere!

Esperienza molto diversa, sia per tematiche che per ambienti, è stata quella a fianco di Liliana Cavani, per Francesco.

È stato un bellissimo lavoro. Il film era stato iniziato da Ennio Guarnieri, ma dopo tre settimane la produzione mi ha chiamato per conto della Cavani, che mi ha dato appuntamento a casa sua. Sono andato a trovarla e lei mi ha confidato di trovarsi in una situazione complicata. Non era al massimo della sua forma e non riusciva a portare avanti questo film. Dopo tre settimane di lavoro si era resa conto che stava sbagliando direzione.

In che senso?

Aveva già realizzato nel 1966 *Francesco d'Assisi* in bianco e nero con Lou Castel, un film povero, sporco, ma decisamente bello, che funzionava molto. Per questo secondo film, invece, aveva fatto delle scelte contrastanti rispetto al precedente, sia per la scenografia sia per i costumi. Basti pensare che il cast annoverava nomi come Danilo Donati ai costumi e alla scenografia, lo stesso truccatore dei film di Fellini e Ennio Guarnieri alla fotografia. Erano tutte scelte che portavano verso una direzione decisamente sopra le righe rispetto ai temi trattati. Lo stesso protagonista, Miki Rourke, nei panni di San Francesco, era di per sé una scelta azzardata. Durante il nostro incontro

Liliana mi disse che voleva addirittura girare in bianco e nero, che non le piaceva niente di quello che aveva tra le mani e che voleva sfruttare la macchina a mano. Erano desideri che non avevano nulla a che vedere con le scelte precedenti. In definitiva la Cavani si era accorta che il film che stava realizzando non era quello che avrebbe voluto.

E tu come hai reagito?

Ho contattato Ennio Guarnieri dicendo che avevo parlato con Liliana e gli ho chiesto cosa stesse accadendo. A suo parere dovevo accettare la proposta della Cavani, perché lui sicuramente non avrebbe continuato la lavorazione. Nemmeno lui riusciva a spiegarsi come, dopo un numero consistente di provini tutti apparentemente soddisfacenti, di punto in bianco alla regista nulla andasse più bene. Così ho accettato la sfida. A quel punto c'è stato un grandissimo lavoro da fare con lo scenografo e con il truccatore. Quante figuracce ho fatto!

Perché?

Il primo giorno, ad esempio, arrivo sul set e vedo Miki Rourke truccato in modo un po' esagerato. Ho subito pensato al Santo che doveva interpretare e ho detto alla Cavani: «Scusa, Liliana, ma non ti sembra che sia un po' troppo rosso in viso? Il fondotinta si vede distintamente a occhio nudo, figuriamoci in ripresa!». A quel punto lei ha chiamato il truccatore e ha esclamato davanti a tutti: «L'operatore dice che si sente il trucco!». Mi sarei sotterrato per la vergogna. Allora il truccatore mi mostra il prodotto che aveva usato sul viso dell'attore dicendo che era rosa, ed effettivamente era rosa, quindi da un punto di vista puramente logico il suo ragionamento filava. Cercando di non offendere nessuno, perché non mi piace intromettermi nel lavoro degli altri, ho provato ad avanzare la considerazione che forse sarebbe stato meglio lasciare al naturale un attore che doveva interpretare un uomo povero del 1200.

E per quanto riguarda le location?

Quando sono arrivato sul set, il villaggio in cui viveva e operava Francesco sembrava un presepe: era tutto preciso, non c'era nemmeno una paglia fuori posto. Immaginatevi un presepe a grandezza naturale, realizzato su una collina, a gradoni, con il fuoco, le gallinelle. Anche in quel caso mi sono permesso di dire: «Liliana, non credi sia troppo simile a un presepe? A me non sembra un villaggio dove vivono i poveri, dove arriverà la peste... Dovrebbe dare l'impressione della sporcizia, della povertà...». Lei ha cominciato a correre a destra e a sinistra con l'attrezzista per portare catrame, terra, per sporcare, rovinare il più possibile la scena. Così il set ha acquistato una parvenza di villaggio medievale, restituendo un'immagine verosimile, quella che a mio parere serviva al film. Da questo punto di vista l'inizio è stato un po' sui generis, perché non mi è capitato spesso di dover esprimere la mia opinione su così tanti aspetti legati alla realizzazione. Alla fine è stato un film che mi ha molto soddisfatto dal punto di vista del risultato fotografico, della resa complessiva.

Puoi parlare in modo più dettagliato del tuo contributo?

Per ogni scena ho cercato di illuminare in modo realistico, che era poi la richiesta principale della regista. Ad esempio quando Francesco si trova di notte nella Porziuncola davanti al Crocifisso, ho cercato di riprodurre la flebile luce della luna che filtra attraverso le bifore. Ho lavorato sul buio, cercando di dare l'impressione che quell'ambiente fosse illuminato solamente dai raggi lunari, che rischiarano l'interno e rendono leggibile il volto del protagonista. Penso di aver creato delle atmosfere corrette rispetto all'ambientazione, alla storia.

Nel corso della tua carriera ti sei imbattuto in un regista squisitamente romano, Luigi Magni, con il quale hai girato vari film ambientati nella Capitale. Cosa ci puoi raccontare del vostro primo incontro e della collaborazione con lui?

Con Gigi Magni ho realizzato tanti film, innanzitutto da operatore di macchina. Ne ricordo uno in particolare, intitolato *La via dei babbuini*, che non si lega a Roma ma è girato in Africa, nel 1974. Fu una vera e propria avventura, con tanto di rivoluzione e sequestri. Fummo rinchiusi dentro un albergo per diversi giorni senza poter uscire. All'epoca era in corso una lotta armata del movimento indipendentista proprio nella zona in cui noi risiedevamo e giravamo[1]. Un giorno, i primi colleghi che sono andati sul set hanno trovato delle jeep con militari armati di mitra che li hanno rimandati indietro. Parte della troupe alloggiava in un palazzo di cui avevamo a disposizione alcune stanze, e il resto in un albergo. Dopo non molto ci hanno concentrati tutti nell'albergo e non sapevamo cosa sarebbe successo. Al piano inferiore del palazzo in cui avevamo alloggiato c'era la Banca, presidiata dai militari, il Governatore era stato arrestato... Dopo circa un paio di giorni fortunatamente è tornata la "normalità" per cui abbiamo continuato a lavorare, ma in un clima teso. Ogni tanto c'era uno sciopero, quindi tutti i negozi erano chiusi. È stata davvero una avventura! Però ho un ricordo vivido dei posti, meravigliosi. Abbiamo girato la prima parte in Eritrea, poi siamo scesi ad Addis-Abeba, siamo stati in un Parco Nazionale. C'erano degli ambienti spettacolari, in particolare quelli dove abbiamo girato la seconda parte del film. Sono rimasto anche dopo la fine della lavorazione e ho fatto delle riprese dall'elicottero, sulla Dancalia, i deserti di sale, un panorama naturale mozzafiato! In quell'occasione ho lavorato molto bene con Magni.

In precedenza avevi collaborato alla sua Tosca, *sempre per la fotografia di Franco Di Giacomo.*

È vero. C'erano Aldo Fabrizi, Gigi Proietti, Vittorio Gassman e Monica Vitti. L'ho sempre ritenuto un bel film. Magni era una persona simpaticissima, piena di *humour*, amante di Roma e conoscitore di ogni suo segreto. Era capace di mettersi a raccontare la storia di qualsiasi angolo, monumento o scritta della Capitale. Una volta diventato direttore della fotografia, mi chiamò per illuminare *In nome del papa re*, con Nino Manfredi. Inizialmente il direttore della fotografia avrebbe dovuto essere Danilo Desideri ma, durante i sopralluoghi, mentre rientrava negli uffici della produzione in viale Parioli, assieme al suo operatore, è stato investito da un'auto. Fortunatamente nessuno dei due ha rischiato la vita, ma Desideri si è fratturato il femore. Così mi hanno chiamato. Mi occupai della preparazione del film, un bell'ambiente in teatro di posa con l'esterno di Roma. Feci dei provini al termine dei quali portai dei fotogrammi di positivo, come se fossero diapositive, a Danilo che era in ospedale, per avere la sua opinione. Dopo non molto tempo ho cominciato il film e ho girato completamente da solo la prima settimana, poi lui è arrivato in carrozzina, successivamente ha iniziato a usare le stampelle, poi una stampella sola, finché non è rientrato nella troupe a pieno titolo come direttore della fotografia. La mia funzione è stata quella di aiutarlo man mano a portare avanti il film, fino a scomparire delicatamente. Questa è stata la mia prima esperienza di fotografia con Gigi Magni, dopo la quale ho girato *In nome del popolo sovrano* con un cast abbastanza nutrito: c'era Alberto Sordi, e di nuovo Nino Manfredi. Abbiamo avuto così la possibilità di avere sul set l'ultimo Sordi, che ci ha veramente deliziato. Sebbene fosse ormai vecchietto, era sempre un attore strepitoso. Gigi era un amico, al suo fianco non sembrava di lavorare. Talvolta si rendeva conto che stava perdendo tempo prezioso, per cui voleva dare una stretta al lavoro. Ma quando cominciava a raccontare, vedevi tutta la troupe radunarsi intorno a lui per ascoltarlo.

Pensando al tuo modo consueto di illuminare, mi sono tornati in mente alcuni esterni che invece hai realizzato in modo diverso, direi innovativo: mi riferisco a Ehrengard *di Emidio Greco, film del 1981, dove ti sei sbizzarrito in una illuminazione in esterno non convenzionale.*

Ehrengard era un film in costume a bassissimo costo, tratto dall'omonimo racconto di Karen Blixen. Lo abbiamo girato in sei settimane nei pressi di una bellissima villa veneta circondata da un bosco molto fitto che costituiva la maggior parte degli esterni. Se per gli interni ho applicato il mio "solito" modo di illuminare, legato al realismo, in esterno mi sono permesso di osare, introducendo una luce visibile. Ho trattato l'esterno come un interno e sono apparentemente andato contro la mia predilezione per una luce che non si deve sentire. Nelle zone di bosco molto chiuse e buie mi sono spinto verso un tipo di illuminazione quasi fiabesco, considerando che il film presentava caratteristiche vicine alla favola. Le riprese in esterno sono, a mio avviso, dei veri e propri quadretti, interessanti e di grande atmosfera. Durante le riprese abbiamo anche sfruttato le notti americane, come nelle scene in cui Jean Pierre Cassel, spinto dall'amore platonico, segue la ragazza che si reca a fare il bagno all'alba con le sue ancelle. Abbiamo girato tutti i passaggi nel bosco di giorno, poi con gli effetti di filtri e di stampa abbiamo ottenuto un buon risultato, l'impressione di una scena notturna che si dipana fino all'alba. Ho sempre pensato che l'attrice fosse particolarmente sfortunata a dover fare il bagno nel lago in pieno novembre!

L'anno precedente, nel 1981, avevi lavorato per la prima volta con Peter Del Monte, a Piso Pisello. *Che ricordo hai di questa esperienza?*

Ricordo quella lavorazione come un'esperienza molto bella. Lavorare con i bambini è sempre affascinante. Qui il ruolo principale era interpretato da due gemelli! Durante i provini Peter aveva scelto un bambino, qualche tempo dopo si è scoperto che aveva un fratello gemello e la produzione ha scritturato immediatamente anche lui. Recitavano entrambi, alternandosi. Abbiamo girato interamente a Milano con una troupe milanese che prevedeva un assistente, un elettricista e due macchinisti. L'elettricista era davvero bravo, mi ha aiutato a realizzare scene complesse. Il produttore, Silvio Clementelli, inizialmente era restio a farmi fare il film. Aveva prodotto *Salto nel vuoto* ed era convinto che avrei girato nuovamente scene molto buie. Ripeteva sempre: «Questa è una commedia, rischiamo che non si veda niente!», come se fosse stata una mia velleità girare il film di Bellocchio al limite del buio! Fortunatamente Del Monte ha insistito perché io fossi il direttore della fotografia.

Quali indicazioni ti ha dato?

Mi ha chiesto un impasto particolare, perciò abbiamo usato un velatino, la pellicola tirata[2] per avere più grana. In questo modo l'immagine era meno brillante di come la produzione avrebbe voluto. Tirando la pellicola, l'immagine si è un po' "sporcata", sono avvenute delle modificazioni cromatiche, ma sono differenze che non si notano in VHS o DVD. All'inizio delle riprese Peter mi ha fatto vedere un film, non ricordo quale, e durante una sequenza ha esclamato: «Così! Lo voglio così!» e io ho ribattuto: «Se lo giriamo così, saremo cacciati entrambi!». Infatti questo film sembrava girato in Super8, sfocato e sgranato. In realtà, nella maggior parte dei casi in cui i registi mostrano qualcosa per far capire che tipo di immagine desiderano, si tratta di sensazioni: quella scena dava a Del Monte una sensazione particolare, ma non è detto che riprodurla perfettamente identica sarebbe stata la scelta giusta. Bisogna filtrare certe suggestioni e portarle nel contesto in cui si sta lavorando. Ricordo che la sequenza dell'incendio al Luna Park, con dei palazzi colorati sullo sfondo, fu particolarmente impegnativa. In quell'occasione i bambini si spaventarono.

Cosa ci puoi dire del film in costume Con gli occhi chiusi, *di Francesca Archibugi?*

Con gli occhi chiusi, del 1994, è un film ambientato all'inizio del secolo scorso, girato in campagna e tratto dall'omonimo romanzo di Federigo Tozzi. Devo ammettere che è uno dei pochi film la cui resa fotografica non mi ha soddisfatto. La regista mi aveva esposto la sua visione in modo non troppo chiaro, forse talvolta impreciso, richiedendomi delle immagini calde e non molto definite. In base a questo suo desiderio abbiamo lavorato con la luce calda, sfruttando in modo massiccio i diffusori. Ho sempre pensato che l'utilizzo dei diffusori abbia fatto perdere drammaticità alla storia, che invece è molto dura, o almeno così doveva essere. Nella prima parte del film veniva ripresa la vita della campagna, con uccisioni di animali, normali per i contadini, ma vere e proprie scene di violenza agli occhi del giovane protagonista. Ammantando il film di dolcezza dal punto di vista fotografico, credo di poter dire che lo abbiamo "snaturato". Una luce più dura, più effettata e drammatica avrebbe dato uno spessore maggiore alla storia.

E che tipo di esperienza hai vissuto a fianco di Mauro Bolognini? Con lui hai realizzato due film, non è così?

Tre, perché nel primo ero ancora operatore di macchina. In quella circostanza ho avuto un pessimo rapporto con Mauro. Sul set era dispotico, una specie di dittatore. Qualsiasi mossa facessi, non gli andava bene a priori. Pur essendo regista, voleva allo stesso tempo stare in macchina, quindi io ero operatore di macchina senza sapere a cosa effettivamente servisse il mio lavoro.

Di che film stiamo parlando?

Era *Libera, amore mio*, con Claudia Cardinale. In partenza Bolognini ha conservato questo atteggiamento da despota ma poi, dopo un primo periodo di incomprensioni, ho fortunatamente trovato il modo di lavorare ed essergli utile. Mi mettevo alla seconda macchina e, osservandolo girare e pensando al montaggio, facevo una inquadratura larga che lo avrebbe coperto in qualsiasi situazione. Poi mettevo anche io lo zoom e, come giocava lui, giocavo anch'io, ovviamente senza che lui ne sapesse nulla. Quando si andava in proiezione lui era contento di avere tutto questo materiale "imprevisto". Grazie a questa mia intuizione, nella seconda parte del film siamo andati molto d'accordo, finché mi sono fatto male a un ginocchio e sono stato costretto a tornare a casa. Mi avevano ingessato. Lui avrebbe voluto che rimanessi ugualmente sul set, ma era impossibile! Il primo giorno ci ho provato, ma inavvertitamente venivo urtato da chiunque mi passasse accanto. Durante la lavorazione è successo un fatto curioso. Dopo il mio infortunio ho continuato ad andare in proiezione per vedere il materiale. Per una scena occorreva riprendere l'esplosione di un ponte. Dopo aver visto la sequenza in proiezione, ho telefonato a Di Giacomo dicendo che c'era una grande quantità di fumo che riempiva l'inquadratura senza lasciar intravedere nient'altro. Qualche tempo dopo i miei colleghi mi hanno raccontato di aver fatto venire un altro operatore per una seconda unità e di averlo mandato con una piccola troupe a riprendere l'esplosione del ponte. Qualche abitante del posto ha chiesto all'autista romano, che si era fermato con il pulmino: «Che state facendo?» e lui ha risposto: «Semo venuti affà saltà er ponte!». L'artificiere ha messo le cariche, macchina da presa posizionata, motore, azione, boom! Il ponte di barche è saltato davvero! L'organizzatore è stato arrestato, il paese isolato, tanto che per arrivarci o uscire da lì occorreva fare un giro lunghissimo! L'autista era stato profetico!

Poi hai girato La venexiana...

Esatto. Nel 1986 Mauro mi ha contattato per girare un film che annoverava nel cast Laura Antonelli, Monica Guerritore e Jason Connery, giovane attore che si vociferava fosse figlio di Sean Connery – non ho mai saputo se fosse vero o falso. La trama narra di un giovane viandante che, incantato dalla bellezza di una dama veneziana, decide di rimanere a Venezia e interrompere il suo viaggio. La bellezza di Laura Antonelli faceva parte della storia, del racconto. Ecco perché dal punto di vista fotografico ho cercato di avere la massima cura per lei. Al momento dei provini, infatti, ho chiesto a Bolognini se voleva che utilizzassi diffusori o velatini davanti agli obiettivi, o se avesse delle richieste particolari, soprattutto per le scene con le donne, dato che nei suoi film ha sempre prediletto queste tecniche. Lui, un po' indispettito, mi ha detto testualmente: «Se ho chiamato te significa che non li voglio!». Una volta iniziato il film, in realtà, quando ha cominciato a vedere i "piccoli difetti" della Antonelli o della Guerritore, non ha esitato a chiedermi di mettere "qualcosina" appena percepibile.

Hai accennato al suo carattere difficile. Puoi dirci di più sulla sua personalità?

Caratterialmente Mauro era sempre molto difficile, non era semplice lavorare con lui. L'unica volta in tutta la mia carriera in cui ho pensato di fare la valigia e andarmene dal set è stato proprio durante la lavorazione de *La venexiana*. Il film era difficile, nel senso che avremmo dovuto girare tutto di notte dato che la storia prevedeva un inizio giorno, un tramonto, una lunghissima notte e poi l'alba. Girare un intero film di notte a Venezia è un impegno economico particolarmente gravoso. Gli spostamenti sono molto lenti, tutto avviene attraverso i canali, le difficoltà nel posizionare le luci non sono indifferenti. Le notti vere furono ridotte all'osso e si decise di girare in notte americana gran parte del film. Il modo di girare di Mauro a volte contraddiceva alcune "regole" che ci eravamo dati, perciò erano nati un po' di dissidi. A un certo punto, non ne potevo più, ero sfinito e volevo lasciare il set. L'organizzatore del film, Gino Santarelli, bravissima persona e bravissimo organizzatore, giustamente mi ha detto: «Beppe! Chi va via ha sempre torto! Resisti!». L'ho ascoltato e ho finito il film. La mia permanenza è valsa a qualcosa, perché io e Mauro siamo poi rimasti in ottimi rapporti, tanto che mi ha richiamato per fare un altro film. Sebbene fosse un film "minore", mi ha fatto molto piacere, perché al suo fianco si realizzavano sempre lavori interessanti. Era una persona di grandissimo gusto, anche se negli ultimi tempi aveva perso la voglia di fare cinema. Lo ricordo come un uomo di grande qualità. Nel tempo è stato colpito da quella malattia che, poco alla volta, paralizza tutta la muscolatura, però ha mantenuto tutta la sua lucidità. Ha perso anche l'uso della parola. Sono andato a trovarlo qualche volta. Non è facile andare a trovare qualcuno con cui non c'è una amicizia particolarmente profonda. Però me lo ero imposto. Ho chiesto al fratello se potevo portare con me un sacerdote. Inizialmente mi ha detto di no, poi dopo qualche tempo mi ha telefonato dicendomi che aveva cambiato idea. Sono andato a trovare Mauro a casa sua, accompagnato da don Fabio, il sacerdote che ha sposato me e mia moglie, il quale gli ha dato anche una particola di Eucarestia, nonostante fosse attaccato alle macchine. Mauro comunicava grazie ad un alfabetiere: l'infermiere faceva scorrere le lettere, lui con un gesto degli occhi indicava la lettera che gli serviva e così componeva la parola. Grazie a questa tecnica, che richiedeva molto tempo, ci ha detto: «Grazie. Tornate». Sono andato un'altra volta, ed è stata l'ultima, è morto qualche tempo dopo, mentre ero fuori Roma per lavoro. Aveva sofferto così per vari anni. Era una persona molto generosa. Dopo aver girato *La veneziana* invitò a cena tutti noi operatori della troupe e fece un regalo a ognuno. Era la fine del 1985 e da allora conservo ancora la sciarpa di cachemire che mi regalò.

Dopo l'ultimo film con Bolognini, La villa del venerdì, *sempre nel 1991, sei stato impegnato in una commedia campione di incassi...*

È vero, in quel periodo lo sceneggiatore Vincenzo Cerami mi ha contattato per un nuovo progetto. Avevo conosciuto Cerami tempo prima a Sabaudia, in vacanza. Con lui c'era anche la sua compagna, l'attrice Mimsy Farmer. Spesso io e Vincenzo giocavamo a ping pong insieme. Mi ha telefonato un giorno dicendo: «Dopo tutte queste tragedie, vuoi fare una commedia?» e io incuriosito ho risposto: «Quale commedia?». Vincenzo ha esclamato: «C'è quella di Benigni!». Avrei lavorato più che volentieri con Benigni! Cerami ha preso un appuntamento con Roberto nella sua casa all'Aventino.

Come è stato l'incontro?

Benigni è una persona veramente squisita. Mi ha ricevuto in casa sua e, appena entrato, mi ha detto: «Ti dispiace se andiamo in cucina?». Mi ha preparato il caffè. Era come se ci fossimo conosciuti dall'infanzia, pacche sulle spalle e abbracci, un uomo incredibile con una capacità comunicativa fuori dal comune. Abbiamo realizzato *Johnny Stecchino*, a mio avviso una commedia straordinaria, che ancora oggi trasmettono continuamente in televisione. Mi sono divertito da morire con Roberto. Il film è stato campione di incassi: il lungometraggio che fino ad allora aveva incassato di più nella storia del cinema italiano.

E com'era Benigni sul set?

Lavorare con Benigni era uno show continuo! Durante i sopralluoghi in Sicilia, entrato in un bar, ha iniziato a baciare e abbracciare i presenti. Sembravano tutti parenti e amici suoi. Quando siamo usciti gli ho chiesto: «Chi erano?» e lui, candidamente: «E che ne so?»! Non conosceva nessuno però aveva questa dote innata, una capacità, una voglia di comunicare con la gente, di stabilire un rapporto, davvero unica. Il suo atteggiamento è diametralmente opposto a quello di tanti altri registi con i quali il clima resta sempre un po' "formale".

Cosa ricordi della lavorazione? Quali erano gli aspetti caratteristici del film dal punto di vista fotografico?

Se dal punto di vista personale e umano lavorare con Benigni è stata una "passeggiata", nel senso piacevole del termine, dal punto di vista tecnico ho dovuto faticare non poco. Si trattava infatti di un film complesso, con campi da illuminare molto estesi, esterni notte "all'americana", molto diversi dalla tradizione italiana, nell'ambito della quale si è costretti a lavorare su campi più piccoli per mancanza di mezzi. Nel finale del film, mentre Roberto parla al ragazzo down e i due si incamminano lungo la via, la macchina si alza col dolly e inquadra il lungo viale, con i due personaggi che si allontanano. Il giorno in cui dovevamo girare era completamente nuvoloso, non c'era un filo di sole. Non ho dovuto proferire parola, Roberto è andato alla produzione e ha detto: «Lo sapete che prima, quando stavamo per girare, un pompiere ci ha chiesto: "Ma volete girare con una luce così triste?"». Siccome si prevedeva ancora brutto tempo, siamo rientrati a Roma. Qualche tempo dopo siamo tornati a Cesena per realizzare questa scena in una bella giornata di sole. E così è stato. Per *Johnny Stecchino* mi sono sbizzarrito, dal momento che Roberto non solo voleva che rispettassi i canoni della commedia, ma anche che ci fosse una fotografia d'ambiente. Avere molti mezzi mi ha permesso, ad esempio nella scena notturna in cui i due personaggi si conoscono, di illuminare un grande spazio come siamo soliti vedere solo nelle commedie americane.

Dopo l'uscita del film cosa è successo?

Una volta finito il film c'è stata una cena di saluto a cui ha partecipato l'intera troupe. Verso la fine della serata, un collega ha fatto un brindisi e ha passato la palla a Roberto che si è alzato dicendo di non essere preparato e che avrebbe fatto il possibile, così su due piedi, colto alla sprovvista. Contro ogni previsione, lasciando tutti noi senza parole, ha tirato fuori dalla tasca un malloppo di fogli bello spesso. Aveva composto delle rime per tutti i componenti della troupe! Aveva realizzato una vera e propria poesia, cogliendo i caratteri dei suoi collaboratori o qualche curiosità che riguardava la lavorazione. Era una cosa meditata, non tanto per fare. Alla fine non mi ha voluto dare la copia del manoscritto, quindi nel corso degli anni mi sono dimenticato alcuni pezzi della parte che mi riguardava, ma ricordo che l'inizio suonava così: "In una selva di bandiere e di stativi", proprio come nella *Divina Commedia*! Mi aggiravo in una "selva" di apparecchi illuminanti. E finiva dicendo: "Ma la luce, la più bella e la più antica, l'ha messa dentro agli occhi a Ludovica", riferendosi a mia figlia che era nata da poco e che aveva conosciuto. Una volta uscito il film, mi ha mandato tutte le recensioni riguardanti la fotografia.

Nel 1998 esce I piccoli maestri, *film sulla resistenza di Daniele Luchetti girato nei dintorni di Asiago, che ritrae i bellissimi luoghi della Grande Guerra. Ci parli di questa esperienza?*

Se non ricordo male intorno al 1990 mi aveva contattato Angelo Barbagallo per propormi *Il portaborse* di Daniele. Per vari motivi, l'avvio dei lavori aveva subito gravi ritardi e per diverso tempo il film rimase in sospeso. Quando finalmente la lavorazione partì io, purtroppo, avevo già preso un altro impegno. A distanza di sette anni Luchetti mi ha richiamato per propormi *I piccoli maestri*, e per me è stato un grande piacere. Le sue richieste tecniche hanno riguardato soprattutto l'aspetto cromatico del film, non essendoci la possibilità di girare in bianco e nero. Ho cercato, già in ripresa, di spegnere un po' i colori, dando una dominante fredda all'immagine, lavoro poi puntualizzato in stampa. Daniele voleva girare il film nel formato cinemascope e io l'ho consigliato di usare il super 35 per poter sfruttare le lenti sferiche, che ci avrebbero fornito dei vantaggi. A mio avviso il grande pregio di Daniele è stato quello di riuscire ad amalgamare attori professionisti e ragazzi che non avevano mai recitato, ottenendo ottimi risultati. Credo inoltre che *I piccoli maestri* sia stato uno degli ultimi film che ha girato in modo tradizionale, cioè sfruttando carrelli, dolly, gru, steadycam... Nei film successivi ha usato moltissimo o quasi esclusivamente la macchina a mano.

Nel 2003 hai illuminato La spettatrice *di Paolo Franchi. Che tipo di richieste fotografiche ti ha fatto il regista?*

In quel contesto Paolo Franchi, che era rimasto colpito dalla fotografia dei miei film più importanti, quindi da una luce d'effetto, di taglio, mi aveva fatto delle richieste particolari di illuminazione. Mi è venuto a trovare a casa, abbiamo parlato del film e mi ha detto esplicitamente di amare questo tipo di luce. Il problema più grande si è presentato allorché ha scelto l'attrice francese Brigitte Catillon, che era più grande di età rispetto alla Bobulova e agli altri personaggi. Quando le abbiamo fatto un provino con la mia luce di taglio ci siamo resi conto che c'erano grandi problemi. Non esagero quando dico che lei non la sopportasse, anche perché aveva dei problemi di allergia al trucco, quindi le si gonfiavano spesso gli occhi. Era in una condizione particolare. Era arrivata a Roma la settimana prima dell'inizio delle riprese e quei problemi ci gettarono nel panico, perché bisognava cambiare completamente la scelta fotografica e trovare una soluzione alternativa in pochissimo tempo. Ho tentato di ovviare sfruttando dei diffusori che ammorbidissero leggermente il suo viso, anche se a me i diffusori non piacciono affatto. Questi diffusori hanno la caratteristica di attenuare i segni dell'età, però rendono il nero più fumoso. Quindi abbiamo usato la stampa ENR, che ha ripristinato in parte il nero e i contrasti che i diffusori avevano attenuato. Mi sembra che in definitiva il risultato sia stato buono. Per il resto le maggiori difficoltà hanno riguardato la scelta degli ambienti. Il personaggio della Bobulova guarda continuamente dalla finestra del suo appartamento per spiare Andrea Renzi, che si trova nell'abitazione antistante. La prima scena del film che lega i due appartamenti era molto complicata, sia dal punto di vista della macchina sia da quello della luce.

Abbiamo parlato della grande commedia, firmata da Benigni. Più recentemente hai girato una commedia con Sabina Guzzanti e una con Vincenzo Salemme. Come ti trovi nella realizzazione delle commedie "all'italiana"?

Senza dubbio le commedie sono diverse come scelta formale e come stile rispetto ad altri generi. Non ho problemi a riconoscere che sono più adatto a illuminare film più introspettivi. Nella commedia tradizionale viene meno una certa introspezione dei personaggi, non c'è bisogno di creare chissà quale rapporto tra il pubblico e l'opera, come invece avviene quando lo spettatore si trova a "scavare" nell'immagine. Dal punto di vista fotografico si deve tenere conto che l'attore in questo contesto è più importante del resto. Essendo attore comico, è fondamentale che il viso

121

sia ben illuminato per favorire la sua mimica, le sue espressioni. La commedia per sua natura richiede dei toni di illuminazione e dei contrasti molto bassi, tutto è visibile, certo bisogna essere in grado di illuminarla correttamente. Quando guardo un film come *Il diavolo veste Prada* riconosco che il direttore della fotografia Florian Ballhaus ha fatto un lavoro stupendo, realizzando un film ricco, pieno di colori, di luce e molto efficace.

La tua filmografia vanta anche alcuni nomi di registi stranieri, tra cui Moshé Mizrahi, con cui hai lavorato a Every Time We Say Goodbye, *del 1986.* Cosa ha significato per te lavorare fuori dall'Italia?

Considero l'esperienza professionale con Moshé Mizrahi una vera e propria avventura all'estero. Mizrahi, regista di origini egiziane, mi ha chiamato per girare il suo film in Israele. Abbiamo girato a Gerusalemme con un cast che annoverava nomi quali Tom Hanks e Cristina Marsillach. È stata un'esperienza molto interessante. Gli elettricisti della troupe erano molto interessati al modo in cui mettevo la luce. Il capo elettricista era molto bravo ed era abituato a lavorare soprattutto con le bandiere di panno, quindi con grandi proiettori, e riusciva a posizionarli nel modo migliore, mentre con i proiettori piccoli aveva meno dimestichezza. Avreste dovuto vedere che gusto provava nel lavorare, nel mettere la luce, nel fare un piccolo effetto, nel mettere una pinzetta, nel realizzare un'ombra. Gusto che molto spesso in Italia non si prova più, perché si tende a dare tutto per scontato, per già saputo.

Da Israele ad Amsterdam. Cosa ci puoi raccontare di Hawink? Come è nata la possibilità di girare questo film?

Frans Weisz, ex allievo del Centro Sperimentale, compagno di studi di Marco Bellocchio al corso di regia, un giorno mi telefona e mi propone di illuminare il suo film. Mi dà appuntamento ad Amsterdam al Meeting Point. Me lo ricordavo ai tempi della scuo-

la, aveva una matassa di ricci incredibile e un paio di occhialetti.
Quando ci siamo incontrati gli erano rimasti solo gli occhialetti!
È stata una bella esperienza. Giravamo solo cinque giorni a settimana. Il riposo era durante la settimana. Sono riuscito a portare
con me l'operatore di macchina e il capo elettricista – Marcellino,
con cui ho lavorato più di 30 anni – entrambi di mia fiducia. Ci
hanno dato un appartamento, facevamo la spesa, cucinavamo.
Per questo film ho vinto il premio della Critica Internazionale al
festival Europa Cinema. È stato un bel lavoro. Gli attori erano
bravissimi. Ha vinto un premio anche al festival di Utrecht, al
quale abbiamo partecipato, in occasione della premiazione.

*Nella tua filmografia compare anche un titolo francese. Com'è
stato lavorare con Diane Kurys?*

In quel caso mi avevano chiamato per sostituire un operatore
francese che stava girando il film *La Baule, Les Pins*. La Kurys è
un personaggio molto strano, che spesso entra in conflitto con
i suoi collaboratori. Anche in questo caso sono andato in Francia accompagnato dall'operatore di macchina e dall'assistente. Lì
abbiamo trovato un modo di lavorare diverso e questa diversità
era molto interessante. In Francia è in vigore il cosiddetto "orario francese", che consiste in sette ore lavorative continuate. Da
mezzogiorno alle 19.00. L'organizzazione della tabella di marcia
era molto accurata, nell'ordine del giorno veniva specificata l'eventualità di fare gli straordinari o meno. Essendo preannunciato, il doversi fermare ulteriormente sul set non era un "imprevisto" dell'ultimo momento. Se un ambiente aveva l'esigenza di
essere preparato per due ore, venivano convocate le maestranze
che dovevano fare la preparazione due ore prima. Il lavoro iniziava sempre a mezzogiorno, a meno che non ci fosse l'esigenza
di girare di notte, o a orari particolari. Alle 11.00 era possibile
pranzare. Quindi dalle 9.00 alle 11.00 c'era la preparazione, poi
il pranzo e da mezzogiorno iniziavano le sette ore continuate. Il
posto era meraviglioso, La Baule, Le Pins, c'erano pinete sull'Oceano. Siamo stati benissimo.

Hai collaborato anche con la tedesca Margarethe Von Trotta, per
Paura e amore del 1988...

Paura e amore è un film liberamente ispirato a *Le tre sorelle*
di Čechov. Ricordo una scena in cui le tre sorelle, Fanny Ardant, Greta Scacchi e Valeria Golino, si recano a fare visita
a una loro parente in convento. La sequenza è stata girata
all'interno di un coro di legno bellissimo, con pareti e soffitto
affrescati, nella Certosa di Pavia. Si trattava di un ambiente
chiuso, senza finestre, simile a un corridoio. Adiacente c'era
il refettorio, che invece era pieno di finestre, quindi facile da
illuminare. La Von Trotta preferiva di gran lunga il coro, ma
mi ha lasciato libero di scegliere l'ambiente e mi ha detto che
l'indomani mattina avremmo girato nel luogo che io avrei
preparato. Ovviamente ho cercato di lavorare nella location
che a lei piaceva di più. Ho preparato il totale e ho lavorato
la luce per ottenere ombre, contro ombre, piccoli effetti. Avevo soltanto la possibilità di mettere una illuminazione piatta, perché altre soluzioni erano impossibili logisticamente, e
devo ammettere che mi sono divertito molto a giocare per
dare un po' di vita a questo totale. L'indomani, quando Margarethe è arrivata sul set, è stata estremamente contenta che
avessi scelto proprio quell'ambiente e ha girato una scena di
circa cinquanta secondi. Anche il suono era particolare perché veniva amplificato dal riverbero, lasciando sentire in lontananza la voce delle suore, alcune delle quali erano al buio.
Abbiamo girato anche dei primi piani e un carrello che univa
le tre sorelle alle suore, ma al montaggio la regista ha scelto
solo il totale essendo un'inquadratura con grande atmosfera.

In seguito hai avuto altri contatti professionali con la Von Trotta?

Sì. Dopo essere stato in Francia per realizzare il film di Diane
Kurys, al mio rientro in Italia mi è stato proposto *L'africana*, il
nuovo film della Von Trotta, del 1990. Quando sono andato a
trovarla le ho detto: «Margarethe, se vuoi posso girare la parte

che si svolge a Roma, ma non posso venire in Francia perché mia moglie dovrebbe partorire tra febbraio e marzo. Dato che abbiamo avuto una bimba a questa età, me la voglio godere!». Lei non ha accettato la mia disponibilità "parziale". Peccato, perché credo che avrei potuto contribuire al suo film, dato che la sceneggiatura prevedeva un cambio di fotografia, essendo costituita da due storie parallele, di cui una più onirica. E così mi sono goduto sei mesi di "paternità"!

1. Lanci si riferisce alla lotta armata rilanciata dal movimento indipendentista, scoppiata in Eritrea dopo la caduta dell'imperatore Hailè Selassiè per un colpo di stato militare nel 1974. Nel 1977 il movimento indipendentista riuscì a controllare oltre il 95% della regione, ad esclusione delle grandi città come Massaua e Asmara, di fatto assediate.
2. Con "pellicola tirata" Lanci si riferisce ad una pellicola che non viene sviluppata secondo lo standard dato dalla Kodak, ma viene sovrasviluppata, aumentando il tempo di sviluppo o la temperatura.

Affinità elettive: i fratelli Taviani

*Nel 1983 inizia per te una collaborazione significativa che ha fruttato veri capolavori del nostro cinema. Mi riferisco al ventennale sodalizio con i fratelli Taviani. Le immagini da Pirandello dei due registi differiscono dall'interpretazione più oscura offerta da Bellocchio nell'*Enrico IV*: luce in quantità, sole e colore caratterizzano* Kaos...

È vero, *Kaos* presenta formalmente aspetti che nell'*Enrico IV* mancano: la forza del colore, gli esterni quasi accecanti di una Sicilia piena di sole. In origine il film doveva essere illuminato da Franco Di Giacomo, il quale aveva diretto la fotografia nel precedente lavoro dei Taviani, *La notte di San Lorenzo*, con Omero Antonutti e Margarita Lozano, film vincitore di numerosi premi. I Taviani mi chiamarono chiedendomi se potevo girare il primo episodio, lasciando poi il lavoro a Di Giacomo che sarebbe rientrato in tempo per proseguire e finire il film. Senza farmelo chiedere due volte accettai. Come prima cosa girammo degli esterni a Lipari, che per me rimangono tra le scene più belle del film, quando i bambini si rotolano giù dalla collina e si tuffano in acqua. Credo sia vera poesia, con la musica di Piovani... Ogni volta che in proiezione arrivava quella sequenza tra i presenti scattava sempre l'applauso. È davvero molto emozionante. Franco Di Giacomo, avendo cominciato un lavoro lunghissimo per la televisione, che lo impegnò per tanti mesi, alla fine non riuscì a liberarsi e io mi trovai a girare il film per intero. Il protrarsi più del previsto del lavoro mi costrinse a rinunciare al primo contatto con Nanni Moretti, per *Bianca*. Al mio posto sul set di Nanni andò Tovoli, mentre io rimasi con i Taviani. *Kaos*, in origine pensato per la RAI, durava più di tre ore. Ma era venuto particolarmente bene, quindi decisero di farlo uscire nelle sale cinematografiche togliendo un episodio.

Gli esterni del film hanno qualcosa di poetico e struggente, forse per la forza dei paesaggi siciliani, o per la rifrazione del sole sulla terra arida, che dà l'impressione dell'arsura e del calore... Come ti sei orientato nelle riprese in esterni?

Premetto che a me piace molto lavorare in esterni, nonostante si sia fortemente legati alle condizioni atmosferiche. Ormai nessuno ha più voglia di aspettare niente, quindi la lavorazione in esterni è sempre molto complessa. Per *L'ultimo figlio* – l'episodio del film con Margarita Lozano, in cui si narra degli emigranti che aspettano di partire per l'America, mentre la protagonista continua ad attendere il figlio che deve far ritorno al paese natio – il posto scelto dai Taviani era una pianura bianca con un riflesso del sole incredibilmente accecante. Era davvero impossibile resistere senza occhiali scuri. In questa occasione ho iniziato a indossare gli occhiali da sole, mai usati prima! In quel caso il sole era l'elemento principale su cui agire, perciò ho lavorato in sovraesposizione per aumentare la solarità dell'immagine.

Le sequenze notturne sono particolarmente suggestive. In che modo le hai realizzate?

Per la prima volta nella mia carriera ho usato le *nuits américaines*. È stata un'avventura nuova e molto stimolante, soprattutto considerando che questa scelta, nel contesto specifico del film, aveva una valenza narrativa, non si trattava di un espediente meramente tecnico. Nell'episodio del *Mal di luna*, infatti, il personaggio di Claudio Bigagli nelle notti di luna piena si tramuta in lupo mannaro. Abbiamo girato tutte le scene di luna piena in notte americana e altre scene in notte vera; in questo modo si è ottenuta una differenziazione fotografica molto interessante strettamente legata al significato della storia. Sono contento del risultato, sebbene le notti americane risultino sempre leggermente "finte" a un occhio esperto. Sono nate per i paesaggi dei Western, i cieli nuvolosi degli altopiani della Monument Valley. Come si fa a riprendere e illuminare una cavalcata notturna nella prateria? È impossibile! Con il bianco e nero risultava tutto molto più semplice perché si utilizzavano dei filtri che rendevano completamente scuro il cielo, sotto il quale il cavallo attraversava quegli spazi immensi. Si trattava di usare un filtro color mattone che rendeva il cielo nero, lasciando le nuvole bianche. L'avvento del colore ha complicato un po' le cose. Oggi, con il digitale, è di nuovo più semplice, basti pensare agli interventi che si possono fare in post produzione, con correzioni molto puntuali. In passato si trattava di un lavoro "artigianale", la maggior parte del risultato fotografico lo si otteneva in ripresa.

Hai parlato del lavoro in esterni. E per quanto riguarda gli interni? Come ti sei orientato dal punto di vista fotografico?

Ritengo che la luce debba servire a creare l'illusione della terza dimensione, attraverso un'alternanza di ombre e luci, che darà l'impressione di una visione tridimensionale. A questo proposito ricordo sempre con grande piacere uno dei complimenti più belli che credo si possano fare a un autore della fotografia. Durante la prima proiezione di *Kaos*, Vittorio mi disse: «Mi piace, sembra tridimensionale!». Aveva colto immediatamente il mio modo di illuminare gli ambienti. Effettivamente creando nello spazio una scansione di piani è possibile conferire all'immagine una profondità interessante, dando l'impressione che lo schermo non sia "piatto".

Tre anni dopo è la volta di Good Morning Babilonia. *Dove avete girato?*

Abbiamo girato quasi interamente in Italia, presso gli Studi Cinematografici di Tirrenia, dove il sole ci ha aiutato molto. Era stato costruito un teatro con delle pareti mobili per avere l'ingresso della luce a nostro piacere. Per contratto, però, avevamo l'obbligo di girare qualcosa in America, perciò abbiamo girato due piccolissime sequenze, una a San Francisco e una a New York.

In questo film quali espedienti fotografici hai applicato alla parte che riguarda l'Italia?

I Taviani volevano che per le scene riguardanti l'Italia restituissi il più possibile la solarità mediterranea. Perciò ho giocato sui colori, servendomi di filtri e prestando attenzione alla stampa, per avere tonalità calde. In questo modo ho ottenuto immagini più morbide che hanno accentuato la dolcezza dei paesaggi, la loro sensualità, colori caldi e riposanti. Tutta la prima parte del film mostra una Toscana affascinante, riconoscibile soprattutto dalle sue bellissime cattedrali, come quella di Pisa. In quell'occasione avevo l'onere (e l'onore) di realizzare delle immagini in cui mostrare alcune parti del nostro Paese in tutto il loro splendore.

Per quanto riguarda la parte americana, invece?

Nella parte americana ho girato meno in controluce, ho preferito colori più saturi e ho cercato la massima definizione dell'immagine, facendo riferimento ad alcuni pittori iperrealisti americani. Ho cercato di rendere quelle scene più fredde, soprattutto servendomi di contrasti più forti.

Il terzo capitolo a fianco dei fratelli Taviani è Il sole anche di notte, *film vincitore di moltissimi premi. Cosa ci puoi raccontare della sua lavorazione?*

È vero, si tratta di un film che ha ricevuto numerosi riconoscimenti e di cui sono stato molto contento. Ricordo con piacere un episodio che mi riguarda da vicino. Il protagonista Julian Sands, che poi ho incontrato nuovamente su un altro set, mi disse che David Lean aveva visto il film e alla fine aveva domandato: «Ma chi è questo operatore? È fantastico!». Era l'*imprimatur* di un grande della cinematografia! Anche in questo caso i Taviani mi avevano proposto un film in costume. Amo descrivere una sequenza in particolare perché dal punto di vista della fotografia mi è sempre sembrata estremamente affascinante. Nastassja Kinski interpreta una giovane dama, stata un tempo la favorita del re. Il re la concede in sposa al protagonista, un giovane ufficiale a cui è molto affezionato. Il ragazzo non sa che la sua promessa sposa è stata l'amante del re. I due giovani si innamorano, non si tratta più solo di un matrimonio combinato e, proprio per questo, lei sente la necessità di raccontargli la verità. A proposito di questa scena molto delicata i Taviani mi hanno detto: «Ci vorrebbe una soluzione di buio che aiuti il personaggio femminile a fare la sua confessione, mentre resta nascosta dall'oscurità». Partendo da questo presupposto ho realizzato una situazione che permettesse di vedere l'attrice avvolta dall'ombra. L'ambiente, una sala del palazzo, è in penombra. Sottilissime lame di luce penetrano dalle tende che oscurano parzialmente le finestre, posizionate sulla parete sinistra, e sul fondo si staglia una finestra illuminata. Mentre la ragazza inizia a svelare il suo segreto, il soldato apre di scatto una tenda illuminandola completamente, e lei, non riuscendo a sopportare la luce, gli intima di chiudere il drappo. La silhouette del giovane non ha quasi più alcuna leggibilità. C'era un carrello, che poi è stato tagliato, dal totale al piano ravvicinato di lei che ammette di essere stata l'amante del re. La fanciulla conclude il suo monologo con le parole: «Ora, se vuoi, puoi aprire». Ma non sente più niente. Corre alla finestra, scosta la tenda di scatto, viene inondata di luce... il giovane se n'è andato. La stanza è vuota. Il protagonista infatti scappa, abbandona tutto, carriera militare, città e famiglia e si rifugia in un eremo dove, con il passare del tempo, acquista la fama di santone. La gente si reca da lui a chiedere miracoli.

Dove avete girato?

Il film è stato girato tra il Palazzo Reale di Napoli, una chiesa di Roma, San Marco a piazza Venezia, e in una costruzione realizzata appositamente in Abruzzo alle pendici del Parco Nazionale, nei pressi di Assergi. Abbiamo girato anche alcune sequenze in Basilicata. La natura raccontata in questo film è, a mio avviso, estremamente affascinante. Ho dei bellissimi ricordi della lavorazione, anche perché in quel periodo mia moglie Carla è rimasta incinta di Ludovica.

Nel corso della tua carriera in diverse occasioni ti sei trovato a rappresentare Roma, sempre in modo differente. Hai dovuto farlo anche per i Taviani, nel caso di Tu ridi. I due registi ti avevano dato delle indicazioni su come volevano la fotografia del film? Che immagine volevano restituissi di Roma?

Per *Tu ridi* non c'è stato un discorso particolare sulla fotografia. I Taviani avevano a cuore soprattutto l'attinenza con il periodo storico di cui stavano parlando, ovvero il fascismo. In alcune sequenze c'è stata una commistione di notti americane e notti vere per consentire una certa libertà di movimento della macchina, in alcuni casi sfruttando lo steadycam. Credo inoltre sia degna di nota la sequenza delle scale, che si conclude sempre di notte nell'interno in cui Albanese accende la luce. Ci sono alcuni esterni notte molto interessanti all'inizio del film, tra cui uno al Gianicolo, in notte americana, e uno all'Aventino, in cui i registi mi hanno chiesto di realizzare una luce più effettata, non omogenea ma a macchie, per rendere più misterioso l'ambiente. Ho sempre ritenuto molto bello anche il blocco di scene girate al mare con Sabrina Ferilli e la sequenza girata in teatro. *Tu ridi* a mio avviso si discosta un po', fotograficamente, dagli altri film dei Taviani, probabilmente per il fatto di essere composto da due storie, una ambientata nel periodo del fascismo romano e un'altra in Sicilia. Le immagini sono abbastanza diverse da quelle realizzate nei loro film precedenti, però i colori trionfano sempre. Questa è una nota caratteristica del loro cinema.

Parliamo de Le affinità elettive. *Che tipo di lavoro c'è stato? Come è stato il tuo approccio alla sceneggiatura?*

È stata una bella esperienza. Abbiamo girato in Toscana, in una villa bianca bellissima. Ma l'aspetto più importante era nel rapporto tra l'abitazione, interamente circondata da un fitto bosco, e l'esterno. Nel salone da pranzo, dove c'era un grande tavolo e dove sono state girate alcune scene, sembrava quasi che gli alberi entrassero in casa, come se le fronde, allungandosi, riuscissero a conquistare l'ambiente. Si trattava di una caratteristica molto interessante, perché accentuava la continuità tra interno ed esterno, conferendo un certo carattere al lavoro e all'immagine. Essendo un film in costume, anche i colori dei meravigliosi abiti creati da Lina Nerli Taviani hanno contribuito molto.

I Taviani ti avevano richiesto qualcosa di particolare durante la preparazione?

All'inizio della lavorazione si era parlato di alcune idee che poi non si sono potute attuare. Avevamo discusso delle famiglie nobili ritratte nei quadri su tela. Tutti i personaggi raffigurati presentano sempre volti molto chiari e si stagliano quasi sempre su fondi scuri. Ma, quando ci siamo trovati davanti alla villa completamente bianca, l'intenzione di ricreare questo tipo di effetto cromatico è decaduta. Abbiamo cambiato strategia e scelto di giocare sull'antitesi interno-esterno, dal momento che la parte che più ci affascinava era il bosco. Persino gli interni della casa erano molto belli, quindi abbiamo lavorato con grande piacere su questi due elementi. Anche in questo caso, come per tutti i film che ho girato a fianco di Paolo e Vittorio, ho scelto un'illuminazione il più naturale possibile, cercando di non fare mai percepire l'artificiosità dei proiettori e delle lampade che avevo a disposizione.

Nel 1993 realizzi il tuo quarto film con i Taviani, Fiorile. *Dove avete girato?*

Abbiamo girato in Toscana, alcune parti a Firenze. I Taviani hanno sempre avuto una predilezione per la Toscana e la Sicilia, per i loro paesaggi, come ben dimostrano i loro film. *Fiorile* a mio avviso vanta una soluzione registica geniale che intreccia presente e passato. La trama si svolge in un presente a noi contemporaneo, ma i personaggi raccontano la storia della loro famiglia, dei loro antenati, catapultandoci nel periodo napoleonico. Il film inizia con un viaggio in auto: al volante Lino Capolicchio, accompagnato dalla moglie e due figli. L'auto attraversa un tunnel, in fondo al quale si intravede una luce. Uscendo dal tunnel la narrazione è improvvisamente ambientata nel passato. Il viaggio in macchina, grazie al camera car, diventa lo strumento che consente ai Taviani di legare non solo lo spazio ma il tempo, presente e passato, in modo coinvolgente.

Cosa ti ha colpito maggiormente del film o ti ha coinvolto di più durante la lavorazione?

Come accennavo, mi ha sempre affascinato il viaggio nel passato di questa famiglia, caratterizzato da intrecci, risvolti, riprese. Tutto ha inizio con un furto che avviene involontariamente. Una cassa di monete d'oro di uno dei reggimenti napoleonici viene casualmente smarrita e trovata da un contadino della campagna toscana. Il soldato responsabile, che l'aveva persa mentre faceva l'amore con una ragazza di campagna, viene ucciso dai suoi superiori perché nessuno tra gli abitanti del paese si fa avanti a consegnare la refurtiva. La fanciulla, disperata, non saprà mai il nome del colpevole e morirà senza aver vendicato il suo grande amore. Alla drammatica vicenda segue il racconto di un'altra situazione dolorosa, capitata all'interno della stessa famiglia, ad altri suoi discendenti. Cento anni dopo, infatti, una donna, sempre interpretata da Galatea Ranzi, vive una storia d'amore con un ragazzo appartenente ad una classe sociale inferiore alla sua. Il ricco fratello osteggia questa unione e fa emigrare il giovane e tutta la sua famiglia in America. La ragazza soffre in modo indicibile e, quando scopre che il fratello ha architettato la fine del suo amore, decide di avvelenarlo. Prepara un pranzo in campagna a base di funghi velenosi e uccide così i suoi due fratelli. Questi amori drammatici e interrotti in modo violento "ritornano", vengono ripresi nella narrazione. È come se la storia si ripetesse, quasi a dire che sulla famiglia aleggia da secoli una sorta di maledizione che dispensa infelicità.

Che tipo di fotografia hai adottato?

133

Per gli interni, soprattutto quelli del passato, ho rispettato come mio solito gli ambienti. Le case rurali dell'epoca avevano finestre piccole, motivo per cui ho preferito realizzare interni piuttosto bui. Non sarebbe stato realistico far filtrare da quelle piccole aperture una grande quantità di luce. In questo senso posso dire di aver realizzato una fotografia molto effettata, che si legava bene alla drammaticità della storia.

Cosa ci puoi raccontare dell'ultima esperienza con i Taviani, La masseria delle allodole*? Cosa ti ricordi del lavoro sul set?*

Abbiamo girato tutti gli interni che costituiscono il primo blocco della storia a Plovdiv, un paesino della Bulgaria, sfruttando alcuni ambienti del Balabanov House Museum e dell'Ethnography Museum. All'interno del Museo Nazionale sono state girate le sequenze iniziali che costituiscono, a mio avviso, la parte più bella del film. La scelta del luogo si è rivelata vincente perché la scenografia era rimasta intatta, nonostante la dominazione turca. Il film, tratto dal romanzo di Antonia Arslan, narra il genocidio degli Armeni in Turchia. Gli ambienti del Museo Nazionale sono davvero straordinari, da lasciare senza fiato. Per quanto riguarda gli interni, lo scenografo, Andrea Crisanti, ha apportato soltanto modifiche all'arredamento, avendo a disposizione ambienti di incredibile fascino ed eleganza. La prima fase del film è stata caratterizzata da un lavoro fotografico ben preciso. Ricordo ad esempio la lunga sequenza iniziale che si conclude con la morte del nonno. In quel caso ho cercato di riprodurre dall'esterno la tipica illuminazione di un pomeriggio afoso, sfruttando una luce calda, all'interno di questo ambiente molto ricco, borghese.

Come hai realizzato questo tipo di atmosfera?

Ho cercato di mettere in rilievo la situazione che si voleva rappresentare, trovando un colore particolarmente giusto per quell'ora della giornata. In quella situazione l'arredamento, i colori dell'ambiente mi hanno aiutato notevolmente. Sono convinto che la fotografia abbia il potere di trasformare l'immagine, ma questo deve avvenire sempre nel rispetto della realtà. Non bisogna mai "violentare" la realtà. Il mio intervento, l'artificio che il mio lavoro comporta, deve sentirsi il meno possibile. Nella fattispecie questa scena è composta da tanti aspetti che, legandosi, creano delle immagini di grande forza e restituiscono la bellezza di questa casa immersa nella pace, nella gioia, avvolta da colori caldi, tranquillizzanti. La morte del nonno, inaspettata, è presagio della tragedia che sarebbe piombata sulla famiglia e su tutto il popolo armeno.

E per quanto riguarda gli esterni? Come ti sei comportato?

La lavorazione in esterni ha impiegato molto tempo, presentando qualche difficoltà perché, come al solito, le disponibilità economiche e i costi di lavorazione condizionano fortemente la realizzazione. Sono sempre stato dell'opinione che ci saremmo dovuti spostare in zone geograficamente più impervie, per conferire un'idea di maggiore drammaticità. Invece mi sembra che i paesaggi scelti non diano questa sensazione, li ho sempre ritenuti abbastanza "piatti", privi di elementi particolarmente drammatici. In alcune sequenze abbiamo cercato di aggiungere drammaticità usando il vento e la polvere, e poi, in fase di stampa, abbiamo dato una dominante verde-azzurra alle immagini della deportazione. Anche su questo set ho sfruttato qualche notte americana.

Il direttore della fotografia si relaziona continuamente con il regista, che di solito è uno. Nel caso dei fratelli Taviani cosa ha significato lavorare con due registi in contemporanea?

Non ci sono state differenze perché è come se fossero una persona sola. I Taviani lavorano in maniera estremamente approfondita sulla sceneggiatura tanto che, quando arrivano sul set, hanno eliminato ogni dubbio, ogni aspetto è già stato soppesato, elaborato. Al momento di girare si dividono le scene: una inquadratura viene girata da Paolo, la seconda da Vittorio e così via. Quando girava uno, avevamo l'obbligo di confrontarci solo con lui, l'altro non si permetteva di intervenire. Per questo dico che lavorare con i Taviani è come lavorare con un solo regista. Mi rapportavo sempre e solo con una persona alla volta. Inoltre erano davvero in grado di dare le stesse riposte e fare gli stessi commenti. Non c'è stata alcuna differenza nel riferirsi all'uno o all'altro. A volte per sbaglio mi è capitato di chiedere qualcosa a Vittorio, benché in quel momento il regista fosse Paolo (e viceversa) e ottenevo sempre la stessa risposta: dovevo rivolgermi al regista responsabile di quella specifica scena. Al mattino, prima di raggiungere il set, i Taviani organizzavano il piano di lavoro del giorno, stabilivano le inquadrature che avrebbero girato. Quando arrivava il momento di girare tutto era già predisposto.

Quali sono, a grandi linee, le caratteristiche di regia dei fratelli Taviani secondo te?

I Taviani dedicano moltissimo tempo alla preparazione della scena, facendo un lavoro molto rigoroso e approfondito con gli attori. Girano solitamente con una sola macchina da presa. Questa scelta consente loro di curare l'inquadratura fin nei minimi particolari. Lo spostamento di un oggetto o di un attore sono rifiniti nel dettaglio. Costruiscono immagini il più delle volte irresistibilmente belle. Ci sono anche momenti in cui prediligono l'uso di due macchine, quando vogliono realizzare effetti particolari o cogliere una certa luce in esterno. Durante le riprese di *Good Morning Babilonia*, ad esempio, nelle sequenze girate all'interno del bosco di San Rossore, la luce cambiava rapidamente. Filtrando dalle fronde degli alberi si modificava completamente in un lasso di tempo brevissimo. In quel caso era indispensabile girare con due macchine da presa. La nostra lunga collaborazione è stata scandita da un lato da questo modo di fare cinema, dalla loro regia, e dall'altro dal mio interesse di far sentire il mio intervento il meno possibile. Ogni sceneggiatura che mi hanno proposto è sempre partita da una base di realismo, perciò attraverso la fotografia non ho fatto altro che trasformare, modificare, inventare, rimanendo però "fedele" alla realtà, senza violentarla.

Nanni Moretti. La luce che non si sente

Eccoci arrivati alla tua lunga collaborazione con Nanni Moretti. Se non sbaglio già nel 1984 avevate avuto dei contatti lavorativi.

In realtà l'inizio della mia collaborazione con Nanni risale a qualche anno prima. Ho partecipato alle riprese di *Sogni d'oro*, per il quale ho girato una sequenza notturna particolarmente complessa: durante una manifestazione sindacale in un grande cortile, si vedono delle auto incendiate. La macchina da presa, provenendo dalla strada, entra nel cortile, il corteo sindacale avanza e quando arriva in primo piano si trasforma in un balletto, con un cambio di luce sostanziale. Una sequenza a mio avviso molto bella. Qualche anno dopo Nanni mi contattò per *Bianca*, ma fui costretto a rifiutare, dato l'impegno con i fratelli Taviani per *Kaos*.

Il primo "vero" film insieme è stato Palombella rossa, *del 1989...*

Esatto. Quando mi ha chiamato per *Palombella rossa*, la prima cosa che mi ha detto è stata: «Non pensare di fare un film di Tarkovskij!». Nei suoi film, infatti, ciò che conta è la parola, l'attore. Non so se il cinema di Nanni si possa definire "commedia". Probabilmente è un termine improprio, però il "look" è quello che in genere si attribuisce alla commedia: poche ombre, poche immagini sottotono, tutto è sempre visibile, gli effetti non devono essere percepibili, riducendo il lavoro sulla luce al "minimo". Ciononostante devo dire che in *Palombella rossa* la fotografia ha avuto un ruolo importante. Credo che tra tutti i film di Nanni sia quello più interessante dal punto di vista dell'immagine.

Dove avete girato?

Abbiamo girato dieci settimane ad Aci Reale, in una piscina, cinque di giorno e cinque di notte. La piscina aveva un bel colore, un celestino, quindi, fra i riflessi dell'acqua e il colore del legno intorno, è scaturita a mio avviso un'atmosfera particolare. L'elemento acquatico si presta naturalmente a molte suggestioni. Il film è stato poi concluso a Roma.

Come hai realizzato le sequenze notturne della piscina?

Innanzitutto ho fatto posizionare dei praticabili ricoperti di teli neri sul terrazzo di un palazzo prospiciente la piscina, sui quali ho disposto i proiettori che illuminavano la tribuna degli spettatori. Il film è girato con lo zoom, a 4 di diaframma. Ho pensato di lasciare la tribuna in sottoesposizione e ho aumentato la luce della piscina per i piani al *ralenti*, arrivando fino a 96 fotogrammi al secondo.

Per il resto del film che tipo di lavoro fotografico c'è stato?

Come per tutti gli altri film di Nanni, il resto del lavoro fotografico è stato molto semplice. Nanni dava indicazioni davvero minimali. Come dicevo prima, nei suoi film la luce non si deve sentire, l'artificio dell'illuminazione non deve essere percepibile. Tutto deve tendere verso un'immagine il più naturale possibile, anche se è evidente che si deve ricorrere all'illuminazione cinematografica. In questo senso, *Palombella rossa* era perfettamente in linea con il resto del cinema di Moretti. Dal punto di vista della sceneggiatura, invece, rappresentava una novità.

In che senso?

Si trattava del primo film realizzato senza i suoi sceneggiatori tradizionali. Avevamo a disposizione solo una trama e le battute venivano affidate agli attori giorno per giorno. La sera precedente le riprese Nanni scriveva le battute e il mattino dopo gli attori le imparavano, motivo per cui i tempi si sono dilatati. La lavorazione è durata cinque settimane più del previsto. In seguito è stato fatto un eccellente lavoro di montaggio, perché era stata filmata una grande quantità di materiale. Essendo un film girato in un lasso di tempo così lungo e in momenti diversi, la difficoltà principale è stata quella di amalgamare bene il tutto a livello dell'immagine. Non è stata un'impresa facile, soprattutto per il gran numero di attacchi sull'asse, che richiedono grande precisione e non consentono variazioni di luce. Per questo motivo ho cercato di mantenere un'omogeneità sostanziale già sul negativo, utilizzando dei filtri per correggere le più piccole variazioni di colore.

Dopo questa esperienza Moretti ti ha riconfermato anche per Caro diario *e successivamente per* Aprile.

Caro diario è nato in modo del tutto inaspettato. Verso la fine del mese di agosto del 1992, mentre ero in vacanza fuori Roma. Angelo Barbagallo mi chiama dicendo: «Beppe, dovremmo girare un cortometraggio per Nanni in vista dell'inaugurazione del cinema Nuovo Sacher; al momento dell'inaugurazione Nanni desidera proiettare un corto su Roma». Sono tornato in città e ho trascorso il sabato e la domenica a filmare Nanni in Vespa per le strade della Capitale. Io e un assistente lo seguivamo su un Méhari guidato da Barbagallo.

Quindi tu, un assistente e Barbagallo alla guida. Nessun altro?

(Ride) Nessun altro! La troupe super ridotta ci ha permesso di muoverci agilmente per tutta la città, girando pezzetti da davanti, ma quasi sempre da dietro e qualche palazzo laterale. Alla fine del percorso in città siamo andati a Fiumicino a girare la sequenza su Pasolini. Mi sono limitato a seguire la Vespa con la macchina da presa. Non eravamo coscienti che stavamo girando la più bella sequenza del primo capitolo del film. Nanni ha percorso tutto il rettilineo sul lungomare fino alla rotonda – all'epoca c'era un idroscalo, ora ci sono dei capannoni per le barche – dopo di che siamo tornati indietro. Ad un tratto si è fermato, così ci siamo fermati anche noi: stacco al quale segue l'immagine del piccolo monumento dedicato a Pasolini. Giravo con lo zoom quindi i tagli sono tutti opera mia. All'assistente, che stava vicino a me, davo diaframma, perché percorrevamo strade assolate, poi entravamo in zone d'ombra, poi in galleria. Gli fornivo indicazioni per aprire e chiudere il diaframma in modo calibrato e delicato, cercando di evitare sbalzi di luce fastidiosi. Sul Lungotevere della Marina siamo entrati nel tunnel, quindi dal sole pieno ci siamo ritrovati quasi al buio per poi uscire nuovamente al sole, perciò occorreva aprire quasi tutto il diaframma. Abbiamo girato con il ralenti per ammortizzare le vibrazioni della strada e abbiamo applicato questa scelta anche alle soggettive dalla Vespa in direzione dei palazzi.

Quindi avete montato il materiale in vista di un corto?

Abbiamo inviato il materiale alla Technicolor per lo sviluppo e al momento della proiezione Nanni ha portato con sé un mangiacassette con la musica di Keith Jarrett. Abbiamo assistito alla proiezione con questa melodia in sottofondo. Quando è arrivato il pezzo su Pasolini ho provato un'emozione straordinaria. Al termine ci siamo lasciati e Nanni mi ha detto: «Appena il corto è montato ti chiamo per stampare la copia». Il giorno seguente accendo la televisione: al telegiornale stavano trasmettendo un servizio sul Festival del Cinema di Venezia al quale erano presenti Nanni e Barbagallo! Ho telefonato subito ad Angelo chiedendogli spiegazioni e lui mi ha risposto: «Il corto è troppo bello, Nanni ha deciso che deve farci un film». Ecco l'origine del film a episodi, anzi a capitoli, perché se Nanni sente parlare di "episodi" si arrabbia! Un film a capitoli.

Come è nata l'idea dei capitoli?

C'erano quattro storie ma non si riusciva a mettere in piedi il progetto poiché nessuna delle singole trame risultava abbastanza forte da reggere un intero film. Una riguardava l'isola, un'altra i medici, poi si è aggiunto l'episodio della Vespa, e l'ultima, rappresentata poi in teatro, l'incontro tra un regista e un giornalista. Nanni ha consegnato questi trattamenti a me, a Franco Bruni che era il mio operatore di macchina, e a Nori Pallottini, segretaria di edizione, chiedendoci se a nostro avviso queste quattro storie potessero coesistere. Dopo qualche giorno ci siamo rivisti e all'unanimità abbiamo convenuto che l'esperienza con i medici, il tragitto in Vespa e il periodo sull'isola potevano funzionare, perché erano tutti legati al tema del viaggio, si trattava di un percorso. L'ultimo capitolo invece non ci convinceva, anche perché ne sarebbe venuto un film dalla durata eccessiva. Nanni fu d'accordo con noi e aggiunse: «Fra un mese cominciamo». Ovviamente abbiamo iniziato la lavorazione l'anno successivo, durante il quale ogni week end di sole venivo contattato per girare. Avevamo la necessità di avere Roma vuota il più possibile, ma stiamo parlando del 1993, quindi allora era ancora possibile trovare dei momenti di "pace". Abbiamo impiegato tanti week end nel corso di quell'anno per completare il capitolo della Vespa. Abbiamo girato persino a ferragosto, intorno alle 14.00: abbiamo percorso tutta la panoramica, Piazzale Clodio, Viale Mazzini, Piazza Mazzini, di nuovo Viale Mazzini, il Lungotevere, Piazza della Libertà, e in tutto questo tragitto abbiamo incontrato soltanto un taxi! Abbiamo girato con una troupe super ridotta quando non c'era dialogo, mentre quando era previsto qualche dialogo si aggiungeva un fonico, come nella scena con l'attrice americana Jennifer Beals. Con una troupe più nutrita, anche se sempre abbastanza ridotta, in primavera ci siamo recati alle isole Eolie per girare il blocco delle isole. Quando siamo tornati abbiamo realizzato *Medici* e altre parti che Nanni ha aggiunto al capitolo della Vespa.

Cosa ricordi della lavorazione?

In quel periodo Nanni era in stato di grazia, nel senso che stava bene, era contento perché era guarito dalla sua malattia. A mio avviso è stato un film molto interessante e tutta la sua lavorazione è stata caratterizzata da una grande armonia. Lo ritengo un film delizioso. Non bisogna dimenticare, inoltre, che si è raggiunto un ottimo risultato nonostante l'estrema povertà dei mezzi tecnici e una troupe ridotta all'osso. Sono cose che danno soddisfazione!

Che tipo di lavoro c'è stato invece per Aprile?

Aprile è un film un po' più costruito, anche se si inserisce nella scia tracciata da *Caro diario.* Anche in questo caso non c'era la sceneggiatura, quindi si viveva e si lavorava "alla giornata", e la realizzazione ha impiegato un anno di riprese. Abbiamo iniziato a girare con la moglie di Nanni ancora incinta, poi è nato Pietro, poi ci sono state le elezioni, insomma vari avvenimenti molto importanti si verificavano mese dopo mese. All'epoca la Lega sosteneva che avrebbe conquistato l'Italia, si parlava del fantomatico viaggio della Lega sul Po, al quale volevamo assistere per cercare di riprendere qualcosa di interessante. Ad un certo punto vediamo un po' di movimento su una sponda del fiume, ci accostiamo e chiediamo: «C'è un raduno di leghisti?» e ci sentiamo rispondere: «No, questi sono i Nomadi!». C'era un concerto dei Nomadi! Siamo anche stati a Venezia a un comizio che avrebbe dovuto essere un bagno di folla, in realtà c'erano quattro gatti. Ci siamo recati anche a Firenze per intervistare attivisti del Partito Comunista, che in quel periodo stava registrando una svolta di percorso, proponendo in lista personaggi che erano tutto meno che di sinistra. Il film si occupava di diversi aspetti dell'attualità del periodo.

Come ti sei regolato per le scene girate in interno, a casa di Nanni?

Abbiamo girato moltissimo in casa. Per questo motivo avevamo fatto un attacco Enel che ci consentisse di avere più kilowatt a disposizione. Un elemento imprescindibile nello stile di regia di Nanni è la grande quantità di scene girate. Lui decide di rifare la stessa scena molte volte e ogni volta dà indicazioni diverse alla troupe. In questo modo, la scena assume sempre un aspetto nuovo e inaspettato. È molto bello vedere un autore mentre elabora la sua opera.

Cosa ci puoi raccontare della scena finale in stile "musical"?

Abbiamo girato la sequenza musicale all'interno dell'Istituto d'Arte che avevo frequentato da ragazzo. La costruzione della scena si è rivelata complessa, soprattutto per quel che riguardava l'illuminazione, perché occorreva prestare attenzione sia all'interno sia all'esterno. Sullo sfondo, infatti, c'erano delle grandi vetrate che lasciavano intravedere degli alberi. Mi ero accorto che questo esterno poteva essere utile alla scena. Per l'interno abbiamo utilizzato degli "skypens", dei cilindri di tessuto con dentro una lampada che si utilizzano in teatro e producono una luce diffusa. Ho fatto "gelatinare" tutte le finestre perché abbiamo illuminato l'interno con lampade a incandescenza. In questo modo abbiamo potuto lavorare liberamente. L'esterno ci ha dato maggiori problemi: la grande differenza di luce naturale tra il mattino e il pomeriggio rischiava di condizionarci molto. Per questo ho aggiunto dei proiettori su tutta la superficie esterna: per poter illuminare gli alberi in controluce. Devo dire che il risultato mi sembra di grande bellezza.

Nel 2001 hai preso parte alla realizzazione del film più drammatico di Moretti, La stanza del figlio. *Che ricordi ne hai?*

La stanza del figlio costituisce il mio ultimo capitolo con Moretti. In occasione di questo progetto cinematografico Nanni ha richiamato gli sceneggiatori e ha messo a punto una sceneggiatura ben strutturata, a differenza dei film precedenti. Nonostante questa inversione di stile il film è durato ugualmente una quantità di tempo considerevole. Per un certo periodo Nanni è stato poco bene, quindi il film è stato sospeso.

Quando avete iniziato a girare?

Se non ricordo male era la fine del settembre del 1999 e credo che le riprese si siano protratte fino a maggio del 2000, con delle interruzioni. Dopo il montaggio, a settembre, abbiamo girato altre due settimane di scene che Nanni pensava potessero servire a integrare quanto avevamo. In effetti aveva completamente ragione, dato che ha inserito nel film circa il 90% del materiale girato alla fine. È stata una lavorazione molto lunga, circa un anno.

Dove avete girato?

Abbiamo girato in due appartamenti contigui che erano in vendita. Nanni aveva firmato un contratto per fermare i due appartamenti per tutto il periodo delle riprese. Ancona è stata scelta per la presenza del mare e del porto. Nanni voleva che la città facesse sentire la sua presenza all'interno dell'appartamento, anche se mi sembra che in fase di montaggio questa idea si sia persa.

Che tipo di intervento fotografico ti ha richiesto Moretti?

La stanza del figlio è un film in cui il bianco è molto presente, soprattutto nell'appartamento dei protagonisti. Come sanno bene i miei colleghi, il bianco è un colore da trattare con grande cura e controllo, soprattutto perché è molto sensibile a tutte le variazioni di luce. In realtà non è il bianco in sé a creare problemi, piuttosto il suo rapporto con il viso degli attori. Il bianco esalta i contrasti che devono però essere ben gestiti. In tutti i film di Nanni ho sempre fatto molta attenzione all'illuminazione dei volti, cercando di esaltare le loro caratteristiche, combinandone dimensione estetica e drammatica. In linea di massima ho dovuto svolgere un lavoro quasi "di servizio". Avendo a disposizione un ambiente, lo illuminavo senza alcun tipo di effetti, utilizzando spesso un controluce perché Nanni non vuole che i suoi capelli diano l'idea di essere una massa scura. A dire il vero non ho mai amato il controluce quindi, ogni volta che mi viene richiesto, cerco sempre di adoperarlo in maniera molto delicata. Gli effetti erano banditi. È un film molto bello, ha vinto a Cannes. Di tutti i film realizzati al suo fianco è forse quello dove la fotografia è meno appariscente, quasi non esiste, però funziona. Non so se poi Nanni abbia cambiato stile nei film successivi. Ad esempio, per *Il caimano* mi sembra che in certe situazioni siano stati sfruttati alcuni effetti, ma è anche vero che ogni scelta dipende dal film che si sta realizzando.

Ci vuoi dire qualcosa sul suo modo di girare?

Il suo modo di girare mi ha sempre colpito. Una delle sue caratteristiche, che forse ho notato maggiormente in *Caro diario* ma che ricorre sempre nel suo modo di lavorare, è quella di realizzare tanti ciak. È come se volesse elaborare la scena continuamente. Non ha paura di improvvisare. Ha la forte necessità di girare, vedere, rivedere, modificare. Ad esempio, in *Palombella rossa*, ha abbandonato la sceneggiatura, motivo per cui abbiamo iniziato il film con un mese di ritardo. Non è stato possibile rimandare ulteriormente l'inizio della lavorazione, altrimenti avremmo perso un anno, perché non si poteva andare oltre la buona stagione, soprattutto per le scene da girare in piscina, all'aperto. Quindi Nanni ha dovuto fare un grosso lavoro costruendo il film giorno per giorno, ivi compresi i dialoghi, poi risultati estremamente interessanti. Ha girato tanto, anche improvvisando e girando in altra maniera scene che aveva previsto in modo differente. Infine ha fatto un consistente lavoro di montaggio. Devo dire che *Palombella rossa* è bellissimo e anticipa tutta una serie di eventi politici che sarebbero avvenuti di lì a poco. Lo ritengo un film estremamente interessante, profondo dal punto di vista del contenuto, ma anche molto divertente nel modo di raccontare.

Una caratteristica di Nanni Moretti è quella di essere regista e attore. È un "problema" secondo te?

Il "problema" è di chi lavora con lui! (Ride) Giustamente, come ogni attore, vuole essere ben fotografato! Espone il suo viso alla macchina da presa, quindi da parte mia ci vuole una certa attenzione a far sì che venga il meglio possibile dal punto di vista della fotogenia. Ecco perché, come dicevo prima, nei suoi film uso un leggero controluce, che generalmente non amo molto, per far risaltare i capelli, oppure applico una fotografia che dia morbidezza all'immagine in modo che la barba non appaia come una massa scura, ma abbia una definizione. Non si tratta di un "capriccio" di Nanni-attore, è giusto così! Ai miei allievi cerco sempre di insegnare un grandissimo rispetto per gli interpreti, perché offrono al film il loro corpo e la loro vita, le loro esperienze. Si "denudano" davanti alla macchina. Non si tratta di aiutarli ad apparire più "belli", ma di servire la storia.

Proprio per il fatto di rivestire due ruoli così diversi Nanni ha bisogno di registrare l'inquadratura e rivederla. È una necessità assoluta per lui, nonostante questo dilati i tempi di lavoro. Ha bisogno di vedersi, verificare se sono necessari dei cambiamenti e poi girare il ciak successivo. Per *Palombella rossa* veniva a bordo piscina, si appoggiava sul muretto, noi gli portavamo il registratore e lui vedeva l'immagine con il sonoro pochi secondi dopo averla girata. Questo controllo continuo gli permette di modificare, di trovare delle soluzioni, di controllare se quello che vede non lo convince. Il direttore della fotografia che lavora con lui deve sempre essere pronto a fare piccole modifiche.

Questo modo di procedere mi sembra che ti appassioni, ti stimoli...

È vero. Non sono d'accordo con chi lo intende come un "fastidio", una fatica di cui lamentarsi: "Mi cambia sempre il lavoro da fare"... Al contrario: siamo lì apposta! Siamo lì per fare il film nel miglior modo possibile. Bisogna capire come potergli stare accanto e seguirlo in questo perpetuo e minuzioso lavoro di regia. Nanni ha un carattere non facile, ma molto rispettoso del lavoro degli altri. Non tutti i registi sono così. A volte non puoi fare nulla, a volte sei costretto a tenerti l'errore tecnico e altre volte cerchi di seguirlo, apportando le dovute modifiche. Ad esempio nella prima inquadratura di *Aprile*, girata a casa sua, avevo preparato tutto il materiale per riprendere lui e la moglie incinta seduti su un divano posizionato davanti al terrazzo pieno di sole. Avevo messo i proiettori, abbiamo fatto prove, contro prove, si è discusso su alcune battute, sul modo di recitarle... Insomma, nel frattempo è diventato notte! A quel punto non c'era più tempo per modificare la luce: avevamo un'illuminazione da giorno su un fondo notturno! (Ride) Cose che capitano lavorando con Nanni!

Tra tecnica e sensibilità. L'evoluzione delle pratiche e degli strumenti

Aver lavorato con così tanti registi, e così diversi, ha sviluppato in te una grande duttilità...

Sì, la duttilità è una caratteristica fondamentale del mio lavoro. Certamente ho delle preferenze, però cerco di non dimostrarle. Non posso illuminare male, è proprio una questione deontologica. Traggo la maggior soddisfazione laddove posso operare il più possibile liberamente con la luce. Mi riferisco in particolare alle innumerevoli situazioni realizzabili in teatro di posa. Allo stesso tempo non vi nascondo di provare un certo gusto nel saper cogliere una particolare atmosfera in esterno, nel modificare una luce dal vero o individuare un determinato momento di luce reale in un interno. Mi è capitato diverse volte di consigliare al regista di girare immediatamente una scena per catturare una bella situazione, e di adoperarmi per sfruttarla al meglio, cercando di legare a questa luce i piani ravvicinati.

Per gli interni, laddove gli ambienti lo permettano, preferisci illuminare dall'esterno, dalle finestre, oppure dall'interno?

Se è possibile, preferisco di gran lunga illuminare dall'esterno. Infatti nei sopralluoghi ho sempre cercato, qualora fosse possibile, delle soluzioni che permettessero questa modalità, ricavando due vantaggi. Il primo, a mio avviso imprescindibile, è il realismo. La luce proviene dall'esterno, come realmente avviene nelle ore diurne. Ad esempio, ora noi siamo illuminati dal riflesso di quel palazzo su cui batte il sole. Non potrei ricreare esattamente questa luce dall'interno della stanza, otterrei qualcosa di diverso.

Non dico che non si possa fare, ma il risultato sarebbe meno realistico e senza dubbio esteticamente meno interessante. Lasciando le fonti di luce al di fuori della scena, invece, si aggiunge il secondo vantaggio, non indifferente: una maggiore agibilità dell'ambiente, più spazio per muoversi sul set. Ho sempre ritenuto questi due fattori estremamente importanti nella realizzazione di una scena. Illuminare un ambiente da fuori ti fornisce la possibilità di lavorare in ogni momento del giorno e della notte.

Oggi si gira poco nei teatri di posa, forse per un maggiore realismo o forse per ridurre le spese di produzione. Laddove hai lavorato nei teatri sei sempre riuscito a dare un'illuminazione molto realistica...

Ritengo che il direttore della fotografia debba perseguire sempre lo stesso fine, come se illuminasse dal vero. In questo modo è in grado di creare una situazione di luce che sia reale, che sia vera. Non dimentichiamo che una volta esistevano i ponti luce, una sorta di passerella che circondava la scena, su cui si muovevano gli elettricisti e su cui erano piazzati tutti i proiettori. Si trattava di una luce finta ma è stata in voga per diversi anni perché, evidentemente, rispetto ai canoni estetici del passato, quel tipo di luce andava bene. Nessuno ne rilevava la finzione. Poco alla volta il gusto si è affinato, ci si è resi conto che la luce che proveniva dall'alto aveva un'inclinazione innaturale. Un tipico esempio di questa illuminazione grossolana può essere questo: un personaggio seduto in una stanza, illuminato da un proiettore, si alza e si avvicina alla finestra; inevitabilmente perde la luce che lo illuminava all'inizio ma la verosimiglianza vorrebbe che la luce su di lui aumentasse per il fatto che si avvicina alla finestra. Più "finto" di così! Al giorno d'oggi un direttore della fotografia discreto cerca di evitare errori così grossolani, perché questi dettagli svelano immediatamente la finzione cinematografica. Il teatro di posa facilita il lavoro perché consente di disporre le fonti ovunque si desideri. L'unico problema è riuscire a ottenere dei fondali esterni che, inquadrati, siano credibili. Solitamente questo aspetto viene trascurato, perché realizzare un fondale come si deve o usare un green screen costa denaro. Recentemente sono stati presentati, al Micro Salon organizzato dall'AIC a Roma, dei fondali molto interessanti prodotti dalla Roscoe.

Parlando di fondali, non possiamo non menzionare i glass shot *usati in* Good Morning Babilonia...

I *glass shot* fanno parte di un tipo di ripresa che oggi non va più di moda, soprattutto dopo l'avvento del digitale, ma che per tanti anni è stato sfruttato. Prima di allora non lo avevo mai utilizzato, quindi ricordo di aver telefonato ad un collega, Ennio Guarnieri, per avere qualche consiglio e delucidazione in merito, dato che lui aveva applicato questa tecnica nel suo ultimo film. Fu molto gentile, aiutandomi a prendere dimestichezza con i *glass shot*. Prendiamo in considerazione una scena che mostri una scalinata e un palazzo. La scenografia viene costruita solo in parte, lo scenografo si occupa di costruire la scalinata, mentre su un vetro si dipinge il palazzo. Ovviamente la macchina da presa deve essere posizionata in modo tale da ottenere una perfetta coincidenza tra la pittura e la costruzione. Il problema più annoso riguarda l'illuminazione, che deve essere assolutamente identica sia per il vetro dipinto sia per la scalinata, per dare l'idea che non ci sia differenza. Teniamo anche conto che il palazzo ha le sue ombre, che danno il senso del rilievo, e che sulla scalinata ci saranno degli attori che proietteranno a loro volta delle ombre reali, perciò occorre prestare molta attenzione all'ora che si sceglie per girare, perché si dovranno ottenere ombre con le stesse inclinazioni. Se il sole batte da sinistra sulla scalinata alle tre di pomeriggio, proiettando un certo tipo di ombra, la scena dipinta dovrà presentare ombre adeguate. Quando tutto questo coincide, il *glass shot* ha raggiunto il suo scopo e devo dire che il lavoro fatto in *Good Morning Babilonia* è risultato molto buono. Abbiamo girato numerose scene così. Nelle ultime sequenze le ombre degli attori e quelle del *glass shot* non erano più coincidenti, ma le scene girate all'ora giusta erano veramente buone.

Ritieni che la competenza tecnica e la sensibilità siano in qualche modo connesse?

Credo che il fattore imprescindibile del mio mestiere sia la sensibilità. In seconda battuta arriva la tecnica, la conoscenza del mezzo che consente di raggiungere il risultato desiderato. Oggi la tecnologia digitale evolve in modo esponenziale, ma non sempre l'organizzazione del lavoro va di pari passo. Ogni troupe dovrebbe avere un *data manager* e un DIT (tecnico dell'immagine digitale), una sorta di assistente del direttore della fotografia, addetto alla qualità dell'immagine, alla sua finalizzazione. Un tempo bisognava conoscere estremamente bene la pellicola a disposizione e cercare di sfruttarla al meglio, perché il risultato si vedeva solo successivamente. Devo dire che la proiezione dei giornalieri aveva un suo fascino, perché dava la possibilità di vedere il lavoro realizzato. C'era sempre un po' di apprensione quando si spegneva la luce e iniziava la proiezione.

Girare in bianco e nero, a tuo avviso, comporta tecnicamente delle differenze fotografiche rispetto al colore?

Credo proprio di no. Sono dell'opinione che l'illuminazione abbia un valore assoluto a prescindere dal mezzo utilizzato. Quando si è passati al colore c'è stata una sorta di involuzione, legata alla sensibilità della pellicola, che obbligava a usare maggior luce diretta. In secondo luogo si era creata in alcuni l'illusione che la profondità dell'immagine fosse data dal colore, che non ci fosse bisogno di crearla con i piani di luce. Poco alla volta invece si è ritornati alla stessa illuminazione che si faceva con il bianco e nero, raggiungendo anche a colori dei risultati straordinari.

Da quando hai iniziato con il bianco e nero, da studente, c'è stata una evoluzione sia rispetto al modo di pensare il cinema, sia rispetto alle apparecchiature, agli strumenti... Quali macchine da presa utilizzavi al Centro Sperimentale?

All'epoca giravamo solo in bianco e nero sfruttando due macchine molto buone per la presa diretta, la Debrie e la Mitchell. Quando c'era bisogno della macchina a mano utilizzavamo l'Arriflex. Una volta terminato il percorso di formazione al Centro Sperimentale ho sempre lavorato a colori, salvo in rarissimi casi, come nel film *Carlo 23%*. La mia filmografia presenta rari casi in cui ho potuto cimentarmi parzialmente con il bianco e nero, come per *Nostalghia*. Ho sempre considerato un peccato non aver avuto la possibilità di girare un film interamente in bianco e nero. Non ne ho mai avuto l'occasione. Con il passare del tempo e l'affermarsi del colore, quasi nessun regista ha compiuto la scelta di girare in bianco e nero, anche per l'ostracismo delle distribuzioni.

Come si sono evolute le pellicole?

Agli inizi ho sempre usato con grande soddisfazione la Kodak 100 ASA (5247), ma poi ho accolto, sempre con grande piacere, le nuove pellicole, che progressivamente sono arrivate fino a 800 ASA. Devo dire che, dopo la 100 ASA, le mie preferite sono le Vision della Kodak, sia la 200 sia la 500 ASA, che hanno una grande trasparenza nei sottotoni, un bel nero, una grande latitudine di posa e una grana finissima. La conoscenza approfondita della pellicola consente di usarla nella sua estensione massima, sia nelle sottoesposizioni, sia nelle sovraesposizioni. È questo che rende interessante la fotografia.

Cosa è cambiato oggi, con le nuove tecnologie?

Oggi il digitale arriva a valori di sensibilità di gran lunga più elevati. Il materiale è talmente sensibile che permette di ottenere dei buoni risultati con pochissima luce. Il lavoro risulta parzialmente più semplice di quanto non fosse con la pellicola.

A proposito di nuove tecnologie, nel 2011 hai realizzato il tuo primo corto in digitale, Al di là del vetro, *per la regia di Andrea Di Bari...*

È vero. Questo corto rappresenta in un certo senso una "novità" per il fatto che, salvo l'esperienza per *Lo STRaGE* e la didattica, è stato il mio primo vero lavoro in digitale, girato con la Alexa, con un po' di incoscienza, perché non sapevo ancora cosa quella macchina mi potesse dare. Mi sono comportato come se avessi a disposizione la pellicola, anche perché non avevo l'assistenza necessaria, un monitor di controllo, un DIT che mi mostrasse quello che stavo facendo. Ho usato al massimo l'istinto e non mi vergogno di dire che il risultato è stato buono. L'ideazione del progetto era di Erri De Luca, che aveva scritto la sceneggiatura assieme ad Andrea Di Bari. Si tratta di un piccolo corto, di circa 15 minuti, che annovera nel cast l'attrice napoletana Isa Danieli. È un lungo dialogo notturno tra il protagonista e la mamma che è morta. C'è una sorta di apparizione, lui parla con lei e alla fine si rende conto che è svanita. È come un sogno che diventa realtà, poi ritorna sogno. È stata un'esperienza interessante. Abbiamo stampato un'ottima copia in pellicola e una in digitale, quella che poi è andata a Venezia. Successivamente sono stati stampati tanti dvd, circa 80.000, che sono stati allegati al libro di Erri De Luca e venduti in libreria. Quei dvd hanno una qualità pessima perché, per risparmiare, sono stati realizzati con una risoluzione bassissima. Da direttore della fotografia credo di avere tutto il diritto di lamentarmi.

Nelle tempistiche della lavorazione c'è stata una evoluzione nel corso di questi anni?

Sì, il lavoro in un certo senso si è "contratto". Le tempistiche sono sempre più strette, sebbene alcuni registi riescano a mantenere il loro standard, come Bellocchio, che impiega di media otto settimane. Tra i film di Marco che ho realizzato, l'unica eccezione in questo senso è stato *Il Principe di Homburg*, durato sei settimane. I film di Marco durano solitamente un'ora e 50 minuti circa, mentre questo dura un'ora e 25 minuti. Aveva un impianto teatrale che prevedeva pochi ambienti e quindi pochi cambi di scena. Ulteriore elemento che ha consentito una lavorazione più breve. Ogni regista ha il suo modo di lavorare e tendenzialmente mantiene invariati i tempi di realizzazione, da film a film. Anche *Compagna di viaggio* di Del Monte è stato concluso in poche settimane. Peter ha cercato di non rinunciare al suo modo di girare, impegnandosi a realizzare poche inquadrature, solo quelle che avrebbe sicuramente montato. Così facendo ha avuto meno scelta in fase di montaggio, però ha curato le inquadrature come se il film avesse avuto a disposizione due settimane in più e credo che il risultato finale sia molto buono.

Con il digitale ci sono opportunità fotografiche diverse?

Credo che l'impianto di illuminazione possa essere lo stesso di un tempo o quasi, anche se ormai la post produzione ha acquisito delle possibilità decisamente elevate. Senza dubbio non si può rendere bella una luce brutta. Non credo succederà mai o perlomeno adesso non è possibile. Esiste una possibilità di manipolazione non indifferente, perciò occorre prestare attenzione perché talvolta comporta una certa omologazione del lavoro. Molto spesso infatti gli addetti alla correzione colore tendono a lavorare nella stessa direzione, creando una sorta di standard. Un tempo, invece, per quanto ci fosse uno stampatore che amava sbizzarrirsi, l'impianto del direttore della fotografia restava comunque immodificabile. Ritengo che, con l'avvento delle nuove tecnologie, il direttore della fotografia dovrebbe seguire la post produzione ancora più assiduamente di quanto avveniva in passato, proprio perché esiste la possibilità di modificare in modo sostanziale le sue scelte.

Tra i vari obiettivi in circolazione, quali preferivi?

Ho sempre cercato di usare gli obiettivi Cooke, che sono obiettivi morbidi, plastici, a differenza degli Zeiss che sono più duri e rendono l'immagine più incisa. Trovo che i Cooke si sposino bene con il mio modo di illuminare. Alcune volte, però, ho utilizzato gli Zeiss, che sono più luminosi e che consentono di girare in situazioni di scarsa luce. Tanto tempo fa, per ammorbidire i contrasti si ricorreva al procedimento del flashaggio del positivo. Prima di stampare, la copia, il positivo, veniva esposto a una luce unica che stendeva una sorta di velo leggero su tutta la pellicola. A mio avviso il direttore della fotografia deve avere la capacità di realizzare il maggior numero possibile di effetti in ripresa, così facendo è possibile proporre al regista e al montatore un materiale che presenta già atmosfere definitive. Come si può montare un film che non ha atmosfera?

Anche la scelta delle lampade è importante?

Ritengo che la scelta delle lampade sia estremamente delicata e che dipenda dal tipo di fotografia che si vuole realizzare. Ho sempre preferito i proiettori con lenti Fresnel, variando l'effetto di luce, usandoli diretti, riflessi o attraverso pannelli di Frost.

Per quanto riguarda i proiettori e le fonti di luce, qual è stata l'evoluzione negli ultimi anni?

Per tanti anni ho lavorato in interni-esterni giorno quasi esclusivamente con HMI. Negli interni sera con piccoli proiettori a incandescenza, mentre ora, come dimostra il recente Micro Salon, siamo subissati dall'offerta di lampade LED, alcune molto interessanti. Vantano una durata di circa 50.000 ore e hanno un assorbimento estremamente basso. La mia "storia" con le HMI è iniziata alla fine degli anni '80, quando ho girato *Il ritorno*, un documentario per la regia di Giorgio Treves interamente realizzato nelle sinagoghe in Piemonte. Inizialmente avrebbe dovuto girarlo un collega che aveva già fatto i sopralluoghi e aveva stilato un elenco di proiettori per i quali occorreva un gruppo elettrogeno da 100 KW. Il gruppo elettrogeno era troppo grande, visto che dovevamo girare nei centri storici che avevano strade di accesso strettissime. I problemi logistici erano evidenti. Alla fine questo operatore non ha realizzato il documentario e sono stato chiamato io. In quella circostanza per la prima volta ho usato l'HMI, che aveva una potenza superiore e un assorbimento molto più basso. Ho illuminato questo film con 30 KW, anziché 100, consentendo al furgone che trasportava il gruppo elettrogeno di muoversi molto più agilmente. Oggi sta succedendo qualcosa di analogo con le lampade LED che hanno un assorbimento infinitamente più basso. Si tratta di luci utilizzabili in un appartamento e che consentono, dato il bassissimo assorbimento, anche l'eliminazione del gruppo elettrogeno. Anche le HMI francesi K5600 sono lampade interessanti, così come i neon LED, che offrono una gamma cromatica molto più corretta rispetto alle Kino Flo. Anno dopo anno si è verificata un'evoluzione consistente degli apparecchi di illuminazione. Questo discorso è legato alla sensibilità delle macchine digitali, che sono ormai tutte 800 ASA, senza dimenticare la Sony 55, che è 1200 ASA. Grazie a queste innovative macchine da presa, si è creata la possibilità di usare molta meno luce rispetto agli anni passati. Il rischio più grossolano è quello di pensare che sia possibile girare completamente senza luce, come sostengono alcuni produttori. Il pregio delle nuove tecnologie consiste nell'ottenere gli stessi effetti di un tempo, impiegando però molta meno luce, grazie all'utilizzo di apparecchi molto più piccoli e maneggevoli.

Per assicurare un buon esito del tuo lavoro, che caratteristiche deve avere la proiezione in sala?

Ecco un argomento disastroso! I problemi delle proiezioni nelle sale cinematografiche sono dovuti, credo, a un fatto puramente culturale. Ritengo che la gestione delle sale dovrebbe essere affidata a persone capaci di rispetto per il lavoro degli altri, che si preoccupino di assicurare il giusto formato di proiezione e una corretta luminosità, in modo da rispettare l'operato del regista e dell'autore della fotografia. Nel corso degli anni mi sono recato in un numero indefinito di cinema per vedere come fossero le proiezioni con un rullo di controllo, per verificare in che condizioni fossero le lampade. Ho sempre trovato qualcosa che non andava, come ad esempio l'amperaggio basso, perché c'è chi è convinto di risparmiare tenendolo basso, oppure i mascherini sbagliati. Ne ho viste di tutti i colori. Non saprei dire se con il digitale la situazione sia migliorata. Le nuove tecnologie comportano nuovi problemi. Ritengo che occorrerebbe fissare degli standard. Nel caso in cui non fossero rispettati, il cinema dovrebbe essere chiuso. Chi massacra l'opera cinematografica di un autore dovrebbe pagarne le conseguenze, mentre nel nostro Paese purtroppo troppo spesso impera il pressappochismo. Come Associazione Direttori della Fotografia abbiamo cercato per anni di ottenere una specie di tessera che ci consentisse di avere delle agevolazioni per entrare nelle sale e controllare, ma abbiamo trovato tutte le porte sbarrate.

Ci potresti fare degli esempi di cattive proiezioni?

Certamente! Il Cinema Rivoli a Roma era famoso perché Stanley Kubrik voleva che la "prima romana" di ogni suo film fosse proiettata proprio lì, data l'eccellente qualità della proiezione, motivo per cui mandava ogni volta un suo collaboratore con il mascherino, il formato esatto del film, per essere sicuro che la proiezione fosse perfetta. Quando mi hanno comunicato che *Salto nel vuoto* sarebbe uscito al Rivoli dentro di me ho pensato: «Meno male!». Dopo aver visionato la copia del film alla Tecnospes, uno stabilimento di sviluppo e stampa che si trovava vicino al Centro Sperimentale, mi sono recato al Rivoli con due rulli per fare una prova. Il primo rullo terminava con una scena notturna che ricominciava nel rullo successivo. Lo abbiamo proiettato e ho visto che la copia era identica a quella vista in laboratorio, perfetta! Siamo partiti con il secondo rullo e ho subito notato che l'immagine era nettamente più scura, non so di quanti punti. Sono corso in proiezione a chiedere come mai la scena fosse così buia. Mi sono sentito rispondere: «A me lo chiede? Lo dica al direttore della fotografia!». Cercando di non perdere la calma ho ribattuto: «Il direttore della fotografia sono io! La scena è la stessa che lei ha proiettato nel primo rullo. Ciò significa che il suo secondo proiettore ha probabilmente una lampada che sta morendo!». Ho telefonato alla produzione, che ha contattato la distribuzione, che ha chiamato l'esercente e gli ho fatto cambiare la lampada. Potete immaginare che dispiego di energie. Avviene questo nel momento in cui ci si interessa alla propria opera, figuriamoci cosa accade quando non ci si preoccupa affatto. Un episodio analogo mi è capitato a Cannes per *Le affinità elettive.* Pasquale Cuzzupoli, tecnico del colore di Cinecittà, ci ha dato un appuntamento di notte per visionare la nostra copia, perché le proiezioni ufficiali terminavano sempre a notte fonda. Dopo pochi secondi dall'inizio della proiezione esclamo: «Pasquale, ma è tutto sfocato!» e lui mi risponde che non è possibile, anche se il centro dell'immagine era effettivamente fuori fuoco. Ci siamo recati insieme dall'addetto alla proiezione per segnalargli il problema e lui continuava ad insistere: «Ce n'est pas possible! Ce n'est pas possible!», così abbiamo dato il via a varie telefonate per risolvere la questione. Il giorno seguente ci viene dato un nuovo appuntamento a cui presenzia persino uno staff di scienziati del Palais du Cinéma, i quali, con i loro strumenti tecnici hanno cercato di capire quale fosse il problema della risoluzione. Inizia la proiezione e l'immagine è ancora sfocata! Qualcuno mi si avvicina per dirmi: «In effetti il centro è un po' sfocato». Era davvero sfocato. Sapete come è finita la vicenda? Hanno proiettato il film a Cannes sfocato. A mio avviso è stato un danno enorme, considerando che i Taviani nei loro film adottano un numero considerevole di totali, tutti fuori fuoco in quella circostanza. Fortunatamente sui primi piani non si percepiva, ma il fatto che la parte danneggiata fosse il centro era davvero fastidioso. Se si fosse trattato del bordo sarebbe stato diverso. Il centro sfocato è a tutti gli effetti inaccettabile, ed eravamo al Palais du Cinéma di Cannes! Neanche nei festival di periferia succede un fatto così grave! Se si presenta un problema tecnico lo si dovrebbe risolvere nel minor tempo possibile. *Compagna di viaggio* di Peter Del Monte doveva uscire al cinema Greenwich. Come nel caso de *Le affinità elettive*, ne avevo appena visionata una copia, perfetta, in laboratorio. Ci rechiamo al cinema e inizia la proiezione. Il colore era totalmente falsato e particolarmente morbido, proprio come non doveva essere. Andiamo a controllare proiettore, obiettivo e lampada. Apparentemente era tutto a posto. Per caso la mia attenzione cade sul vetro che fungeva da divisore tra la sala di proiezione e la sala del pubblico. Dire che quel vetro fosse sporco è un complimento! Ci saranno state almeno due dita di grasso. Mi sono trovato nella situazione di chiedere se ci fosse del Vetril o qualche prodotto analogo con il quale abbiamo ripulito la superficie! Finalmente la proiezione è andata bene. Mi sembra assurdo che si debba arrivare a questo per riuscire a visionare un film come il regista lo ha fatto! Se la fotografia del tuo film è caratterizzata da sottotoni o scene scure, risentirà maggiormente gli effetti di una cattiva proiezione, motivo per il quale mi sono sempre preoccupato, almeno a Roma, la mia città, di andare a controllare di persona. Non oso immaginare come siano le proiezioni nei piccoli paesi di provincia.

Il set. I collaboratori, la sceneggiatura, gli altri reparti, gli attori

Che rapporto hai, da autore della fotografia, con l'operatore di macchina?

Sono quasi sempre stato affiancato da un operatore di macchina, e ho cercato di scegliere professionisti validi che mi potessero fornire un aiuto, un contributo. Posso ritenermi pienamente soddisfatto dell'apporto che i vari collaboratori hanno dato ai miei film nel corso della mia carriera. Facendo tesoro delle esperienze passate, quando sono diventato autore della fotografia ho sempre cercato di non rompere le scatole all'operatore di macchina, di non prevaricarlo, di non obbligarlo a fare certe inquadrature solo perché per me sarebbe stato più comodo. Gli ho sempre lasciato la massima libertà, considerandolo sì un mio collaboratore, ma soprattutto un collaboratore del regista. Ho sempre prediletto un operatore di macchina competente, che cooperasse alla costruzione della scena con il regista. Non ho mai desiderato figurare come il "boss" del set. Forse per questo ho sempre avuto ottimi rapporti con tutta la troupe.

Da autore della fotografia fai delle prove stando in macchina?

Soprattutto agli inizi della mia carriera da autore della fotografia ero solito fare sempre una prova in macchina per capire meglio dove mettere la luce. Con il passare del tempo non ne ho più avuto bisogno perché ho iniziato ad avere "l'occhio", a rendermi conto di quali aggiunte o miglioramenti necessitasse l'inquadratura osservandola ad occhio nudo.

Nella tua carriera ti è anche capitato di stare in macchina ed essere allo stesso tempo direttore della fotografia, non è così?

Sì, mi è capitato ma molto raramente. Le mie esperienze in macchina durante la carriera di direttore della fotografia sono sempre state legate a contingenze specifiche e sono fondamentalmente due. All'inizio degli anni '80 ho girato *Piso pisello* a Milano, per la regia di Peter Del Monte, e nel secondo caso ho girato quasi tutto il primo capitolo di *Caro diario*, di Nanni Moretti. In quell'occasione sono stato anche operatore di macchina perché non c'erano finanziamenti sufficienti. Quando Del Monte ha affermato: «È meglio che io interagisca sul set solo con una persona», il produttore ha colto la palla al balzo dicendo: «Benissimo, così evitiamo di assumere l'operatore di macchina!».

Dunque ritieni che essere direttore della fotografia e operatore di macchina allo stesso tempo non sia auspicabile?

Gli autori della fotografia della mia generazione sono sempre stati abituati ad avere l'operatore di macchina. La scuola italiana in genere prevede questa figura, mentre adesso ci sono diversi direttori che lavorano decidendo di farne a meno. Riconosco che stare anche in macchina a volte aiuterebbe il direttore della fotografia in quanto avrebbe la possibilità di modificare leggermente nell'inquadratura a suo vantaggio. Quando abbiamo girato *Caro diario* sono stato in macchina per tutto il tragitto in Vespa e mi sono divertito a fare le inquadrature. Non dimentichiamo poi che, a seconda del momento storico, dei Paesi e del tipo di cinema, anche le modalità di lavoro cambiano. Ad esempio in Francia l'operatore di macchina ha un quadro a parte nei titoli di testa, è il cosiddetto *cadreur*, riconosciuto come una figura fondamentale, braccio destro del regista, mentre nei Paesi dell'Est non esiste affatto. Credo che molto dipenda anche dalle abitudini che si sedimentano con il tempo.

Puoi parlare del rapporto tra il direttore della fotografia e l'assistente operatore? Come scegli i tuoi collaboratori?

Ho sempre scelto i miei collaboratori cercando di assumere i più bravi del loro settore e ho sempre avuto assistenti operatori tra i più qualificati. In *Nostalghia*, ad esempio, come ho già detto, c'è una esecuzione di movimenti di macchina che rasenta la perfezione. Una componente non trascurabile riguarda il loro carattere. Il temperamento è molto importante in questo lavoro, perché viene richiesto di relazionarsi con il resto della troupe e se c'è armonia è molto più semplice lavorare bene, mentre se ci sono dissidi inevitabilmente tutto si complica. Non nascondo che nel corso della mia carriera talvolta si sono verificati dei problemi, perché mi è capitato di fare delle scelte non proprio giuste.

E come ti relazioni con la storia narrata dal film? Nei casi di lavori tratti da opere letterarie ti era utile leggere l'opera in questione? Ti suggeriva degli spunti a livello di immagini, di illuminazione, di riferimenti?

Qualche volta leggevo le opere letterarie, ma non per cercare spunti o riferimenti. Ho letto volentieri *Padre Sergio*, una novella di Tolstoj, dalla quale i fratelli Taviani hanno tratto la sceneggiatura per *Il sole anche di notte*. Sebbene in quel periodo non fossi credente, o perlomeno avessi "tralasciato" l'argomento religioso, mi sembrava strano che due registi atei prendessero spunto da una novella di uno scrittore il cui lavoro è intriso di fede. Quindi ho letto il testo per comprendere il taglio che i Taviani avevano dato al film. Ho sempre ritenuto *Il sole anche di notte* un bel film, ma penso che a livello di regia gli manchi qualcosa, probabilmente la fede stessa. Anche in altre situazioni non mi sembra che leggere il testo letterario sia stato importante. Ad esempio avevo già letto in precedenza *Il prete bello* di Parise, ma non mi è stato di particolare aiuto quando ho realizzato il film con Mazzacurati. Non bisogna dimenticare che solitamente le sceneggiature sono profondamente diverse dall'opera letteraria.

Quindi ti basavi soprattutto sulle sceneggiature?

Certo, l'intera troupe si deve attenere alla sceneggiatura. La letteratura passa in secondo piano.

Hai accennato a Il prete bello, *del 1989. Cosa ha significato per te lavorare al fianco di questo regista?*

Mazzacurati era una persona di una grande umanità, con la quale avevo instaurato un bel rapporto. Anche le nostre mogli si erano conosciute e avevano stretto amicizia. *Il prete bello* è un film che ricordo con grande simpatia e che ho sempre ritenuto molto interessante. Purtroppo è stato sottovalutato. Abbiamo girato a Vicenza, città affascinante. Non fu un lavoro semplice, perché Carlo era abituato a girare molto materiale.

Quale aspetto del film ricordi maggiormente?

Mi è sempre piaciuto il modo delizioso con cui Carlo e i suoi sceneggiatori avevano tratteggiato i personaggi, in particolare come avevano dipinto la ragazza, la giovane prostituta, che si inseriva nella vita di questo paese bigotto, portando un po' di vita e di gioia. Questo carattere mi ha sempre ricordato la canzone di De André. Inoltre era divertente il rapporto che si stabiliva tra lei e il prete ingenuo, che si lascia ammaliare, perdendo la "bussola". C'è una battuta che, dopo tanti anni, spesso ripetevamo tra noi colleghi della troupe, per farci due risate. Quando Adriana Asti, la bigotta per eccellenza, rivela al sacerdote che la ragazza in realtà è una prostituta, lui, che si recava in casa sua ad ascoltare la musica, esclama: «Ma pensa! Con tutti quei bei dischi!». Il suo "candore" mi ha sempre fatto sorridere. Dopo la scomparsa di Carlo, i ricordi sono riaffiorati, portando a galla una grande stima e un grande affetto.

Che tipo di rapporto c'è tra il direttore della fotografia e i costumisti, gli scenografi, il resto della troupe?

Nei casi peggiori, purtroppo molto spesso, la preparazione del film non è un caposaldo del lavoro e ciò comporta un inutile dispiego di energie e una considerevole perdita di tempo sul set. In altri casi, invece, durante la lavorazione viene convocata una riunione, a cui partecipano tutti i capi reparto, e vengono messe a tema le eventuali problematiche e il modo per risolverle, lavorando coralmente a vantaggio del film. Nella mia carriera il caso esemplare di una simile organizzazione riguarda *Nostalghia*. Ho già ricordato l'episodio in cui lo scenografo Andrea Crisanti portò la piantina della camera d'albergo. Tarkovskij gli richiese espressamente di poter avere le pareti della stanza che presentassero delle irregolarità, rigonfie per la troppa umidità ed io intervenni chiedendo di aprire una finestra sulla parete sinistra, in modo da poterla illuminare con una luce radente. Ecco ciò che intendo quando parlo di collaborazione. Se questa riunione non ci fosse stata Crisanti avrebbe parlato solo con Tarkovskij, il quale probabilmente non avrebbe immaginato tale soluzione e la sua idea sarebbe stata irrealizzabile. Un altro episodio legato all'importanza della collaborazione sul set riguarda Lina Taviani, eccezionale costumista, la quale per *La masseria delle allodole* mi chiese se poteva vestire di bianco la protagonista. Le dissi di sentirsi libera di fare come meglio credeva, poiché mi sarei adeguato alle necessità del film e avrei cercato di realizzare una luce che si potesse adattare alla situazione e ai personaggi, anche se questo poteva comportare maggiore lavoro. Ricordo di averle risposto che se lei riteneva fondamentale per la storia che l'attrice vestisse di bianco, per me non ci sarebbero stati problemi.

Come direttore della fotografia, che rapporto hai con il fotografo di scena, rispetto al suo modo di fotografare le scene che tu hai illuminato?

Il fotografo di scena diventa un collaboratore e, in certi casi, può anche nascere un'amicizia. Nel corso della mia carriera ho incontrato due tipi di fotografi di scena. La prima categoria tenta di riprodurre, attraverso i propri scatti, l'atmosfera che tu cerchi di dare al film, come nel caso di Bruno Bruni sul set di *Nostalghia*, che scattò delle foto straordinariamente belle, rispecchiando fedelmente il mio lavoro. Ricordo con grande affetto e stima, tra gli altri, Fabio Lovino e Umberto Montiroli. Ci sono però anche fotografi che si preoccupano maggiormente della rivista che pubblicherà le loro foto, per cui non hanno alcun ritegno nello schiarire le immagini, altrimenti le riviste non le acquisterebbero, e, così facendo, purtroppo, snaturano il mio lavoro.

Hai lavorato con tante attrici importanti... Immagino tu abbia episodi divertenti da raccontare al riguardo...

Molti! Sul set de la *Tosca*, in cui ero operatore di macchina, abbiamo dovuto affrontare un problema non indifferente, legato all'immagine dell'attrice femminile in questione. Monica Vitti, infatti, ha sempre sostenuto di avere un lato "giusto" e uno "sbagliato", ma tutti sanno che si tratta solamente di fissazioni. Probabilmente osservandola attentamente si potrebbe dire che un lato sia leggermente migliore, ma nulla a che vedere con l'importanza che lei attribuiva alla questione! Questa sua "necessità" ha condizionato l'intero modo di girare, che doveva prevedere dei movimenti di macchina, dei carrelli particolari in modo che lei si trovasse sempre dal lato "giusto". Al momento di girare i primi piani, la macchina doveva essere "a posto", come lei desiderava. Ricordo una scena in cui doveva baciare Gigi Proietti a lungo, in modo appassionato, e, secondo lei, la macchina era stata posizionata dal lato sbagliato. Mentre baciava Gigi si sentiva mancare il fiato, perciò si doveva staccare, riprendere fiato e ricominciare a baciarlo. Invece Monica si riattacava subito, e Magni: «Stop! No, Monica! Almeno tre secondi! Prendi fiato!». Ci furono 10 o 15 ciak, ma lei continuava a fare la scena nel minor tempo possibile perché non era dal suo lato migliore. Mi ritorna alla mente un episodio analogo con Gina Lollobrigida sul set de *La morte ha fatto l'uovo* di Giulio Questi, in cui io ero assistente operatore. Lei era di spalle, seduta sul letto, la macchina da presa posizionata dietro di lei: bussavano alla porta, si doveva girare e, secondo le indicazioni del regista, guardare verso la porta. Ma Gina muoveva solo lo sguardo. A sua detta, se si fosse girata si sarebbero viste le pieghe sul collo!

Queste preoccupazioni sono frequenti?

Eccome! Una volta mi capitò di girare, per Donatella Baglivo, una trasmissione televisiva su alcune dive cinematografiche, tra cui Claudia Cardinale, Gina Lollobrigida e Sylva Košćina. Nel caso della Lollobrigida, ci trovammo a girare a casa sua. L'attrice era stata categorica: finché non avesse visionato il materiale non avrebbe firmato la liberatoria, perché voleva essere sicura del prodotto finale, dato che riguardava la sua immagine. Avendo capito che aria tirava, per l'occasione mi ero fatto prestare da un amico un diffusore eccezionale, in grado di eliminare praticamente qualsiasi tipo di segno o difetto. Abbiamo girato tutti i primi piani con questo vetro davanti all'obiettivo. Quando lei andò a controllare in moviola ne uscì al settimo cielo per la contentezza perché ogni traccia di umano difetto era stata cancellata. Anche la Košćina è stata protagonista di un buffo episodio. Sul set avevamo posizionato la luce di base mentre lei parlava con il regista, Claudio Masenza, e mi ero accorto che osservava pensierosa questa luce accesa di lato. Nel frattempo avevo preparato un altro proiettore dietro la macchina da presa ma era ancora spento. Lo avrei acceso infatti al momento opportuno. Lei mi ha guardato e mi ha detto candidamente: «Sai, mi sembra che manchi qualcosa!» ed io ho aggiunto: «Non ti preoccupare!», accendendo prontamente anche il secondo proiettore. Avreste dovuto vedere come si è rallegrata all'istante! Quando i visi vengono inondati di luce piatta puoi star certo di guadagnare il plauso e la stima di tutte le attrici!

Non possiamo non menzionare le numerose "giovani leve" del cinema italiano che hanno esordito con te, nel corso della tua carriera...

È vero. Per esempio ho avuto l'occasione di lavorare come operatore di macchina al primo film di Ornella Muti, *La moglie più bella* di Damiano Damiani. Ornella era una bambina, avrà avuto circa 14 anni, presa dalla scuola e trapiantata su questo set. Una volta terminato il film ho incontrato anche la madre e la sorella e sono stato a trovarle a casa loro. Stiamo parlando del periodo tra il 1969 e il 1970. Il cinema è anche questo: hai la possibilità di lavorare con qualcuno e poi per decenni non lo rivedi più, non lo incontri più. Con la Muti è stato esattamente così: per trent'anni non ci siamo più rivisti, o perlomeno, ci si incontrava in qualche evento, ma non abbiamo più girato insieme durante quell'arco di tempo. Nel 1999 sono stato chiamato da Miguel Littin per girare un film in Cile, di cui lei era la protagonista femminile: è stato bello ritrovarsi dopo trent'anni. Si è sentita molto considerata da me, perché l'ho aiutata nella scelta dell'angolazione del viso, nell'utilizzo dell'illuminazione della sua persona. Ricordo di averla difesa nel momento in cui il regista avrebbe voluto costringerla a spogliarsi durante una scena d'amore, sostenendo che non si sarebbe visto niente, perché era in silhouette, cosa non vera. Grazie alle mie insistenze, non si è dovuta spogliare, motivo per cui mi ha ringraziato moltissimo. A fine film mi ha mandato una cassetta di vino con un biglietto di ringraziamento dicendo: «Mi hai trattato come una regina». È venuta anche al mio matrimonio, con il suo compagno. Nel 1988 ho lavorato anche al film di esordio di Asia Argento, *Zoo*, di Cristina Comencini. In quel caso ho sostituito Alfio Contini. Asia si accostava per la prima volta al cinema, era piccola, una ragazzina. In seguito l'ho ritrovata in *Palombella rossa* di Nanni Moretti, poi in *Le amiche del cuore* di Michele Placido e in *Compagna di viaggio* di Del Monte. L'ho sempre ritenuta un'attrice molto brava. Ricordo con tenerezza una sua confidenza in cui mi disse: «Molto spesso, nel corso della carriera, sono stata tentata di smettere di fare l'attrice. Invece, sia durante le riprese di *Le amiche del cuore*, in cui è nato un buon rapporto con Michele Placido, sia durante *Compagna di viaggio*, tutti film realizzati con te, mi sono ricreduta». Maya

Sansa ha esordito con *La balia* di Marco Bellocchio e Claudia Pandolfi in *Le amiche del cuore*. Barbora Bobulova ha recitato per la prima volta sul grande schermo ne *Il Principe di Homburg* di Bellocchio e Jasmine Trinca ne *La stanza del figlio* di Nanni Moretti.

Le attrici più giovani avevano delle esigenze particolari dal punto di vista della fotografia, analoghe alle veterane di cui parlavi prima?

No, solitamente le giovani esordienti non hanno alcun tipo di richiesta, anche perché molto spesso sono del tutto inesperte del set e di cosa le attende. Le difficoltà maggiori si riscontrano con le "veterane", che in alcuni casi si dimostrano particolarmente invadenti.

Ti riferisci a qualcuna in particolare?

Sì... L'attrice più invadente che ho incontrato è stata Isabelle Huppert. Non mi è mai successo in tutta la carriera che un'attrice avesse la pretesa di suggerirmi come portare avanti il mio lavoro, come faceva lei. Ne *Le affinità elettive* dei fratelli Taviani la Huppert era l'attrice maggiore di età rispetto agli altri componenti del cast. Le piaceva il ruolo, le piaceva il film, ha fatto di tutto per ottenere la parte, poi sul set si è resa conto che l'altra interprete femminile aveva 22 o 23 anni, mentre lei aveva già superato la quarantina. La differenza era inevitabilmente visibile, come poteva non esserci? Ricordo che mi ha fatto chiamare e mi ha detto: «Sai, quando illumini dovresti tener conto di certe cose...». Insomma il suo unico interesse era ottenere una luce piatta e nient'altro. In tutta calma ho risposto che la scelta fotografica appartiene al dialogo tra regista e autore della fotografia, che avevo per lei assoluto rispetto e che avrei cercato di illuminarla al meglio, ma che non avrei mai potuto illuminare un piano largo in un modo e poi il primo piano in un modo completamente diverso. A mio avviso la scelta dell'illuminazione che avevo pensato per lei era quella giusta, ma lei aveva detto a gran voce di volere una luce assolutamente piatta, senza nessun effetto. Voleva suggerirci dove e come girare. Si specchiava di continuo e ovunque. Non le sfuggiva alcuna superficie riflettente: vetri, coltelli... Ogni momento era buono per guardarsi.

E gli uomini? Pongono anche loro qualche problema?

Anche gli interpreti maschili hanno questo problema ma è meno evidente! O forse hanno solo più ritegno a parlarne. Un'eccezione era Marcello Mastroianni il quale richiedeva esplicitamente la macchina "alta", perché non amava il suo sottomento e quindi non voleva assolutamente che fosse visibile in ripresa!

Mi hai raccontato che Jankovskij, il protagonista di Nostalghia, ti aveva chiesto quale fosse il punto più buio dell'inquadratura per poter pronunciare lì la sua battuta...

In quel caso si trattava di un espediente recitativo, espressivo. Quando si illumina un ambiente solitamente delle parti restano buie, rispetto ad altre, e la percezione dell'illuminazione a occhio nudo non sempre corrisponde al risultato in pellicola. Risultato che varia ovviamente a seconda della pellicola, della sua sensibilità o del diaframma che si utilizza. Jankovskij voleva capire se c'erano dei punti più bui in cui recitare una battuta, poi uscire dall'ombra e pronunciare l'altra parte della battuta in luce, perché la luce può avere il potere di valorizzare, di enfatizzare, conferire una valenza diversa. Si era informato per capire meglio quello che accadeva intorno a lui. Questo è molto raro da parte degli attori. Se la stessa battuta fosse stata detta interamente in ombra o in luce non avrebbe avuto la stessa forza. Al contrario, spezzando il dialogo la seconda parte viene sottolineata, assumendo maggiore potenza. È come se in quel momento si facesse un carrello e ci si avvicinasse al viso. La seconda parte del dialogo diventa più incisiva.

A proposito di grandi interpreti, se non sbaglio, hai "sfiorato" l'ipotesi di girare un film con John Malkovich... Di che progetto si trattava e cosa è successo esattamente?

Nei primi anni 2000 ho conosciuto un regista cileno, di origine tedesca, che desiderava girare un film. La sceneggiatura a mio parere era molto bella. Era una storia molto complessa, di cui si era innamorato il grandissimo attore americano. Il regista era arrivato alla NUCT, Scuola di Cinema e Televisione a Cinecittà, la società aveva trovato una distribuzione e tutto lasciava pensare che il film sarebbe partito. Al momento di firmare il contratto con l'attore protagonista, che chiedeva una cifra esigua, il progetto non è andato in porto. È stato un vero peccato non aver potuto realizzare un progetto con una bella sceneggiatura, che poteva avere nel cast uno dei migliori attori di Hollywood.

Qual è stata la richiesta più "strana" che un regista ti abbia mai fatto?

Nel corso della carriera ne ho sentite parecchie, purtroppo non le ricordo tutte. Quella che mi ha lasciato più interdetto riguarda il mio primo film, *Difficile morire* di Umberto Silva. Per una scena con le candele propongo ad Umberto una luce calda, considerata la presenza di tutti questi candelabri. Lui ci pensa un po', poi mi dice: «D'accordo, una luce calda ma triste». Sul momento sono rimasto assolutamente interdetto, poi ho pensato sul da farsi e in proiezione, rivedendola, mi è sembrata abbastanza triste! (Sorride) Ho usato una luce calda, gelatinata color orange, ho lavorato abbastanza in sottoesposizione per cui l'immagine era un po' granosa, "sporcata", con un sapore che è andato bene al regista.

E il set più pazzesco?

Credo di non offendere nessuno nel dire che la realizzazione di *Elogio della pazzia* di Roberto Aguerre abbia rasentato per certi aspetti la "pazzia" citata nel titolo. Nel 1985 questo regista uruguayano mi mostra una sceneggiatura complessa, abbastanza cerebrale, che reca il medesimo titolo della celebre opera di Erasmo da Rotterdam, lasciandomi immaginare chissà quale capolavoro. Aguerre riesce a mettere in piedi una operazione bancaria per ottenere i finanziamenti necessari a realizzare il progetto, coinvolgendo nell'operazione i genitori della moglie, una ragazza di Firenze. Dopo tutta la trafila burocratica convince la troupe, tra cui anche me, a fare il film, definendosi produttore e regista. Sul set però la troupe non esisteva, voleva fare tutto lui. Fortunatamente sono riuscito a convincerlo ad assumere un paio di persone di mia fiducia che ci aiutassero, altrimenti sarebbe stato impossibile lavorare: Angelo Barbagallo come organizzatore e Donatella Botti come assistente, aiuto regista e responsabile di edizione. Dopo qualche tempo dall'inizio della lavorazione abbiamo scoperto che tutte le operazioni bancarie di Aguerre non erano andate a buon fine. A quel punto Barbagallo si è preoccupato di contattare uno specialista in queste operazioni, il quale è riuscito a recuperare tutti i finanziamenti previsti. Non so come abbiamo fatto a portare avanti un film sotto la guida di un personaggio così strano.

Dove avete girato?

Il film è stato girato in una villa medicea con un parco fantastico, a Poggio a Caiano, nei pressi di Firenze. Ricordo che nel giardino Aguerre aveva fatto costruire da un suo amico scultore, particolarmente geniale, strane opere e persino un palcoscenico, location di uno spettacolo per il quale era stato coinvolto Marcel Marceau. Arrivato dalla Francia e visto il girato, Marceau ha chiesto di essere riportato in aeroporto! Si è cercato di convincerlo dicendo che l'operatore aveva lavorato con Tarkovskij... Alla fine Marceau è rimasto e abbiamo portato a termine il film, ma non credo che abbia mai visto la luce in una sala. Forse a Firenze è stato proiettato una volta.

Condizionamenti e dinamiche produttive.
Cinema e pubblicità

Quanto influisce la produzione durante la lavorazione di un film?

I film che considero meglio riusciti sono quelli in cui ho avuto un buon rapporto con il regista e con la produzione. La produzione è il secondo grande interlocutore nella realizzazione di un film. Se partecipa attivamente, ti permette di fare tutto ciò che occorre per costruire le scene, come nel caso di *Nostalghia*. Se non avessimo avuto il totale appoggio della produzione non ci sarebbe stato il capolavoro che noi tutti oggi vediamo. Sarebbe stato un'altra cosa, sicuramente di qualità inferiore. Non è semplice né tanto meno scontato trovare delle persone che comprendano veramente il film e che dimostrino dedizione. A volte per una scena che ha particolare importanza occorre spendere un po' di più, risparmiando magari su scene minori, come spesso fanno i registi che cercano di girare al meglio innanzitutto le scene veramente importanti. Si può anche fare a meno di curare particolarmente le scene che servono solo come passaggio o che hanno poco significato. Se la produzione ti viene incontro ti facilita senz'altro il lavoro. Quando si verifica il contrario, ecco l'ostacolo più grande da affrontare sul set.

Puoi fare un esempio di questo secondo caso?

Per la realizzazione di *Nel mio amore*, diretto da Susanna Tamaro, si è verificato un consistente intervento da parte della produzione per quanto riguardava la sceneggiatura. Susanna mi ha raccontato che poco prima di iniziare a girare, contro la sua volontà, buona parte della sceneggiatura è stata ridotta. Il piano di lavoro prevedeva l'utilizzo di un elicottero per alcune riprese, ma... lo stiamo ancora aspettando! Inoltre, dalla produzione arrivavano indicazioni ben precise sui tempi di lavorazione, non c'era mai il tempo per girare qualche scena in più, per creare qualche inquadratura un po' più originale, materiali che sarebbero stati invece utilissimi in fase di montaggio. Ebbene sì, la produzione ha il potere di influenzare non solo lo svolgimento delle riprese, ma anche i rapporti fra tutti coloro che sono impegnati sul set.

La tua filmografia vanta titoli di film che avevano a disposizione grandi budget ma anche film di esordienti, realizzati con pochi mezzi. In entrambi i casi si tratta di film di ottima fattura. Come cambia, se cambia, il tuo approccio a film che hanno alla base differenti mezzi economici?

Qualunque fosse il film, ho sempre cercato di lavorare al massimo della professionalità, ho sempre cercato di fare del mio meglio. Nel corso della mia carriera ho lavorato a film meno "importanti", come nel caso dell'esordiente Veronica Perugini, che mi ha proposto *Il teppista*, nel 1994. Il mio curriculum però è anche costellato di film d'autore che molto spesso avevano a disposizione mezzi scarsi. In rari casi ho lavorato a produzioni con *budget* consistenti, come per *Johnny Stecchino* di Benigni o *I piccoli maestri* di Luchetti e pochi altri.

Dopo Salto nel vuoto *hai lavorato a un film "piccolo" ma ben confezionato:* Con-fusione! *di Piero Natoli. Come è nata l'idea di questo progetto?*

Durante la lavorazione di *Salto nel vuoto* Piero Natoli, co-sceneggiatore di Bellocchio, mi ha chiesto se ero disposto a fare un film "al volo", coinvolgendo, oltre me, anche Lucilla Clementelli, in veste di aiuto regista e segretaria di edizione, Remo Ugolinelli come fonico e Alessio Gelsini come assistente. Era questa la troupe che ha realizzato Con-fusione! Nonostante sia stato gira-

173

to in 16mm, il risultato fotografico è stato più che soddisfacente. Era l'esordio di Carlotta Natoli, figlia di Piero, che a sua volta era uno dei protagonisti del film. La buona fattura di questo "piccolo" film, che si è aggiudicato un premio a Venezia, è la dimostrazione del fatto che ingenti mezzi economici non garantiscono necessariamente una buona qualità, anche se rendono più libero il modo di lavorare sul set.

Altro film realizzato a costi bassissimi è Compagna di viaggio *di Peter Del Monte. Cosa ci puoi raccontare? Come è stato tornare a lavorare con Del Monte?*

Compagna di viaggio è un altro di quei film in cui l'esiguità dei mezzi economici a disposizione era una delle caratteristiche di partenza. A volte la scarsità dei mezzi rende tutto più facile perché, se tutti sono consapevoli, ci si rende conto che è impossibile strafare. Il problema sorge quando, con mezzi insufficienti, il regista pretende di realizzare cose impossibili. Se c'è consapevolezza si lavora meglio. Peter Del Monte era il primo ad ammettere che il film non poteva durare più di un tot, dal momento che non disponevamo di finanziamenti sufficienti. I mezzi a disposizione del mio lavoro erano pochissimi, per cui mi sono dovuto ingegnare cercando di trovare soluzioni, come nel caso della scena finale ambientata nella sala d'attesa della stazione ferroviaria. In quel contesto servivano i lampi, perché la sceneggiatura prevedeva un forte temporale. Erano un elemento drammaturgico importante. Per realizzarli serviva un gruppo elettrogeno. Ma se avessi usato il piccolo gruppo a mia disposizione per illuminare la scena non avrei potuto sfruttarlo per ottenere i lampi. Mi è venuta l'idea di usare dei neon per illuminare la scena, alimentandoli con le prese della sala d'attesa, in modo da poter utilizzare il gruppo elettrogeno unicamente per i lampi. Personalmente non amo la luce al neon, però in questa situazione mi sono adattato a favore dell'effetto che in quel momento rivestiva un ruolo di maggiore importanza. Il film, a mio avviso molto bello, mi valse un premio per la fotografia.

Anche il cortometraggio Scooter *di Roberto Palmerini si inserisce in questo discorso sui film a basso costo, ma di buona qualità. Ce ne puoi parlare?*

Scooter è un piccolissimo film uscito nel 1994, diretto da Roberto Palmerini che avevo conosciuto mentre lavoravo a *Francesco*. In quel caso lui era l'aiuto regista. Dopo un po' di tempo mi ha contattato per dirmi che aveva una bella idea, un cortometraggio scritto da lui e che sarebbe stato bello realizzarlo insieme, ovviamente a guadagno zero, o quasi. Abbiamo girato cinque giorni, più un paio solo per i percorsi di questo scooter. Era tutto preso gratuitamente: spezzoni di pellicola, macchine, materiale. Per quanto riguarda gli effetti speciali, un giorno abbiamo avuto una pistola e un fuoco! Devo dire che, quando l'idea è buona, vale la pena cimentarsi in progetti di questo tipo. Il corto vinse il Nastro d'Argento nel 1996. Sono stato fiero di aver contribuito a mettere in scena una bella idea, un corto ben scritto, realizzato con attori molto bravi, in compagnia di amici.

Quando ci sono delle buone idee non importa che ci siano chissà quali finanziamenti...

Esatto. Sono sempre stato dell'idea che il punto di partenza non siano i soldi, ma le storie che si vogliono raccontare. Nel caso di *I piccoli Maestri* di Luchetti i finanziamenti adeguati ci hanno consentito senz'altro una certa libertà di azione. Ricordo ancora che stavamo girando una sequenza con il sole ma, poco alla volta, il cielo si è oscurato. Eravamo al tramonto e dovevamo girare un campo limitato, ma abbiamo proseguito il lavoro senza la luce solare proprio perché avevamo mezzi e apparecchi di illuminazione tali da consentirci questo tipo di operazione. Se non li avessimo avuti non sarebbe stato possibile proseguire le riprese per quella giornata. Nel corso della mia carriera mi è successo altre volte di girare in ore quasi notturne ottenendo però un effetto pressoché identico al pieno giorno grazie ai mezzi disposizione.

Rimanendo su I piccoli maestri, *l'immagine del film risulta quasi decolorata. Che tipo di lavoro fotografico e di stampa hai applicato a questo film di Daniele Luchetti?*

Essendo un film sulla Seconda Guerra mondiale, *I piccoli maestri* avrebbe avuto più forza se fosse stato girato in bianco e nero, in virtù del fatto che la nostra memoria storica è in bianco e nero. In quel contesto questo non è stato possibile, però ho lavorato sull'aspetto cromatico, decolorando la pellicola in modo da spegnere leggermente i colori, in particolare il verde della natura. Per far questo ho usato filtri in ripresa correggendo, non completamente, la temperatura dei colori, e ottenendo un'immagine più fredda. Successivamente in stampa si è cercato di correggere quello che non si era riusciti ad ottenere in ripresa. La difficoltà maggiore del film ha riguardato la logistica, perché abbiamo girato quasi tutto in montagna, quindi occorreva portare i mezzi, il materiale elettrico, i proiettori in zone talvolta impervie o comunque non facilmente raggiungibili. Abbiamo scelto di girare dei campi enormi in notti vere, ma abbiamo girato anche tante scene in notte americana. Questo ha comportato un risparmio economico per certe situazioni, e allo stesso tempo un arricchimento per il regista, che ha potuto girare un maggior numero di inquadrature rispetto alle sue previsioni.

Che opinione ti sei fatto, nel corso degli anni, sulle dinamiche produttive cinematografiche italiane?

Quando ancora si usava la pellicola era rarissimo che qualche rappresentante della produzione venisse in proiezione, quasi fosse una cosa che a loro non interessava. L'ho sempre reputato un atteggiamento quasi offensivo. Realizzare una scena di una certa difficoltà o una scena semplicissima non è la stessa cosa. Come si possono giudicare i tempi di lavoro che sono serviti se non si conoscono le difficoltà incontrate? I produttori erano i grandi assenti alle proiezioni, fatta eccezione del vecchio Gino Millozza, abile organizzatore, che sapeva tutto di tutti, veniva in proiezione e, senza chiedere conferme a nessuno, smontava le scene, toglieva l'arredamento, perché lui ormai aveva visto che la scena era finita. Smontava tutto, senza troppe discussioni. Non era un pazzo, sia chiaro: sapeva esattamente che poteva farlo. Ma sto parlando di un caso rarissimo in cui la produzione si interessava al film tanto da assistere alla proiezione. Al giorno d'oggi non si fanno più le proiezioni, quindi il problema si è risolto...

È solo un'impressione o nel nostro cinema odierno si tende a produrre lasciando in secondo piano la fotografia? A volte sembra che si punti più sulla macchina, sui movimenti di macchina e che la fotografia si stia in qualche modo perdendo. Si stanno perdendo anche le professionalità del costruire la luce, le maestranze?

Sì, vero, è un fenomeno legato all'organizzazione del lavoro, ai tempi di lavorazione. Ovviamente influisce anche un certo tipo di mentalità secondo la quale la macchina da presa è più "importante" della luce. Si pensa, erroneamente, che con il digitale sia molto più facile fare il direttore della fotografia. Esistono film che hanno bisogno di esprimere il loro messaggio attraverso le immagini, di conseguenza il movimento di macchina non è certamente il fattore principale. Ha senza dubbio la sua importanza, ma l'atmosfera che scaturisce dall'immagine proiettata è data in prima istanza dalle forme della luce. Nel corso della mia carriera mi sono imbattuto talvolta in elettricisti che non sapevano assolutamente come posizionare una bandiera. Evidentemente da parte di alcuni colleghi non c'è più la richiesta di manipolare, modificare la luce. Si chiede perlopiù di illuminare in modo più omogeneo. Si tende sempre più a girare dal vero, sfruttando la luce naturale. Personalmente non ho nulla contro la luce naturale, l'importante è che questa luce ci trasmetta l'emozione necessaria per raccontare la nostra storia. Secondo me occorre avere la capacità di intervenire su quello che esiste e di poterlo modificare a seconda del risultato che si desidera ottenere.

*Il problema non riguarda solo il direttore della fotografia, ma
anche elettricisti, macchinisti, non è così?*

Certamente. Se si lavora a mano o con la *steadycam*, diverse
figure professionali un tempo indispensabili sul set perdono valore e rilievo. In passato capitava spessissimo di dover girare in
esterni, in posti strani e poco agevoli dal punto di vista logisti-
co, e talvolta si poteva presentare la necessità di posizionare la
macchina da presa, ad esempio, al bordo di un dirupo, di uno
strapiombo. In questo, come in tanti altri casi, si convocavano
i macchinisti, gente esperta e abile che costruiva qualsiasi cosa.
Erano dei veri capimastri che ti consentivano di lavorare con la
macchina sospesa nel vuoto. In tanti anni di cinema non sono
mai successi incidenti di alcun tipo, perché queste maestranze
sapevano il fatto loro in materia di costruzioni. Se chiedessi di
realizzare qualcosa di simile ad alcuni macchinisti oggi, probabilmente confesserebbero di non essere in grado. Nel corso
degli anni a mio avviso si sono perse specificità e professionalità
tipiche delle nostre maestranze e, nella maggior parte dei casi,
questa perdita è legata al desiderio di risparmiare. Quante volte
sul set si sentono dialoghi come questo: «Quanto ci si mette a
montare il carrello?», «Mezz'ora», «Benissimo, allora giriamo a
mano». Girare a mano, girare con il carrello oppure con la *steadycam* dovrebbe essere una scelta di linguaggio, presa in modo
cosciente dal regista di turno.

Che tipo di rapporto c'è stato con la produzione televisiva?

La produzione televisiva influisce decisamente sul prodotto finale, come dimostra, per esempio, la lavorazione di *La vita che
verrà*, una serie di quattro film da un'ora e mezza ciascuno, per
una durata complessiva di circa sei ore, che ho realizzato nel
'98. Racconta un arco di tempo che va dalla fine della Seconda
Guerra mondiale agli anni '60, se non ricordo male. Idealmente
si può dire che il suo "seguito" è costituito da *La meglio gioventù*
di Marco Tullio Giordana, film che invece prosegue la narrazione

dagli anni '60 fino agli anni 2000. Per *La vita che verrà* ho consigliato una differenziazione fotografica per caratterizzare i vari periodi storici. Quando ho proposto di girare il primo episodio in bianco e nero gli scenografi hanno esultato, perché ricreare la Roma del periodo bellico era ed è particolarmente difficile. Il bianco e nero avrebbe aiutato, anche perché ci rifacciamo a fotografie, cinegiornali o a materiali di repertorio in bianco e nero: le immagini dei tedeschi che lasciano Roma o degli Alleati che arrivano in Europa sono tutte in bianco e nero. Dopo aver avanzato la mia proposta un funzionario RAI ha risposto: «Ma la gente cambia canale immediatamente appena vede il bianco e nero»! Questo giudizio esplicito ci ha portato ad usare un *escamotage*: abbiamo girato con il negativo 35 mm desaturando il colore per i periodi più "antichi", poi ho desaturato sempre meno: dal primo episodio, in cui la desaturazione era maggiore, si passa all'ultimo in cui era appena accennata. Seguendo lo stesso criterio mi sono aiutato con i diffusori, benché non li ami particolarmente, che sono stati utili a far sembrare gli attori un po' più giovani, unitamente al trucco e alle acconciature, dal momento che gli interpreti erano sempre gli stessi e coprivano circa 15/20 anni di storia.

Se non sbaglio hai girato anche tanti spot pubblicitari...

Sì, da quando sono diventato direttore della fotografia sono stato spesso contattato per lavori pubblicitari. Il primo *spot* che ho realizzato è stato per la Lancia Trevi, intorno alla fine degli anni '70. La produzione ci ha portato in Puglia in un circuito della Fiat che ci avevano garantito essere il luogo d'Europa dove mediamente piove meno. La pubblicità era ambientata al tramonto, e tante automobili simili alla Lancia Trevi avanzavano verso la macchina da presa, mentre lo *speaker* elencava tutte le caratteristiche che la maggior parte delle macchine non aveva. A quel punto, elencate tutte queste mancanze, una macchina alla volta spegneva i fari, finché arrivava in primo piano la Lancia Trevi, l'unica auto rimasta con i fari accesi. Seguivano gli interni della vettura, i dettagli. Abbiamo trascorso un'intera settimana in questa località pugliese sotto una pioggia battente! Fortunatamente l'aiuto regista era stato animatore nei *club* vacanze quindi fu in grado di allietare la permanenza con giochi di carte e barzellette! Ogni tanto qualcuno della produzione avanzava l'ipotesi di girare ugualmente, di notte, senza tramonto, illuminando con tutti i gruppi elettrogeni necessari, facendoli venire appositamente da Roma, ma non era una buona proposta. All'improvviso abbiamo avuto un pomeriggio senza pioggia e abbiamo girato l'automobile, che spiccava bene sulla terra rossa della pista, poi abbiamo filmato gli interni dell'auto. Il giorno dopo non pioveva e, all'alba, appena è stato possibile abbiamo girato diversi ciak, concludendo il lavoro. Credo che il risultato finale sia stato buono. Negli anni '90 ho lavorato anche a uno degli *spot* più premiati al mondo, mi riferisco alla deliziosa pubblicità della Telecom: "Una telefonata allunga la vita". L'idea è bella: c'è un fortino della legione straniera e c'è un condannato a morte, Massimo Lopez. C'è anche l'ufficiale straniero che gli chiede quale sia il suo ultimo desiderio e il prigioniero chiede di poter fare una telefonata. Si mette a telefonare e non smette più. Lo *spot* si conclude con la frase: "Una telefonata allunga la vita". Era divertente, erano circa una decina di *spot* in cui, mentre il protagonista parlava al telefono, i soldati del plotone parlavano tra loro, dormivano, si facevano la barba. Diventava notte, poi di nuovo giorno. Un altro *spot* molto carino è stato quello delle Scarpette Chicco girato in Africa, in Kenya.

Per te che venivi da una formazione cinematografica cosa ha significato lavorare per l'industria pubblicitaria?

La pubblicità è un mondo particolare che bisogna frequentare assiduamente, altrimenti se ne rimane fuori. Se ti chiamano una o due volte mentre sei impegnato a girare dei film e quindi rifiuti, puoi stare certo che non ti richiameranno più. Ho girato alcuni spot molto interessanti, ma posso dire che si tratta di un ambiente molto diverso per chi è abituato a fare cinema.

In che senso?

Nel cinema sei abituato ad avere il rapporto principale con il regista. Per qualsiasi cosa parli con lui, in merito alle decisioni da prendere ad esempio. La produzione riveste certamente un ruolo importate, ma non interviene sulla qualità del tuo lavoro, mentre può intervenire sui tempi o sulle richieste di materiale che fai. Nella pubblicità invece tutti si permettono di esprimere la loro opinione: l'agenzia, il cliente, il produttore e il regista. Di punto in bianco si palesano almeno quattro interlocutori. Capitava spesso che il regista fosse d'accordo con la mia idea, ma poi arrivavano il produttore o il rappresentante dell'agenzia e, nel dire la loro, rimettevano in discussione tutto il lavoro.

Qual è stato lo spot più complesso da realizzare?

Senz'altro quello della Renault Supercinque Supera. Avevamo a disposizione quasi tutto il Teatro 5 di Cinecittà all'interno del quale l'auto faceva le sue evoluzioni mentre l'illuminazione intorno variava, dalla notte, all'alba fino al giorno pieno. Tutto in soli 30 secondi! Era molto difficile perché in primo luogo non c'erano i mezzi di oggi, inoltre lo spazio che la macchina percorreva era enorme, quindi occorreva fare un *bank* larghissimo sopra il teatro per illuminare l'auto alla perfezione durante tutto il suo spostamento. Solo per questo *spot* la troupe annoverava una ventina di elettricisti.

Quanto tempo di lavorazione richiedeva uno spot di questo tipo?

Abbiamo lavorato almeno una settimana per ottenere mezzo minuto di immagini. Poi poco alla volta, ho smesso di lavorare nella pubblicità, perché ho sempre dato la precedenza ai film. La Telecom, ad esempio mi chiamò più volte. Solo in un caso accettai nuovamente, sempre per la regia di Alessandro D'Alatri, ma l'idea questa volta non era particolarmente interessante.

Che tipo di luce applicavi? Di quali strumenti ti servivi per girare gli spot di cui hai parlato?

Quella per la pubblicità è una fotografia che richiede l'utilizzo massiccio di diffusori, luci riflesse che sfumino l'immagine, che ammorbidiscano le ombre. Dato che lo scopo primario è vendere il prodotto, vengono messe a disposizione del direttore della fotografia quantità impensabili di apparecchiature e mezzi tecnici per ottenere un'immagine che lo faccia risaltare al massimo.

Considerazioni su una carriera

Quali sono i criteri che adottavi per scegliere a che film lavorare, con quali registi collaborare? In base a cosa sceglievi? A quali proposte davi la priorità?

Una volta diventato autore della fotografia, ho iniziato a dare "priorità" innanzitutto a Marco Bellocchio (priorità che c'è sempre stata, dai tempi di studio al Centro Sperimentale), ai fratelli Taviani e a Nanni Moretti, i quali, non a caso, sono i registi con cui ho lavorato maggiormente. Accettare le loro proposte significava rinunciare ad altre. Ricordo che Giuseppe Tornatore mi aveva chiamato per un suo film ma, essendo già in parola con Bellocchio, dovetti rifiutare. Solitamente si compiono scelte che sono legate a rapporti già esistenti, o all'interesse particolare per un film, per la storia o la sceneggiatura.

Quindi, nel caso in cui non ci fosse un rapporto pregresso con il regista, la tua scelta si basava fondamentalmente sulla sceneggiatura?

Certo, la sceneggiatura è molto importante. Non ho mai realizzato film "tanto per fare". Il mio desiderio di aderire ad un progetto cinematografico era sempre legato all'opinione che mi ero fatta del regista, se avesse talento o fosse pieno di entusiasmo, fattori che mi trasmettevano una grande voglia di fare il film. Ho sempre cercato di partecipare alla realizzazione di un progetto, accettando ben volentieri anche film di registi esordienti, perché penso che un esordiente sia carico di entusiasmo. Inoltre, il tipo di cinema che sei solito realizzare crea una sorta di "selezione

183

naturale" che, con il passare del tempo, diventa quasi automatica, e non sei più tu a farla, bensì l'offerta. Raramente ti verranno proposti film che esulano completamente dal tuo modo di lavorare o di intendere il cinema e la fotografia.

Oltre al caso ricordato di Tornatore ti è mai capitato di dover rinunciare a qualche lavoro particolarmente interessante?

Mentre stavo lavorando con Nanni Moretti a *Caro diario* lo scenografo Lorenzo Baraldi è venuto a fare un sopralluogo ad Alicudi, nelle Eolie, e in quell'occasione mi ha presentato il regista britannico Michael Radford con la proposta di realizzare insieme *Il postino*. Ho chiamato immediatamente Bellocchio per chiedergli se il suo *Il sogno della farfalla* si sarebbe messo in lavorazione a breve, dicendogli che mi avevano contattato per girare il film con Troisi. Marco mi ha detto di accettare perché in quel momento non mi sapeva dare ulteriori delucidazioni in merito al suo progetto, anzi tutto lasciava presagire che il film non si sarebbe realizzato. Ho accettato di buon grado di lavorare a *Il postino*. Per l'occasione ci siamo recati con Massimo Troisi a Pantelleria per girare dei passaggi in bicicletta e altre piccole cose. Troisi era una persona straordinaria. Avremmo dovuto iniziare ufficialmente la lavorazione ad agosto, però Massimo è tornato in America per fare un controllo (aveva già subito un intervento al cuore da giovane) e, anziché fare solo un controllo, lo hanno operato nuovamente. Non so cosa sia accaduto, so solo che da quel momento la sua salute non si è più ripresa. Il film è stato annullato perché Massimo era ricoverato in America. Qualche tempo dopo è riuscito a tornare in Italia, ma stava molto male. Si è deciso di realizzare ugualmente il film l'anno successivo, malgrado le pessime condizioni fisiche di Troisi, tant'è vero che lui girava solamente i piani ravvicinati, i primi piani. Tutto il resto è stato interpretato da una controfigura, perché Massimo non riusciva a reggere il ritmo di lavoro sul set. È commovente pensare che sia morto il sabato dopo l'ultimo ciak: è una cosa incredibile. Nel frattempo avevo preso un impegno con la Archibugi per il suo *Con gli occhi chiusi*, quindi non ho potuto lavorare sotto la direzione di Radford. Devo ammettere che *Il postino* è un film che ho rimpianto lungamente.

Altri film che non hai potuto girare?

Nel corso della mia carriera ho "sfiorato" diversi registi e diversi film, progetti interessanti che non hanno mai visto la luce o ai quali non ho potuto prendere parte. Un altro esempio è *Devarim*, il film che avrei dovuto girare con Amos Gitai in Israele. Amos parla francese, mentre io lo conosco poco. Un giorno venne a pranzo a casa mia e, alla madre di mia moglie che parlava perfettamente francese, Gitai disse: «Non si preoccupi signora, quando noi lavoriamo non c'è assolutamente bisogno di parlare la stessa lingua: ci capiamo al volo». Questa è una grande verità. Purtroppo sono stato costretto a rinunciare perché, per motivi di famiglia, non me la sono sentita di allontanarmi da Roma per tanto tempo. Non sono quindi andato in Israele e credo che lui se la sia presa, infatti non l'ho più sentito. Rimanendo in Italia, in quel periodo ho accettato di lavorare a *Compagna di viaggio* di Peter Del Monte.

In questo caso, il rifiuto di partecipare al film di Gitai era legato a tue necessità personali. Negli altri casi, invece?

In alcuni casi si è trattato di mie scelte, più o meno giuste, più o meno condivisibili, ma molto spesso capitavano dei fatti che mi impedivano concretamente di prendere parte alla realizzazione del film. Dopo *Salto nel vuoto* venne a Roma Joris Ivens, il celebre documentarista olandese, uno dei più grandi. Doveva girare a Firenze quella che oggi chiamerebbero una docufiction, se non sbaglio finanziata dalla Regione. Non ricordo chi gli suggerì di contattarmi. Arrivò accompagnato dalla moglie che parlava italiano e faceva da interprete: due persone di un'umiltà incredibile. Aveva saputo che stavo stampando *Salto nel vuoto*, era il 1980. Mi chiese se poteva assistere alla proiezione, alla quale si presentò con la moglie. Dopo aver visto il film, mentre parlavamo, mi ha fatto capire che era "troppo" per lui. Credeva che io fossi abituato a fare cose troppo "elevate" formalmente! Non riuscivo a credere che un grande come lui mi dicesse così! Purtroppo non si è realizzato niente perché non si sono ottenuti i finanziamenti necessari. Michelangelo Antonioni invece mi chiamò a casa sua quando stava preparando *Identificazione di una donna*. Ci siamo conosciuti in quell'occasione. Mi disse che avrebbe avuto piacere che io partecipassi alla creazione del film. C'era un solo "problema": se Carlo Di Palma si fosse liberato da un impegno preso in precedenza avrebbe scelto lui. Poco dopo Carlo si è liberato, ed è finita così! Sempre "a causa" dello stesso Carlo, ho vissuto un episodio analogo per *L'uomo ridicolo* di Bernardo Bertolucci. Quando Bernardo sciolse il rapporto con Vittorio Storaro, l'organizzatore Mario Di Biase mi telefonò per dirmi che c'era la possibilità che facessi il film, però solo nell'ipotesi in cui Carlo Di Palma non fosse stato disponibile. Per l'occasione, lasciai persino un piccolo lavoro in Sicilia preso dal grande desiderio di girare con Bertolucci. Come volevasi dimostrare, proprio sul più bello, Di Palma tornò disponibile.

L'elenco dei film non realizzati si allunga sempre più...

È vero! Ho avuto un incontro memorabile persino con Louis Malle, il quale voleva girare un film su Marlene Dietrich con Uma Thurman. La costumista Milena Canonero, che era stata associate producer in *Good Morning Babilonia* dei fratelli Taviani, mi ha presentato Malle. È stato un bell'incontro, lui parlava volentieri di Delli Colli, che voleva portare in America ma Tonino non volle. Secondo me ha fatto bene. Poco dopo Malle si è ammalato e non si è concluso niente. Un altro film che non ho potuto realizzare è stato *Tempo di uccidere* di Giuliano Montaldo. Sarebbe stato all'estero, in Africa, e avrebbe richiesto molto tempo di lavorazione. Purtroppo stavo attraversando un periodo in cui non potevo restare a lungo lontano da casa. Nell'elenco dei film mai realizzati posso anche annoverare un episodio che

mi fa sempre sorridere, e che se volete mi riempie anche un po'
di orgoglio. L'organizzatore Gino Millozza mi aveva contattato
per conto di Fellini per *Il viaggio di Mastorna*, il celeberrimo film
felliniano mai realizzato.

Hai parlato di diverse rinunce professionali dovute alla tua si-
tuazione personale e familiare. Un direttore della fotografia del
tuo calibro come concilia famiglia e lavoro?

Devo dire che il cinema ti assorbe tanto. Io ho lavorato molto
ma posso dire che allo stesso tempo la famiglia ha sempre oc-
cupato uno spazio rilevante. Come ho già detto, quando è nata
mia figlia ho preso sei mesi di paternità. Ci sono colleghi che
affermano di aver rinunciato ai figli per lasciare spazio al lavoro. In proposito ricordo un episodio che mi ha sempre fatto
riflettere. Stavo lavorando a un film nelle Filippine e all'interno
della troupe c'era un collega, un fonico, che aveva la moglie
incinta in procinto di partorire. Quando seppi la sua situazione
pensai: «Ma sei matto? Come fai?!». Lui dal canto suo diceva che
sarebbe corso a casa non appena lei lo avesse chiamato. Credo
che la famiglia sia più importante del lavoro e allo stesso tempo
credo anche che le due cose si possano conciliare. Nella mia carriera ho assistito a numerosi episodi, talvolta anche spiacevoli e
dolorosi, legati alla lontananza da casa di un componente della
troupe. Ognuno è libero di fare come meglio crede, però spesso non riesco a comprendere certe scelte. Nel primo anno dalla
nascita di mia figlia Ludovica ero impegnato nella realizzazione
di un film a Comacchio. Sebbene fossi lontano da Roma per le
riprese sono sempre tornato a casa il sabato, almeno una volta
a settimana e sono sempre ripartito la domenica sera. Poteva
sembrare più ragionevole riposarsi, ma per me aveva più valore
spendere le poche ore libere con mia moglie e mia figlia. Ricordo
che durante la lavorazione di *Fiorile* a Firenze, Carla Taviani
mi diceva: «Peppe, ti ammiro: alle tre io vedo la tua auto già in
moto!». Avevo l'auto pronta per andare a Roma e tornare dalla
mia famiglia. A me sembra normale, dovrebbe essere normale. Il

lavoro, per quanto sia importante, non può farti perdere di vista ciò che veramente conta nella vita.

La soddisfazione personale per aver realizzato alcuni film e i premi ricevuti vanno di pari passo? Oppure no?

I film che hanno vinto più premi sono stati *Il sole anche di notte* e *La balia*. Hanno conquistato entrambi il Globo d'Oro e la Grolla d'Oro. Inutile dire che ne sia stato contento. *La balia* ha vinto anche il Ciak d'Oro, così come *Diavolo in corpo*, sempre di Bellocchio. Il David di Donatello è stato assegnato al film della Wertmüller *Un complicato intrigo di donne, vicoli e delitti*, in cui credo di aver fatto un buon lavoro. *Le affinità elettive* dei Taviani ha ricevuto l'Efebo d'Oro. *Il sole anche di notte* si è aggiudicato il Sacher d'Oro. Sono comparso inoltre in numerose nomination, o terne o cinquine a seconda dei premi, un'infinità di volte. Il mio unico dispiacere è che film come *Salto nel vuoto, Nostalghia, La visione del Sabba, Il Principe di Homburg, Kaos, Fiorile*, che ritengo abbiano una fotografia nettamente superiore, non abbiano ricevuto neanche un riconoscimento. Nell'assegnazione dei premi c'è qualcosa di strano. Da questo punto di vista ho provato spesso un po' di dispiacere. Con questo non voglio assolutamente recitare la parte dell'autore della fotografia insoddisfatto. Anzi! Ho vinto più di venti premi, tra cui anche riconoscimenti alla carriera. Ne sono contento. Il dispiacere nasce dal fatto di credere di aver girato un film di un certo livello e vedere che non riscuote alcun riconoscimento ufficiale. Il caso di *Nostalghia* è lampante. L'unico piccolo riconoscimento mi è stato conferito da una casa editrice, ma non ho visto neanche l'ombra di premi cinematografici. Personalmente in un film di questa natura avrei premiato la novità, lo sperimentalismo evidente sia in ambito registico che fotografico.

Hai mai dovuto affrontare richieste che andassero contro il tuo modo di concepire l'illuminazione?

In genere sono sempre stato molto libero di illuminare, praticamente a mio piacimento, né ho avuto rimostranze dopo. Come ho già raccontato, ho sempre lavorato senza mai dover fare una telefonata a nessuno. Né ho mai ricevuto lamentele. Questo significa che ho soddisfatto le richieste dei registi, più o meno dichiarate. Nel 2001 il MOMA di New York ha acquisito una serie di copie dei fratelli Taviani come opere d'arte e quando, per l'occasione, abbiamo ristampato i film a Cinecittà, sono andato a controllarli insieme a Paolo Taviani. Per me è stata una grande soddisfazione sentirmi dire: «Che bel lavoro hai fatto!». Sono sempre stato convinto del fatto che il lavoro e la serietà paghino e credo che uno dei grandi pregi del Cinema sia che non si può barare. Anche nel caso in cui qualcuno parta facilitato, magari aiutato con le solite raccomandazioni, se non è bravo non riesce ad andare avanti.

In alcune interviste hai parlato del direttore della fotografia come coautore del film, e hai accennato alla questione dei diritti d'autore e del fatto che alcuni tuoi colleghi avevano lavorato per cercare di ottenere maggiore riconoscimento per il vostro lavoro. Ci potresti parlare di questo aspetto?

Nel 2011 alcuni miei colleghi autori della fotografia si sono iscritti alla SIAE, ma la SIAE ha respinto l'iscrizione quindi è stata intentata una causa. I giudici non hanno riconosciuto il merito della richiesta. Si è fatto appello e si sono spesi tantissimi soldi ma, se non sbaglio, non si è ottenuto alcun risultato. Non è avvenuto il riconoscimento desiderato rispetto alla figura del direttore della fotografia, anche se nell'ultima Legge cinema si parla del direttore della fotografia come co-autore dell'opera. Sono fermamente convinto che il direttore della fotografia sia un coautore del film e autore della fotografia. Così come in una orchestra ci sono il direttore, il primo violino e gli altri strumenti, ognuno ha la sua specifica funzione, importantissima per la buona riuscita dell'opera. In alcuni Paesi europei il diritto d'autore alla figura del direttore della fotografia è riconosciuto.

Mentre parlavi hai accennato all'AIC. Come è iniziata questa esperienza? Quando ti sei coinvolto in questa associazione?

L'AIC è un'Associazione nata prima della Guerra con il fine di riunire i Direttori della Fotografia italiani. Oltre a pubblicare un piccolo notiziario, dava informazioni sui vari film, sul lavoro, sulle novità tecniche. Ad un certo punto, non ricordo per quale motivo, l'Associazione è stata chiusa. Negli anni '70 è stata rimessa in piedi anche per merito di Giuseppe Rotunno, di Vittorio Storaro e qualche altro collega. Quando ho iniziato a fare questo lavoro ho partecipato a varie riunioni e ho preso parte alla stesura dello Statuto per l'Associazione. L'idea originaria era di costituire un'Associazione che comprendesse direttori della fotografia, operatori di macchina e assistenti. Dopo numerosi tentativi di conciliare tutte le esigenze, però, si è deciso di costituirla solo per i direttori della fotografia, lasciando in vigore la vecchia sigla Associazione Italiana Cineoperatori, sebbene la dicitura corretta sia Associazione Autori della Fotografia. Ha sede a Cinecittà, dove c'è uno spazio Ufficio riunioni e un Museo, perché nel tempo si sono raccolte tantissime macchine da presa: fra le più antiche e gli ultimi tipi ci saranno 50 o 60 modelli, ma forse anche di più. È molto interessante, forse neanche il Museo Nazionale del Cinema di Torino ha una raccolta di macchine così nutrita. C'è uno spazio espositivo e un'attività di incontri, di scambi, di esperienze.

Prendendo spunto da quanto hai detto rispetto all'AIC e all'importanza di riconoscere il direttore della fotografia come co-autore del film, vorrei entrare in merito alla questione dello "stile". So che tu non ami parlare di "stile di fotografia" e per questo ti chiederei di spiegarmi nel modo più dettagliato possibile cosa intendi.

(Ride) È vero, perché ritengo che lo "stile" dell'autore di fotografia debba passare in secondo piano, dal momento che si mette al servizio del film. La sua sensibilità, la sua presenza, i suoi consigli, il suo modo di mettere la luce influiscono e conferiranno al film un look differente, rispetto a come lo realizzerebbero altri colleghi. Nella mia carriera ho sempre cercato di adattare il mio modo di illuminare al film che stavo realizzando. Con il passare del tempo, però, è inevitabile che si delinei un tuo modo di risolvere le situazioni, un modo che è solo tuo e che crea una "cifra" del tuo lavoro, la tua "firma". Ogni film è comunque diverso dal precedente o dal successivo. *Diavolo in corpo* è diverso da altri film di Bellocchio che tendono al monocromo, c'è una storia d'amore, è più luminoso, è pieno di colore.

Quale esempio ti viene in mente a proposito del "segno" che un autore della fotografia può imprimere ad un film?

Ai miei allievi faccio sempre questo esempio: se prendiamo in considerazione l'opera di Fellini – e parlo di Fellini perché è un "monumento" del nostro cinema – mettendo a confronto *La dolce vita* e *8 e ½*, che è stato realizzato solo due anni dopo, notiamo una differenza formale molto forte. Era semplicemente cambiato il direttore della fotografia. Nel primo caso Fellini aveva chiamato a collaborare Otello Martelli, forse il più bravo autore della vecchia scuola, mentre nel secondo caso ha chiamato Gianni Di Venanzo, il più bravo della nuova, che apportò dei cambiamenti sostanziali alla forma del film. Durante i miei studi al Centro Sperimentale abbiamo avuto la possibilità di incontrare Di Venanzo, che ci ha raccontato che per la prima settimana di lavorazione a *8 e ½* non riusciva assolutamente a capire cosa Fellini volesse, non si intendevano a tal punto che più volte è stato tentato di abbandonare il set. Fortunatamente poi sono riusciti a comprendersi, realizzando così una delle fotografie in bianco e nero più straordinarie che io abbia mai visto. Ciò significa che il bravo autore della fotografia incide in modo consistente sul prodotto finale e, con quel pizzico di umiltà che a mio avviso ci deve sempre essere, è al servizio del film. Diversamente, girerebbe un "suo film" che non ha nulla a che vedere con la storia che il regista vuole raccontare.

Pescatore di uomini. L'insegnamento

Il tuo ultimo lavoro in pellicola, Acciaio, di Stefano Mordini, del 2011, costituisce lo spartiacque tra la tua carriera da autore della fotografia e la tua completa dedizione all'insegnamento.

È vero. Come dicevo ho sostituito il caro Marco Onorato, che purtroppo è morto l'anno dopo. Onorato si era dovuto allontanare momentaneamente dal set di Mordini perché doveva terminare a Napoli alcune scene di *Reality* di Garrone. Ecco perché mi ha chiesto la cortesia di lavorare tre giorni sul set di *Acciaio*. È interessante notare che erano passati esattamente 50 anni dal 1961, ovvero dalla prima volta che, giovane studente al CSC, ero stato coinvolto in un corto di un regista brasiliano, in veste di assistente. È una data che ricordo con piacere.

Quando è avvenuto invece il tuo primo approccio alla docenza?

Il primissimo approccio è stato dopo *Nostalghia*, nel 1983. Renzo Rossellini, che con la sua casa di produzione Opera Film aveva coprodotto il film con RAI 2, era presidente della Gaumont Italia e aveva poi dato vita alla Scuola di Cinema Gaumont. All'interno di questa scuola mi è stata data la possibilità di tenere qualche lezione di fotografia presso gli Stabilimenti De Paolis. Alcuni allievi si sarebbero poi affermati nel mondo del cinema, tra cui per esempio Daniele Luchetti, Carlo Carlei, Domenico Procacci, Alessandro Pesci. L'anno successivo ho ricevuto una telefonata dal Centro Sperimentale di Cinematografia: «Il docente responsabile del corso, Carlo Di Palma, è partito per l'avventura con Woody Allen e ci ha detto di chiamare lei». Io ho risposto: «A me Carlo non ha detto niente!». Sta di fatto che mi sono recato a scuola a parlare con la segretaria didattica e di lì a poco è nata una collaborazione, seppure temporanea, come docente. Avevo sei allievi e un paio di uditori stranieri. Ho avuto la possibilità di diplomare dei buoni direttori della fotografia nel 1985, tra cui Arnaldo Catinari, Fabio Zamarion, Roberta Allegrini. Ecco la mia prima "vera" esperienza di insegnamento, durata un anno e mezzo. Nel 1985 ho portato con me Roberta Allegrini sul set di *Diavolo in corpo*. Avevo promesso che avrei aiutato almeno uno degli allievi ad inserirsi nel mondo del cinema e Roberta aveva tutte le caratteristiche necessarie. Inoltre era donna, e non era di Roma. Perciò ho deciso di aiutare lei! Appena terminata questa parentesi didattica sono tornato ai miei film con Bellocchio.

E poi?

Sono stato a Bologna presso la Cineteca Lumière, ho tenuto numerose lezioni in varie università, tra cui La Sapienza e Roma Tre, ma si trattava di incontri occasionali che non definirei propriamente "insegnamento". La Preside Caterina d'Amico mi ha contattato per realizzare qualcosa al Centro Sperimentale di Cinematografia in collaborazione con i registi del secondo anno. Era un progetto che durava un paio di settimane. In quell'occasione ho cercato di far capire ai ragazzi come nei loro corti il discorso sulla luce fosse completamente assente. Abbiamo lavorato sull'illuminazione, sugli obiettivi, poi li ho preparati per quel che potevo ai corti che avrebbero dovuto realizzare al termine del corso di studi. Ho dato loro qualche consiglio e devo dire che, su sei, almeno tre hanno fatto un salto di qualità notevole. Successivamente ho insegnato ancora al CSC per qualche mese per un progetto che coinvolgeva di nuovo registi e operatori. Nel 2006 ho seguito come tutor Federico Annicchiarico, giovane direttore della fotografia, nel suo primo film, *Ma che ci faccio qui?* di Francesco Amato, prodotto dal Centro Sperimentale, da RAI Cinema e dall'Istituto Luce. Stavo sul set e consigliavo i miei allievi. Un film ben fatto, che ha ricevuto riconoscimenti importanti.

Poi hai lavorato alla NUCT, Scuola di Cinema e Televisione a Cinecittà...

È stata una bella avventura durante la quale ho avuto la possibilità di impostare la didattica come intendevo io, almeno nei primi tempi. Poi la scuola ha lentamente preso una strada diversa, più indirizzata verso uno stile da film-maker e questo mi dava meno soddisfazione. Ecco perché le nostre strade si sono separate. Un'altra bella esperienza di docenza è stata presso la Scuola d'Arte Cinematografica "Gian Maria Volonté" di Roma per un biennio. Essendo una scuola della Regione, per poter insegnare, il docente doveva presentare tutti i propri "meriti"... Sono risultato primo in graduatoria (sorride). Sono poi stato accolto a braccia aperte al Centro Sperimentale di Cinematografia e dopo un anno di docenza come collaboratore di Peppino Rotunno mi è stato proposto di diventare il docente di riferimento del corso di fotografia. Tuttora insegno al Centro Sperimentale e ne sono molto contento.

Che tipo di lavoro hai dovuto fare?

Mi sono dovuto rimboccare le maniche per impostare la didattica. Ci stiamo rinnovando riguardo alla tecnologia digitale. Malgrado le risorse non siano molte sono riuscito, con l'aiuto della dirigenza, a rinnovare un poco il parco lampade e a realizzare un'aula di color correction. Adesso abbiamo acquistato anche due Mini Ursa Black Magic. I ragazzi vedono i miei sforzi. Non molto tempo fa, in veste di docente responsabile del dipartimento di Fotografia, ho invitato al CSC alcuni autori della fotografia, tra cui anche ex allievi, cercando di coinvolgerli in lezioni e seminari. Credo sia interessante per gli studenti conoscere i percorsi di questi autori, le loro storie, sapere come hanno fatto a diventare dei professionisti, come e dove hanno iniziato, come lavorano adesso. Sono venuti al Centro Francesca Amitrano, Alfredo Betrò, Paolo Carnera, Enzo Carpineta, Roberto Cimatti, Daniele Ciprì, Michele D'Attanasio, Gherardo Gossi,

Antonio Grambone, Darius Khondji, Marcello Montarsi, Daniele Nannuzzi, Vittorio Omodei Zorini, Ferran Paredes Rubio, Alessandro Pesci, Italo Petriccione, Raoul Torresi, Luciano Tovoli, Fabio Zamarion. Lo scopo è far conoscere ai ragazzi diversi modi di intendere il lavoro e anche creare delle relazioni, delle opportunità di lavoro sul set, in modo da ampliare le loro esperienze.

Quali sono stati gli stimoli più importanti?

Si trattava di operatori avvezzi al digitale, non certo "nostalgici della pellicola", ma dalle loro testimonianze è emerso che la maggioranza cerchi di lavorare sulla luce il più possibile in ripresa. Sono sempre stato della stessa idea. Penso infatti che se si riescono a ottenere tanti effetti in ripresa, l'immagine ne guadagna e va a vantaggio anche dei tempi che occorrono per finalizzare il film con la color correction.

Come ti poni nei confronti dei tuoi allievi al Centro Sperimentale? Quali sono gli obiettivi principali del tuo corso?

Ormai si parla soprattutto di sensori digitali, che offrono dei parametri diversi da quelli della pellicola, ma io li spingo sempre ad osare al massimo. D'altro canto siamo a scuola e non c'è posto migliore per verificare quanto effettivamente si possa osare. Li esorto a usare la pellicola, o la macchina digitale, al massimo della sottoesposizione e al massimo della sovraesposizione, ottenendo così un range di luce estremamente ampio. È risaputo inoltre che ogni macchina digitale è diversa dall'altra. Volendo fare un paragone, è come se noi, da ragazzi, avessimo avuto a disposizione tante pellicole diverse!

Pensi che grazie a queste nuove tecnologie il vostro lavoro sia facilitato?

In qualche modo sì, perché se si ha la giusta attrezzatura, un buon monitor di controllo e magari un D.I.T., si può controllare il lavoro che si sta facendo con una elevata approssimazione. Aggiungiamo anche l'alta sensibilità delle macchine digitali e la possibilità di elaborare l'immagine in post produzione. Comunque per un buon risultato la cosa più importante è sempre la capacità di illuminare, la sensibilità dell'autore della fotografia e la sua capacità di comprendere la storia.

Quali sono le influenze stilistiche che noti nelle nuove generazioni?

Mi sono reso conto che la sensibilità alla luce, caratteristica per me imprescindibile, non appartiene a tanti. Per questo ritengo che dovremmo aiutare i registi ad acquisire una certa sensibilità riguardo all'immagine, in modo tale che le loro richieste siano mirate ad ottenere dei risultati specifici. Adesso invece l'atteggiamento più diffuso è questo: luce-ambiente e macchina a mano. Credo però che ogni scelta debba avere un senso. La macchina a mano non può essere un mezzo per risparmiare tempo. Deve rappresentare una scelta estetica rispetto alla storia che si vuole raccontare, così come tutti i mezzi che la tecnica ci offre. Se invece si gira tutto a mano, l'illuminazione sarà più generica, si sceglieranno strade illuminate da lampioni per gli esterni notte... Mi pare che oggi l'omologazione formale sia un grande pericolo.

Come aiuti i tuoi studenti di fotografia ad affinare la loro sensibilità, ad arricchire il loro bagaglio culturale?

Una delle discipline che ho inserito nel nostro corso di fotografia è Storia dell'Arte. Oltre ad avere una buona preparazione in Storia del Cinema, ritengo estremamente importante che studino anche Arte. Io stesso, nelle mie lezioni, mostro tanti libri di diversi pittori. Si tratta di un bagaglio culturale che il direttore della fotografia acquisisce con il tempo. Non necessariamente ci si ispira a qualcuno mentre si lavora, però è importante che dentro di te si sia creato un *background*, soltanto tuo, ed è quello che ti fa prendere una decisione in un senso o in un altro.

Ti è capitato di ispirarti ai maestri dell'arte per realizzare i tuoi film?

Non ho fatto *Barry Lyndon*! (ride). Quello è un film completamente influenzato dalla pittura del '700. Ritengo però che la pittura influisca sul mio lavoro, nel senso del mio cammino di formazione, le cose che ho visto, che ho studiato, che ho interiorizzato hanno influito sicuramente sul mio modo di illuminare, di vedere. È capitato che durante un film un regista mi dicesse che l'immagine che avevo realizzato gli ricordava quella di un certo pittore, benché da parte mia non ci fosse stato alcun desiderio di emularne l'opera. Era venuta fuori un'immagine, però, che poteva richiamare quel tipo di pittura. Ecco perché voglio che i nostri ragazzi studino Storia dell'Arte. Vedere mostre, curiosare, conoscere pittori, fotografi, vedere tanti film, fare fotografie, comporre fotografie. Sono tutte cose che fanno parte della formazione. Credo che siano come tanti tasselli. Per me certamente ha influito anche il fatto che mio fratello fosse pittore. A casa avevamo tutte le raccolte de "I maestri del colore" e io, da adolescente, le sfogliavo: Cimabue, Giotto, Piero della Francesca, Caravaggio... Mi aveva colpito Masaccio, non tanto per l'idea della luce, che nelle sue opere non era il punto fondamentale. Mi avevano affascinato le forme, i corpi, le masse, le composizioni. Qualche autore ti piace di più, qualcun altro di meno. Poco alla volta assimili. E nel tempo tutto torna. Magari ti trovi a dover girare una scena di pioggia e pensi a Vermeer! Realizzi un interno con una luce che ricorda Vermeer, la luce del Nord Europa, cieli grigi, quindi una luce riflessa, morbidissima, però che ha la sua direzione. Caravaggio invece ha una luce violenta, non c'è nessuna compensazione. Il nero è nero, però la scelta della luce principale è precisa, dà un'emozione, soprattutto perché inserita in immagini sacre. Nessun pittore fino a quel momento aveva trattato argomenti sacri in quel modo.

Quali sono, invece, gli stimoli provenienti dal cinema?

Come ho già detto, *Rashomon*. Quel tipo di film, visionario, mi ha lasciato qualcosa dentro, così come *Il settimo sigillo*, dove c'è una fotografia in bianco e nero straordinaria. Ci sono film che ti colpiscono di più, nel mio caso *8 e ½* di Fellini o *La viaccia* di Bolognini, che aveva dei bianchi e neri bellissimi. Quando ho iniziato la scuola c'è stata la Nouvelle Vague che ha spazzato via qualsiasi tipo di costruzione dell'immagine e soprattutto del montaggio. Sono tutte cose che fanno parte del tuo apprendimento e fanno sì che tu sia fatto in un certo modo. L'apprendimento non è quasi mai cosciente, avviene inconsciamente.

All'interno della tua filmografia ci sono dei titoli che mostri sempre ai tuoi allievi?

A tutti i miei allievi faccio sempre vedere *Salto nel vuoto* e *Nostalghia*. A breve terrò un laboratorio di una settimana per studenti esterni e per l'occasione ho preparato un dvd in cui ho selezionato pezzi di vari film, tra cui anche *Kaos*, *La balia*. È inevitabile che alcuni film ritornino sempre.

Usi anche film realizzati da altri colleghi?

No, ma solo per il fatto che non so come li hanno realizzati. Potrei dire se mi piacciono o no, però non posso entrare nei dettagli per spiegare che tipo di lavoro c'è dietro. Da un punto di vista didattico è conveniente usare i propri film per fare un discorso completo sui movimenti di macchina, sull'illuminazione, su tutti gli aspetti che riguardano il film. In occasione del seminario a Palermo mi è stato chiesto di scegliere 10 film, sette miei e tre di altri direttori della fotografia. In quel caso avevo scelto *Strategia del ragno*, una parte fatta da Franco Di Giacomo e una da Vittorio Storaro, dove io ero operatore di macchina, *Accattone* di Pasolini, fotografato da Tonino Delli Colli, e *Ciao maschio* di Marco Ferreri, fotografato da Luciano Tovoli.

Ti manca il lavoro sul set?

Beh, è un altro lavoro... La vita sul set ti costringe a sacrifici, fatiche, privazioni. Quando lavoravo non avevo tempo di fare quasi nient'altro. Fuori Roma, non ne parliamo. Ma anche lavorando a Roma: uscivo al mattino presto, rientravo la sera tardi, stravolto. Fortunatamente potevo trascorrere il fine settimana in famiglia. Lavorare sul set è bellissimo, ma molto faticoso.

Anche la scuola non è da meno...

È vero, ma si tratta di un tipo di stress diverso!

Se qualcuno ti chiamasse adesso?

Ogni tanto qualcuno mi chiama, ma spesso il progetto non va in porto.

Suggeriresti ai tuoi allievi, giovani direttori della fotografia, di entrare nel mondo del lavoro attraverso la classica gavetta, oppure tentare e osare "bruciando le tappe"?

A volte capita di imbattersi in quelle che io chiamo delle vere e proprie "occasioni": la sceneggiatura è buona, c'è la "sostanza", inoltre si pensa che il regista sia bravo. In questi casi può valere la pena "osare" perché, se il film è bello, può essere un ottimo trampolino per iniziare una carriera. Un buon film può portare lavori successivi. A mio avviso, però, non ci sono regole prestabilite. Anni fa molti colleghi che hanno avuto un inizio di carriera promettente sono scomparsi quasi subito, non avendo radici nel mondo del cinema. All'epoca era molto più difficile esordire come direttore della fotografia perché il nostro cinema vantava un numero elevato di veri maestri. L'industria del cinema funzionava bene e il produttore preferiva affidare il film a chi aveva esperienza. Oggi, invece, mi sembra più facile esordire, forse grazie anche al digitale che consente di girare in molti modi e a costi più bassi. Per inserirsi nel mondo del cinema percorrendo la strada "classica", occorre raggiungere passo dopo passo una maturazione personale, non solo professionale, e nello stesso tempo conoscere più colleghi dell'ambiente. Quando si lavora in veste di assistente o operatore di macchina solitamente si stringono rapporti soprattutto con l'aiuto regista, che probabilmente in seguito diventerà a sua volta regista.

Da allora le cose sono cambiate?

Oggi mi sembra più facile esordire, forse grazie anche al digitale che consente di girare in molti modi e a costi bassissimi. Credo però che l'avvio di una carriera dipenda dall'occasione.

Nella tua filmografia compare anche un corto intitolato Lo STrA-GE, *del 2010, di cui hai firmato la fotografia, realizzato con studenti di scuole superiori di Mestre. Come è nato? Che esperienza è stata per te?*

È stata una piccola esperienza molto bella. In quel periodo dovevo fare un film, che poi non si è realizzato, con Giancarlo Marinelli, scrittore e regista teatrale. Marinelli mi aveva proposto una sceneggiatura molto interessante, scritta da lui. Il produttore mi aveva coinvolto, avevamo già fatto i sopralluoghi. Contemporaneamente aveva iniziato dei corsi di cinema per le scuole e aveva coinvolto tutti i collaboratori della troupe affinché tenessero dei corsi a questi ragazzi. L'idea era di far vivere ai ragazzi, almeno parzialmente, l'esperienza del set. Faceva parte dell'accordo che aveva stipulato con la scuola. Quando il film non si è realizzato mi chiese la cortesia di fare da tutor, supervisionando la realizzazione del corto girato da un gruppo di allievi. Sono stato una settimana con loro.

Come è stato lavorare con dei ragazzi così giovani?

Ero operatore di macchina e coordinavo il lavoro sul set. Non c'erano tanti mezzi e di conseguenza non c'era tanto da illuminare! Ma è stata un'esperienza molto carina. Sono a mio agio con i ragazzi! Abbiamo girato una settimana al termine della quale abbiamo fatto una foto insieme. Finita la giornata questa foto era diventata un "ciak": mi hanno regalato il ciak dello stage dove, sul retro, hanno incollato la foto di gruppo della troupe. Un bel ricordo! Questa è stata la mia prima esperienza in digitale.

Cosa vorresti che i tuoi allievi si ricordassero del tuo corso a distanza di anni?

Mi piacerebbe che rimanesse loro qualcosa. Ad esempio, ho incontrato Fabio Zamarion dopo tanti anni, direi che è all'apice della sua carriera. In una battuta mi ha detto il nocciolo di quello che gli è rimasto delle mie lezioni: «Spesso i colleghi mi chiedono perché perdo tempo a mettere la luce sul fondo. Io rispondo sempre che me lo ha insegnato il maestro Lanci. Mi ha detto di curare sempre il rapporto tra quello che sta avanti e quello che sta dietro». Zamarion è stato mio allievo nel 1985. Sono molto contento del fatto che ancora oggi conservi alcuni miei insegnamenti! Il punto fondamentale non è che i miei allievi seguano quello che dico loro. Il punto è riuscire ad aprire un po' la loro mente, rispetto all'immagine, rispetto a come giudicano una scena. Arnaldo Catinari usa sicuramente un metodo di lavoro completamente diverso dal mio, però penso di aver trasmesso qualcosa anche a lui, anche se ha scelto una strada che si differenzia molto dalla mia. In un'intervista che abbiamo fatto insieme, tanto tempo fa, ci è stato chiesto qual è il proiettore a cui non rinunceremmo mai. Io ho risposto che nessun proiettore è indispensabile: dipende da cosa devo fare, che luce devo realizzare. Lui invece ha detto il Kino Flo – una lampada che, per quel che mi riguarda, poteva anche non essere inventata! Questo per dire come le strade si differenziano ampiamente, per gusto e per tanti altri motivi.

Ripensando al tuo percorso e ascoltando i tuoi racconti, mi sembra di poter affermare che l'umiltà sia stata un elemento importante nella tua storia personale, di uomo e di autore della fotografia. Quanto credi che serva e che incida nell'ambito professionale?

L'umiltà è importante nella vita in generale! Per me vale anche in ambito lavorativo, perché credo di poter imparare anche dall'ultimo arrivato. Posso imparare dai miei allievi, perché hanno delle idee nuove o perché realizzano cose alle quali io non avrei mai pensato.

Oltre all'umiltà, quali sono, secondo te, altre caratteristiche imprescindibili, sia personali sia professionali, di un buon autore della fotografia?

Come ho già detto, secondo me la sensibilità è sicuramente la dote più importante. Porto come esempio Tonino Delli Colli, persona molto semplice, che aveva cominciato a lavorare molto presto ed era diventato direttore della fotografia giovanissimo. Quando ha incontrato Pasolini sul set di *Accattone* in lui è scattato qualcosa. È riuscito a capire quello che poteva servire a Pasolini ed è stato l'operatore che ha realizzato con lui il maggior numero di film. Pasolini lo cita anche in una sua poesia: "Tonino passami quel 50". Nutriva una sorta di riconoscenza nei confronti dell'autore della fotografia che lo aveva preso tra le mani, che lo aveva "gestito". Delli Colli aveva un intuito, una sensibilità che gli permetteva di cogliere la luce, di capire esattamente il punto migliore in cui posizionare la luce chiave. Era anche aiutato dal suo carattere, che gli consentiva di entrare subito in rapporto con le persone. Ho sempre pensato che si illumina con la mente, ma si deve illuminare anche con il cuore, con quel qualcosa che viene da dentro. Grazie a questo il tuo lavoro potrà essere originale e ti sarà possibile "entrare" in ogni situazione. Perciò non si tratta solo di un mero ragionamento. Ai miei allievi dico sempre: meglio una fotografia con qualche errore, in grado però di suscitare un'emozione, rispetto a un "compitino" ben fatto, ma freddo. Nella costruzione dell'immagine cinematografica l'illuminazione costituisce, a mio avviso, un fatto creativo che coinvolge tutta la nostra persona.

Pur avendo alle spalle circa cinquant'anni di professione e l'insegnamento, ogni volta che mostro ai ragazzi i primi rudimenti del mio mestiere, devo ammettere che per me illuminare è ancora una gioia. Sento che si tratta di un'azione creativa. Nel momento in cui posiziono una luce succede qualcosa. È per questo motivo che cerco innanzitutto di trasmettere questa emozione ai miei allievi di fotografia, dicendo loro che dovrebbero essere contenti quando illuminano e quando si accorgono di poter modificare la realtà, attraverso il loro lavoro, la loro intelligenza e la loro sensibilità.

Testimonianze

Marco Bellocchio

Quella con Beppe Lanci è una storia che comincia in gioventù, che nasce al Centro Sperimentale di Cinematografia. Il Centro Sperimentale, per me che venivo dalla provincia, al di là dei limiti e dei difetti che può avere una scuola, è stato fondamentale anche per conoscere una serie di giovani con cui poi ho lavorato. Si inizia sempre così. Buona parte della troupe de *I pugni in tasca* era composta da compagni di scuola, magari di anni diversi, da Marrama a Lanci, a De Sisti. Li conoscevo, avendoli frequentati al Centro Sperimentale. L'aspetto psicologico lo tralascerei, perché Beppe mi è sempre piaciuto per la sua riservatezza. È romano, ma molto riservato, di poche parole, però anche sempre sorridente, e molto disponibile. Era proprio il contrario di certi direttori che diventano "personaggi", quelli che si presentano sul set con un costume particolare, con sciarpe, cappelli... Lui non è mai stato un "personaggio". Aveva idee proprie, sulla vita, sulla politica, un uomo coerente, in fondo un idealista. Per questo a me è sempre piaciuto. E poi è un grande direttore. Un direttore che, da una parte, ti seguiva, dall'altra aveva una sua precisa personalità. In qualche modo la sua arte corrispondeva alla mia ricerca, che si è sempre collocata in un ambito apparentemente realistico, e mai marcatamente sperimentale o bizzarramente barocco. Il mio "non realismo" sta all'interno di un apparente realismo. Su queste corde si lavorava molto bene insieme e si è continuato per molti anni. Prima al Centro Sperimentale, poi è stato assistente di Marrama per *I pugni in tasca*, poi è ritornato come assistente di Franco Di Giacomo, operatore, e Tonino Delli Colli, direttore della fotografia, ne *La Cina è vicina*, poi è passato in macchina quando Franco Di

Giacomo ha fatto il direttore per *Nel nome del padre*. Fino a *Salto nel vuoto*, quando gli proposi di fare il direttore della fotografia. Lo aveva già fatto in un film, mi pare di Umberto Silva. Fu un'esperienza in cui la mia scelta si dimostrò felice. Felice sicuramente per me, si fece un ottimo lavoro insieme. Coerentemente con quello che dicevo prima, in rapporto al suo idealismo, ai suoi principi, coerentemente con la sua coerenza, la nostra separazione avvenne per un principio e non, come succede in molti matrimoni, perché si vogliono fare altre esperienze... La ragione è stata di tipo morale, a proposito de *L'ora di religione*. Dopo aver letto il copione Beppe mi disse che non condivideva la storia, quello che veniva raccontato in questa storia, e che quindi non poteva fare il film. Fin da subito, ma nel tempo ancora di più, ho apprezzato questa sua scelta. Non mi sono risentito, però, nella pratica, è diventata una scelta definitiva. Dato che dovevo fare il film, ho cercato altri direttori della fotografia. Fu un fatto raro. Forse in passato avveniva di più, quando le persone erano divise da idee politiche opposte, quando la politica aveva un peso maggiore. Lì fu proprio un fatto religioso, una sua scelta religiosa: "Io credo a certe cose quindi non posso partecipare". Sul suo lavoro di direttore quello che ricordo è che aveva una capacità specifica, particolare, per i volti femminili, una cura non separata dall'insieme della sua visione. Non si preoccupava certo di rendere più bella una donna, ma di fatto ci riusciva, nel senso che era in grado di coglierne la luminosità, piuttosto che nasconderne i difetti. Rispettando il volto, aveva la qualità, il dono, di illuminare come se non riuscisse a filmare che la bellezza. La ritengo una interessante qualità. Aveva una grande cura delle ombre, una vera e propria delicatezza. Parliamo di dimensioni quasi invisibili. Non ho ricordi particolari, ma in generale ricordo che la sua luce accarezzava, lo sguardo, l'incarnato... Non dimentichiamo che, a quei tempi, a posteriori si poteva modificare solo il contrasto, non come adesso che si possono cambiare le ombre, o addirittura correggere i lapsus dell'attore. Adesso si scompone, si frammenta, c'è un altro modo di guardare, allora tutto avveniva durante le riprese, lavorando sempre su tutta l'immagine.

Arnaldo Catinari

Ho conosciuto Peppe in forma "ufficiale" al Centro Sperimentale di Cinematografia, in veste di insegnante. Era il 1984 ed era il mio secondo anno di corso. Mi stavo avvicinando alla fotografia cinematografica, cercavo di capire di cosa si trattasse. Per lui era il primo anno di insegnamento al CSC. Fino all'anno precedente il nostro docente era stato Carlo Di Palma. Peppe aveva già realizzato film molto importanti, tra i quali *Nostalghia*, e credo avesse già girato anche *Kaos* dei fratelli Taviani. Per noi allievi si trattava di confrontarsi con un autore della fotografia di grande rilievo, che aveva firmato opere già parte della storia del cinema. Ci sembrava quasi assurdo poter vedere i suoi film e nello stesso tempo vederlo lavorare in una scuola di cinema (cosa che, mi auguro, accada anche oggi). Ho sempre ritenuto curiosa la sua scelta di accettare la docenza in un momento così proficuo della propria carriera. Anche a me è stato chiesto di insegnare, ma ho preferito non farlo perché ancora lavoro. Peppe, invece, si è sempre distinto per la sua predisposizione innata all'insegnamento e la passione di portare alle nuove generazioni la propria esperienza. È stato un vero maestro. Mi ha sempre molto incuriosito come realizzasse la luce diffusa negli ambienti, come riuscisse a usare la *fill light* e a riempire l'immagine. Quando si è giovani, in particolare agli inizi, si cerca sempre di mettere poca luce diffusa perché, in qualche modo, si tratta di una luce che toglie fotograficità all'immagine. Vedere, invece, come lui era in grado di sfruttarla, è stato per me un grande insegnamento. La usava come i grandi direttori della fotografia inglesi, che hanno una grande tradizione proprio sul riempimento della scena. Oggi, anche se con mezzi completamente diversi, questa modalità di illuminare è qualcosa che mi porto ancora dietro.

Mi ha sempre affascinato veder lavorare questi direttori della fotografia provenienti da una scuola molto lontana dalla mia, da quella attuale. Il loro modo di utilizzare i grandi proiettori, la luce incidente, i proiettori diretti sulla scena era estremamente interessante. Come spesso avviene, però, si amano i propri maestri ma poi si fa di tutto per "distruggerli". Credo sia un modo per andare avanti, per imparare. Sicuramente la fotografia di Peppe è sempre stata un punto di riferimento nei miei lavori, soprattutto all'inizio della carriera. Poco alla volta, però, ho cercato di allontanarmi e di trovare la mia strada, anche con mezzi illuminanti diversi. Resta il fatto che il rapporto con lui è stato decisivo per la formazione del mio gusto cinematografico. Le sue immagini non sono mai state banali, c'è sempre stata una ricerca dell'inquadratura e una ricerca della luce che fosse funzionale alla storia. Questa è una linea che continuo a seguire nel mio lavoro. Non è importante realizzare solamente una bella fotografia, bensì una fotografia che in qualche modo racconti... Per capirci, credo sia corretta la definizione di Storaro che riguarda una "sceneggiatura della luce", che si affianca alla sceneggiatura scritta. Lui lo dice con enfasi, noi lo diciamo con meno enfasi, però credo che anche Lanci sia sempre stato uno di quei direttori della fotografia che ha lavorato pensando alla storia. Non è un caso che abbia avuto una lunghissima esperienza professionale con Nanni Moretti. Ad un certo punto, in qualche maniera, mi ha "passato il testimone". Quando fui contattato per *Il caimano* lo chiamai e gli spiegai che Nanni aveva convocato me. È stato un bel momento: l'allievo che continua il percorso del maestro. Il passaggio di testimone è stato indolore.

Lanci è una persona molto mite, non è una *star*, all'interno del cinema che invece è un mondo di *star*. Quello che mi ha colpito di lui è la sua mitezza. È una persona molto seria, non è un uomo che fa proclami, non parla inutilmente. Ha sempre usato le parole in maniera intelligente e puntuale.

Paolo Carnera

La mia conoscenza del lavoro di Peppe Lanci è piuttosto approfondita, ho visto praticamente tutti i suoi film. La conoscenza
personale, invece, è abbastanza limitata ai pochi incontri che
abbiamo avuto, nei quali però ho potuto saggiare la sua qualità
umana. Ritengo che le immagini di Peppe siano molto simili
a lui e che il suo lavoro rispecchi in qualche modo la sua personalità. Non riesco a scindere l'arte e la delicatezza della sua
luce dalla delicatezza della persona: sembrano la stessa cosa.
Il nostro primo incontro è avvenuto al Centro Sperimentale di
Cinematografia. Io ero studente, allievo di Carlo Di Palma, e lui
era già un direttore di fotografia affermato, a cui guardavo con
grande interesse. Tra noi non c'è una grandissima differenza di
età. Nonostante questo, all'epoca aveva già realizzato dei film
bellissimi e aveva lavorato con grandi autori, tra cui Marco Bellocchio. Proprio in quel periodo stava iniziando la sua collaborazione con Nanni Moretti. Avevo una vera fascinazione nei
suoi confronti. Mi ha sempre colpito per la sua gentilezza e il
suo sguardo profondo. La cosa più importante che posso dire
di Peppe è che non si tratta semplicemente di un grandissimo
direttore di fotografia. È una persona estremamente profonda.
Credo che sia stato uno dei primi a portare in Italia un'immagine
nitida che avesse allo stesso tempo un aspetto del tutto naturale.
La sua grandissima attenzione a non far sentire l'artificiosità, la
presenza della luce, è sempre stata al primo posto nel suo modo
di lavorare. Negli anni precedenti, invece, spesso si realizzava
una luce molto violenta, più artificiosa. Sono sempre rimasto
colpito dalle atmosfere interiori dei film che illuminava. La sua
fotografia è sempre stata legata al racconto, mai scissa da esso.

Questo è un altro degli aspetti che hanno fatto sì che io guardassi ai suoi lavori – dai primissimi come *Salto nel vuoto* ai più raffinati come *Nostalghia* di Tarkovskij, o ai più apparentemente semplici, come *Caro Diario* di Nanni Moretti – con estrema attenzione. Ha sempre avuto una eleganza e una attenzione al racconto cinematografico veramente rare. Non ne ho mai parlato personalmente con lui, ma sono dell'opinione che la sua esperienza fotografica, il suo stile sia una filiazione, una profonda evoluzione della Nouvelle Vague francese. La sua luce, sempre molto naturale, morbida, dolce ma che ha anche profonde oscurità, mi ha sempre colpito. Mi sono sempre chiesto: "Come fa?". Guardando i suoi film non sento mai l'artificio, non sento mai la presenza di un proiettore, ma solo la dolcezza della luce naturale. Tra i maggiori direttori della fotografia, un altro grande che ho visto utilizzare la luce in modo così apparentemente semplice, ma allo stesso tempo emozionante, è Sven Nykvist, direttore della fotografia di Bergman in tanti film... Personalmente noto delle somiglianze tra il modo di lavorare di Nykvist e quello di Beppe. Quando penso a Lanci mi torna in mente un episodio su tutti. Ero alle prime armi e avevo di fronte a me la possibilità di fare il primo film importante come direttore della fotografia, *Verso sera* di Francesca Archibugi. All'epoca pochi avevano la possibilità di esordire tra i registi – stiamo parlando del 1989 – e pochi tra i direttori della fotografia. Francesca, che conoscevo fin dal Centro Sperimentale, mi propose questo film con Marcello Mastroianni e Sandrine Bonnaire. Avevo molta paura. L'unica persona che mi telefonò per farmi gli auguri prima dell'inizio delle riprese fu Peppe Lanci. Mi augurò in bocca al lupo da collega. «Farai un bellissimo lavoro, non temere!», mi disse. Lì ho iniziato il mio percorso. Me lo ricordo precisamente. Rimasi molto piacevolmente colpito. Fu beneaugurante. Peppe è innanzitutto una persona estremamente gentile, estremamente profonda, e, ripeto, questo si riflette nelle immagini che costruisce. È una persona autentica. Per questo ritengo che si tratti di un maestro, un maestro nel modo di attraversare il mondo del cinema, che spesso risulta difficile dal punto di vista umano.

Fabio Lovino

Lavorare con Beppe Lanci è stato innanzitutto un grande onore. Nel 1995, quando ci siamo conosciuti, aveva già realizzato film importanti con Nanni Moretti, con i fratelli Taviani, con Marco Bellocchio. Sul set ho imparato molto da lui durante la lavorazione de *Il Principe di Homburg* di Bellocchio. Beppe, persona di grande cultura ed estremamente cortese, era ormai da diversi anni il fidato direttore della fotografia del regista. Ricordo in particolare due aspetti del modo di lavorare di Lanci. Il primo riguarda le notti. Ne *Il Principe di Homburg* si fa riferimento alla pittura dei Macchiaioli. Per un mese si è girato sempre di notte, spesso in esterni. Beppe ha illuminato sfruttando la luce delle torce, contribuendo alla creazione di macchie di luce e ombra, richiamando alla memoria un ambiente tipicamente macchiaiolo. Immagini meravigliose. Le notti di Beppe erano qualcosa di fantastico! Sia che dovesse rendere il racconto freddo, un po' più siderale, sia che fosse tutto raccontato attraverso toni più caldi, pastosi, otteneva delle immagini estremamente affascinanti, lavorando sempre con diaframmi molto aperti. Così facendo è riuscito a restituire una sensazione onirica, dal momento che gran parte de *Il Principe di Homburg* è proprio un sogno. In secondo luogo aveva una grandissima cura nel disegnare le luci per gli attori o le attrici. In proposito ricordo un altro film girato in Patagonia, qualche anno dopo. Si trattava di *Tierra del fuego*, scritto da Miguel Littin e l'interprete femminile era Ornella Muti. Per lei Beppe ha avuto un'attenzione straordinaria. Il film è stato realizzato in una situazione abbastanza "estrema", fuori dal comune. Vivevamo tutti insieme, sperimentando una grande unione all'interno della troupe. Ricordo con piacere i weekend trascorsi insieme. Quando si lavora fuori Roma, specialmente fuori dall'Italia, i rapporti sono molto più stretti, c'è molto più tempo per conoscersi. Spesso durante i weekend partivamo per fare dei viaggi nella zona del ghiacciaio Perito Moreno. In quel caso il mio rapporto con Beppe si è approfondito e poi è continuato nel tempo.nel 2002 ho partecipato al primo film di Sabina Guzzanti, *Bimba - È clonata una stella*. Per lei è stato molto importante avere Beppe nella troupe. Con un direttore della fotografia di quel calibro il regista può stare tranquillo e non preoccuparsi di nulla, perché sa di essere supportato in ogni cosa. Beppe sapeva essere cortese, gentile e disponibile anche con chi era al primo film. Questa è una dote che appartiene alle grandi persone. Tra tutti i suoi film, mi hanno sempre colpito quelli realizzati con i Taviani, ma anche quelli con Moretti, con Bellocchio. La complicità che si è creata tra Beppe e questi grandi registi, dovuta a collaborazioni ventennali, è stata davvero straordinaria. Conservo un ricordo ancora vivido delle preparazioni degli interni. Beppe aveva una grande meticolosità nel preparare gli interni, dove magari si sarebbe girato per una settimana, in modo che fossero perfettamente funzionali alle riprese. Quando tutto è preparato con cura, ogni cosa funziona nei cambi di scena. Beppe era sempre in armonia con il suo gruppo, non c'era mai una discussione. Questo è fondamentale. Nel mio lavoro sostengo questo modo di fare. I contrasti chiaramente possono emergere, ma dato che si lavora in un ambiente artistico, si potrebbe lavorare con maggiore leggerezza. Mantenere una sorta di "leggerezza" calviniana credo possa essere utile, anzi sia necessario. Beppe ha sempre messo la "firma" nei suoi film. Intendo dire che si vede quando un film è stato illuminato da Lanci. Credo che questa sia la caratteristica più importante per un direttore della fotografia, così come per un fotografo: essere riconoscibili. A mio avviso il suo tocco è visibile. Certamente ogni film e ogni storia prevedono un'illuminazione particolare, che viene discussa con il regista, e può essere più calda, più fredda, più laconica o più descrittiva... Ritengo, però, che il tocco di Beppe sia molto riconoscibile, nonostante la diversità dei film che ha realizzato. Penso sia una caratteristica positiva.

Filomena Montesano

Ricordo benissimo il suo primo giorno di lezione al Centro Sperimentale di Cinematografia. L'espressione mite ma autorevole, l'eleganza nei modi e la grande emozione che gli si leggeva negli occhi. Forse ben più trepidante di noi allievi, avvezzi a cambiar spesso insegnante e del tutto ignari del fatto che quell'incontro avrebbe cambiato il nostro corso di studi. Ricordo che a metà della prima lezione gli rivolsi una domanda appellandolo Maestro. Lui, voltandosi, sorrise e mi disse: «Qui non ci sono maestri, ma solo allievi. Io sono Beppe». Da quel momento l'appellativo che avevo sempre mal sopportato, che mi sembrava un retaggio comportamentale da "cinematografaro" degli anni '60, ma che a scuola era doveroso costume usare, finalmente acquistava un senso. Tuttavia, nonostante quella frase così profonda e densa di amore nei confronti della sua scelta di diventare insegnante, quasi nessuno di noi riuscì mai a chiamarlo Beppe. Le sue lezioni sono state una ventata di Illuminismo. Non voglio riferirmi alla quantità di luce che chiedeva di accendere, tutt'altro. Chi conosce Lanci sa benissimo che non è mai stato un direttore della fotografia "incendiario". Poca luce e ben direzionata. Con "Illuminismo" mi riferisco al fatto che imponeva di riflettere sempre sulla "Ragione" per cui è giusto accendere o spegnere una luce. La costruzione di un'atmosfera non deve mai affidarsi al caso. Questo non vuol dire che ogni volta, per ogni inquadratura, dobbiamo necessariamente intervenire. Non occorre avere il "grilletto", o meglio, l'accensione facile. Se un ambiente vive già di una sua luce, giusta per la narrazione, perché contraffarla? Lanci portò a scuola una ventata di novità. Ha subito sottolineato l'importanza del nuovo mezzo digitale e la necessità di creare una scuola moderna e attenta alle nuove tecnologie. Si è battuto ogni giorno per metterci nella condizione di essere al passo con i tempi. Ricordo ancora il suo stupore quando facemmo dei test di luce candela sfruttando la grande sensibilità dell'Alexa. Aveva la faccia di un bimbo davanti a un nuovo supereroe. Pur essendo un neofita del cinema digitale, ci ha insegnato a guardare a questo mezzo senza diffidenze, per cercare di accogliere il Nuovo e usarlo per le nostre esigenze. Voglio ringraziarlo per questo, perché per fortuna non mi ha trasmesso quella nostalgia atavica dalla quale è irrimediabilmente affetto ogni direttore della fotografia che abbia lavorato in pellicola. Per me è stato un grande privilegio imparare a illuminare con la pellicola, oltre che una magia. Ma non bisogna dimenticare che sono solo mezzi, supporti, contenitori, ognuno con i suoi innegabili pregi. Ricordo poi una giornata in cui Beppe passò ore e ore a parlare dell'importanza dei fondi, di cosa sta dietro l'attore e di come è illuminato. Mi insegnò a ragionare per sottrazione e a non pensare solo alla luce che illumina ciò che sta più avanti nel piano, ma a guardare oltre, a guardare dietro.Qualcuno scrisse: i migliori maestri sono quelli che indicano dove guardare, ma non ti dicono mai cosa vedere. Ed è proprio questo quello che, per anni, Lanci ha fatto con me. Non ha mai cercato di inculcarmi una tecnica o una particolare idea fotografica. Non pronunciava quasi mai il termine "errore". Ci lasciava liberi di illuminare, di sperimentare, di creare una nostra immagine. Solo dopo che eravamo riusciti a costruirla, proponeva una variante grammaticalmente più corretta. Sottolineava sempre la soggettività del nostro mestiere e il fatto che, quando si tratta di creazione artistica, nulla è corretto o sbagliato. L'unica cosa che occorre chiedersi è se quello che stiamo facendo è giusto o non giusto per la storia che stiamo raccontando. Negli anni ho apprezzato sempre di più il suo metodo di insegnamento. Beppe ha un approccio socratico, non impone metodi, piuttosto regala Dubbi. Mentre illuminavo un ambiente, non dava quasi mai delle soluzioni, ma poneva piuttosto interrogativi. «È giusto per la storia? Stai disegnando quello che hai davvero in testa? Stai rispettando l'idea di base del regista?». E proprio sull'importanza del rapporto con il regista calcava spesso la mano, spronandomi a capirne l'importanza. Grazie a lui ho compreso che i direttori della fotografia sono le dita del regista, come quelle dei musicisti in un concerto. Accendere o spegnere le luci è l'ultima cosa che un bravo regista ti chiederà di fare. Spesso occorre essere psicologi, madri o padri, sostenitori o bastian contrari, compagni di bevute o duri oppositori del regista. Perché le opere più belle nascono dal grande Amore, o perché no, dal grande Odio, che c'è tra regista e direttore della fotografia. Beppe mi ha insegnato che tutto deve sempre fondarsi su un dialogo continuo, anche se non sempre fatto di parole, ma spesso solo di gesti, azioni, sguardi, intese. Mi ha aiutato a comprendere quanto il mio carattere avrebbe inciso sul mio lavoro e quanto sia necessario essere malleabili, camaleontici, non solo con la luce ma soprattutto nel modo di porsi. Devo dire dunque, che l'insegnamento più grande che Beppe Lanci mi ha dato non risiede nella quantità di nozioni tecniche accumulate negli anni, ma nell'insieme di consigli sul modo di vivere e di comportarsi, dentro e fuori dal set. Gliene sono riconoscente.

Roberto Perpignani

In tanti anni di carriera ho avuto occasione di lavorare con numerosi direttori della fotografia; non sono solito confrontare il
loro modo di lavorare, ma posso cercare di definire il lascito
che ho ricevuto da ognuno di loro. Una volta, quando c'era la
pellicola, la scelta del materiale non avveniva al montaggio, ma
in sala di proiezione: si sonorizzavano tutti i ciak, si andava in
sala, si visionava e si faceva la prima scrematura. Era quello per
me il momento di assimilare il film dal punto di vista estetico, di
mettersi in sintonia con qualcosa che era stato già disegnato. La
fotografia condensa in sé molte cose, il montaggio ha bisogno di
un punto forte a cui appoggiarsi per procedere a un nuova rifor-
mulazione, per trasmettere il senso profondo di un racconto, sul
piano comunicativo, oltre che estetico. Il montaggio consente di
mettere in risalto il senso che la fotografia porta con sé. Non a
caso Storaro parla di "cinemafotografia": le singole inquadrature
già contengono l'idea di come si sta trattando la storia. Tutto
questo arriva al montatore come una ricchezza. La cosa bella che
posso dire del rapporto tra me e Beppe è che la sua fotografia
mi ha sempre trasmesso questa ricchezza. Le sue immagini mi
arrivavano come un disegno, non solo coerente, ma che aspettava di affidarsi a un'ulteriore forma di elaborazione. Ritengo la
sua fotografia riconoscibile grazie a una forte coerenza estetica,
una cifra all'interno della quale ravviso un contributo pittori-
co. La sua luce disegna sempre le profondità, disegna lo spazio,
dunque il personaggio non è mai piatto, appartiene a quello spazio. Il suo tratteggio dei personaggi e delle situazioni mi parla,
avendo anch'io studiato pittura. Nella fotografia di Lanci sento
la cultura, la cultura visiva. Abbiamo lavorato insieme a tanti

film ma, tra tutti, credo che quelli dei fratelli Taviani siano stati particolarmente valorizzati dal suo lavoro. Parliamo di titoli come *Kaos, Good Morning Babilonia, Il sole anche di notte*. Poi è stata la volta di *Fiorile, Le affinità elettive*; infine *Tu ridi* e *La masseria delle allodole*. Credo che il nostro sia stato un impegno simile: ho sempre percepito che il cinema per me era importante tanto quanto lo era per lui. Non ho mai considerato Beppe soltanto come un "professionista", ma come un artista. Mi spiego: certamente è sempre stato in grado di rispettare le esigenze dei progetti, ma, alle aspettative materiali della realizzazione di un film, lui ha sempre aggiunto qualcosa, quel necessario scatto espressivo di cui un'opera ha bisogno per vivere, per avere una propria maturità. Da qualche tempo condividiamo anche l'esperienza di docenza al Centro Sperimentale. Io insegno ormai da quarant'anni, lui è arrivato più di recente. Anche questo conferma che abbiamo molto in comune. Spesso vedo come Beppe parla agli allievi e sono certo che riesce a trasmettere loro il senso delle cose. Il suo non è un insegnamento tecnicistico, nozionistico, e neanche soltanto estetico. L'estetica è una cosa, la tecnica di realizzazione un'altra ancora, ma nell'insegnamento di Beppe c'è il senso dell'impegno umano e della riflessione, c'è, cioè, un impegno culturale.

Susanna Tamaro

Beppe è un "burbero". Non è uno dei soliti "piacioni" del cinema. Tra noi è scattata subito una certa affinità, anche io non sono una mondana. È sempre concentrato su quello che fa, su se stesso, non si sente grande e non si impone sugli altri. Non ama mettersi su un piedistallo. È una persona meravigliosa, dotata di grande semplicità. Il nostro primo incontro avvenne nell'ufficio del produttore Fulvio Lucisano, alla Italian International Film. In passato avevo frequentato il corso di regia al Centro Sperimentale di Cinematografia e quando è arrivata la proposta di realizzare un film ho accettato immediatamente, essendo il cinema una delle mie grandi passioni. Una delle prime cose di cui abbiamo parlato io e Beppe nello studio della produzione è stato l'incidente in auto che aveva avuto diversi anni prima e di come questo evento avesse cambiato la sua vita. Il nostro non è stato un incontro riguardante il cinema, è stato un incontro di anime. Probabilmente lui non lo sa ma, dopo aver girato il film, anche io ho avuto un grave incidente, dunque mi sono ritrovata nella sua condizione. Il film che abbiamo realizzato insieme, *Nel mio amore*, ha molte fragilità. Purtroppo la produzione ha tagliato gran parte della sceneggiatura il giorno prima di cominciare le riprese. Questo lo ha reso "zoppicante", soprattutto nella prima parte. Non ricordo chi mi prospettò la possibilità di lavorare con Giuseppe Lanci. Dal canto mio non potevo desiderare di meglio. Ci siamo trovati subito d'accordo sul fatto che la luce è qualcosa di estremamente importante, perché svela l'anima. La luce sui volti – sono un'amante del primo piano – svela l'interiorità più profonda. Dal punto di vista tecnico mi sono molto affidata a lui, e mi sono concentrata sugli attori. Rispetto ai tempi frenetici imposti dalla produzione, Beppe cercava la luce più adatta, aveva dei tempi di ricerca più lunghi. Apprezzo la lentezza: significa cercare di capire quale sia la cosa migliore da fare. Il mio desiderio di indagare i volti, di sfruttare la luce come un mezzo che rivelasse un'altra luce, la luce dell'anima, è stato accolto e realizzato pienamente da Giuseppe. Pur essendo "zoppicante", il film è riuscito a commuovere tante persone. Durante la lavorazione abbiamo ricevuto dei doni dal Cielo. Mi permetto di parlare così perché sia io che Beppe siamo credenti. Abbiamo girato il finale in Slovenia. Doveva essere un momento importante per la storia e io avevo immaginato la scena conclusiva con la neve, che avrebbe conferito un senso di purificazione tarkovskiano. Purtroppo, a fine settembre, la neve non c'era. L'indomani ci svegliammo e restammo a bocca aperta: durante la notte c'era stata una grande nevicata! Siamo corsi a girare! Ricordo ancora le magnifiche luci rosa dell'alba riflettersi su questo bianco. Terminato il periodo di riprese, avevamo girato talmente poco da non avere materiale sufficiente per montare il film. Per cercare di rimediare, Beppe è venuto un mese dopo a casa mia, a Orvieto, dove ha girato delle scene in macrofotografia. Poi abbiamo girato delle scene a Bolsena, che abbiamo spacciato come girate in Slovenia e con una certa fantasia Beppe è riuscito a riempire i buchi. Oltre a essere un grande direttore della fotografia, Beppe Lanci è una grande persona. Credo sia una cosa importante.

Fabio Zamarion

Quando il nostro docente di fotografia Carlo Di Palma se ne andò in America per girare con Woody Allen, ci venne chiesto, su tre o quattro nomi di professionisti all'epoca molto importanti, quale fosse il nostro preferito, in modo da poter sostituire il docente. All'unanimità indicammo Giuseppe Lanci. Noi allievi di fotografia eravamo ammirati dal suo lavoro. In quel periodo Giuseppe si trovava nel momento creativo forse più importante della sua vita. Aveva già realizzato *Nostalghia*. Conservo un ricordo meraviglioso del periodo di formazione al Centro Sperimentale. Ho passato tre anni studiando e facendo la cosa che amo di più, coltivando tutti i sogni possibili e immaginabili al fianco di tanti amici, alcuni dei quali hanno avuto successo nel corso degli anni. Nello specifico, l'arrivo di Giuseppe è stato basilare. Veder lavorare con noi un professionista poco più che quarantenne, improvvisarsi insegnante in un momento straordinario della sua carriera e farlo con attenzione, abnegazione e sincerità, credo sia stato un esempio di umiltà straordinaria che non ha bisogno di alcun tipo di aneddotica aggiuntiva. Un uomo che ha fatto quello che doveva fare nella maniera più seria possibile. Non mi riferisco soltanto al suo stile lavorativo: parlo del suo approccio alla vita. Le persone che nel cinema hanno spostato un po' le cose in avanti sono quelle che hanno un atteggiamento umile, perché sono pronte ad ascoltare tutto ciò che il set racconta quotidianamente e a far proprio tutto il necessario per migliorare la propria professionalità. La modestia e l'umiltà sono fondamentali per imparare qualcosa di più ogni giorno. Pur essendo un professionista affermato, Giuseppe si era preso l'onere di guidarci all'interno di un'istituzione prettamente educativa, scolastica, trasmettendoci la sua visione di grande direttore della fotografia. Ma quello che mi sorprese di più fu la sua capacità di insegnamento e il suo metodo molto severo, ma importantissimo per costruirci e darci le basi in vista di una professione futura. Ci ha insegnato tanto per quanto riguarda la teoria. Personalmente mi ha dato tantissimo anche per tutto ciò che concerne l'approccio professionale, preparandomi a quello che mi avrebbe aspettato fuori dal portone del Centro Sperimentale. La sua severità si traduceva in una assoluta pignoleria e attenzione a tutti gli aspetti inerenti la costruzione dell'illuminazione di una scena, cosa che molto spesso non si vede più nella fotografia italiana di oggi. Mi riferisco ad una coerenza giusta e necessaria per ogni inquadratura che compone la scena, all'attenzione riservata alla fotografia dei fondi, alla cura per la direzione della fotografia, concetto che a volte sfugge, ma che è fondamentale e che molto spesso non si applica più. Ci ha insegnato ad avere l'idea di una scelta fotografica da portare avanti dalla prima all'ultima inquadratura della stessa scena. Se ho imparato qualche cosa rispetto a questo, lo devo specificatamente a lui. Era veramente prodigo di consigli. L'incontro con Giuseppe è stato fondamentale per strutturarmi. Da lui ho imparato la disciplina. Il suo rigore era visibile anche nel suo lavoro: pretendeva tantissimo da se stesso. E, giustamente, in qualità di insegnante, pretendeva tantissimo da noi. Ci chiedeva di fare tutto con la massima serietà e attenzione. Questa è una condizione che ancora oggi insegno a tutti i ragazzi che vogliono far parte del mio gruppo di lavoro. È lo stesso tipo di insegnamento e di criterio che lui ha trasmesso a me. Uscito dal Centro Sperimentale, non l'ho mai seguito nei suoi lavori. Nel mio percorso ho affiancato un altro direttore della fotografia. Ma al termine degli studi al CSC mi fece uno dei più grandi complimenti mai ricevuti in ambito professionale. Mi disse che avevo gambe forti per poter andare da solo e che lui avrebbe aiutato del gruppo le persone più "deboli". Questo rientra nel carattere assolutamente straordinario di Giuseppe, che prima di tutto è una persona eccezionale oltre ad essere un grande direttore della fotografia. A mio avviso ha ottenuto anche meno di quanto meritasse per la sua straordinaria serietà. Tutti i film realizzati con Bellocchio costituiscono una produzione di grande valore. Lanci e Bellocchio hanno stabilito un "matrimonio" meraviglioso che, a mio avviso, rimane tra i matrimoni più riusciti del cinema italiano, come quello tra Tonino Delli Colli e Sergio Leone, o Vittorio Storaro e Bernardo Bertolucci o Giuseppe Rotunno e Federico Fellini. Ritengo che il connubio con Bellocchio sia l'esempio migliore della sua realizzazione professionale. Senza ombra di dubbio *Nostalghia* riamane uno dei film più belli, anzi forse il film più bello che Giuseppe abbia mai realizzato. È un esempio palese di qualcosa di inspiegabile che scatta quando si incontra una persona straordinaria, in quel caso Tarkovskij, che ti spinge a realizzare qualcosa che va oltre i tuoi pensieri. A volte nella vita incontriamo degli insegnanti a cui diamo una grande disponibilità, perché li stimiamo moltissimo. A volte, però, gli stessi insegnanti non contraccambiano la stima che dimostriamo di avere nei loro confronti. Questo non è mai accaduto con Giuseppe. Ecco una delle cose più belle che io abbia mai vissuto nella mia vita "scolastica". Un adulto si avvicina al mio mondo di studente, mi capisce, mi viene incontro, colma tutte le mie non conoscenze, consentendomi di entrare nel mondo del lavoro. Posso dire di aver fatto questa esperienza solo con lui. A distanza di tempo rimane un rapporto umano meraviglioso da studente nei confronti di un professionista che mi insegnava la sua arte. Ancora adesso quando sono in difficoltà sul set – ogni giorno può nascere una difficoltà diversa – cerco di ricordarmi gli insegnamenti che ho ricevuto dai grandi direttori della fotografia e soprattutto da Giuseppe, che sono stati così importanti. È stato un bellissimo incontro della mia vita che non dimenticherò mai.

Allieva

12 maggio 2000

In questi giorni ci ha regalato qualcosa di speciale. Succede così quando qualcuno con professionalità, dolcezza, pazienza, amore riesce a comunicare agli altri la propria ricchezza. Scrivo perché è difficile dire queste cose in pubblico con il microfono in mano...Tra meno di mezz'ora lei andrà via e lascerà un piccolo vuoto... Dico davvero e sento il bisogno di esprimerlo... Anche se ho partecipato al seminario senza alcuna esperienza di fotografia né di altro relativo al settore, ho seguito con molta curiosità e interesse perché amo profondamente il cinema, l'immagine, la luce e il modo in cui tutte queste cose sanno regalare e risvegliare emozioni. Avrei tanto voluto "dare" qualcosa a lei, avrei voluto catturare una piccola luce da regalarle per ringraziarla di tutto quanto, di essersi dedicato a noi e di averlo fatto in modo così dolce.

Lettera di un'allieva anonima scritta dopo il Seminario di fotografia tenuto a Palermo nel 2000.

Allieva

Un istante, che cosa è mai un istante! A volte nemmeno lo vediamo o non gli diamo la giusta importanza. Di ogni piccolo, insignificante, quasi invisibile istante è fatta la mia, la tua, la nostra vita, e quante cose esso dice; è anche attraverso mille istanti che si fa un film, una scena, è questo il suo segreto. In un istante un uomo viene alla luce e sempre in un istante si spegne. Nulla, nella vita, merita la nostra distrazione e per vivere veramente, tutto merita la nostra attenzione, tutto. Santa Maria fece del suo ordinario qualcosa di straordinario, proprio perché seppe contemplare ogni istante come dono di Dio e gioire così di esso. Auguro a Giuseppe Lanci di essere grato di ogni istante a Colui che l'ha creato, Dio, perché in ogni istante nella nostra vita siamo chiamati a DARE. Come a Palermo dall'8 al 12 maggio 2000.

Giuseppina

Lettera di un'allieva semi-anonima dopo il Seminario di fotografia tenuto a Palermo nel 2000.

Postfazione

Dal 1961 al 2011. Sono passati 50 anni tra la prima volta che ho fatto un "fuoco" in un documentario di un allievo brasiliano del Centro Sperimentale di Cinematografia e il film *Acciaio* di Stefano Mordini. Dopo quest'ultimo mi sono dedicato esclusivamente all'insegnamento. Guardando a ritroso nel tempo, pensando al mio carattere e alla mia timidezza – soprattutto nei primi anni di lavoro – e a tanti fatti avvenuti, non posso non pensare ad un disegno divino. Tante, troppe sono le coincidenze. Troppi eventi si sono concatenati misteriosamente: dalla morte di mio padre, che ha dato una svolta drastica alla mia vita, alla scelta di studiare fotografia all'Istituto d'Arte. Dal primo film con Marco Bellocchio, che ha creato un rapporto preferenziale, dodici film insieme, al fatto che Tonino Delli Colli abbia accettato di prendermi nella sua squadra come primo assistente, nonostante fossi uno sconosciuto inesperto. Il riuscire a impormi nel cinema italiano, prima come operatore poi come direttore della fotografia, malgrado la mia incapacità nelle pubbliche relazioni... E tanti altri avvenimenti che non dimenticherò mai, inclusi tre incidenti automobilistici dai quali sono uscito illeso. Tutto ciò ha creato in me uno stato di soddisfazione e gratitudine verso Colui che mi ha dato la vita.

Giuseppe Lanci

Apparati

Filmografia[1]

Esperienze di lavoro come Assistente Operatore e Operatore di Macchina

I pugni in tasca (1965)

Regia, soggetto e sceneggiatura: Marco Bellocchio; *interpreti*: Lou Castel, Paola Pitagora, Marino Masè, Liliana Gerace, Pierluigi Troglio, Jennie MacNeil, Irene Agnelli, Celestina Bellocchio, Stefania Troglio, Gianni Schicchi, Alfredo Filippazzi, Gianfranco Cella, Lella Bertane, Tino Molinari, Sandra Bergamini; *fotografia*: Alberto Marrama; *musica*: Ennio Morricone; *costumi*: Rosa Sala; *scene*: Gisella Longo; *montaggio*: Silvano Agosti; *suono*: Vittorio De Sisti; *operatore*: Giuseppe Lanci; *assistente operatore*: Alberto Rosa; *produzione*: Doria Cinematografica.

Il giardino delle delizie (1967)

Regia, soggetto e sceneggiatura: Silvano Agosti; *interpreti*: Lea Massari, Vanna De Rosas, Maurice Ronet, Ida Galli, Franco Bertoni, Ruggero Miti, Pedro Cupini, Vittorio Trainini, Sebastiano Catulli, Ernesto Pitoni, Sandro Gamba, Antonio De Gregorio, Sandro Damiani, Leida Cazzuli, Franco Dora, Piero Carpani, Giovanni Bertulli, Andrei Mangolini; *fotografia*: Aldo Scavarda; *musica*: Ennio Morricone; *costumi*: Gisella Longo; *scene*: Antonio Visone; *montaggio*: Silvano Agosti; *suono*: Pietro Ortolani; *operatore di macchina*: Vittorio Storaro; *assistente operatore*: Giuseppe Lanci; *produzione*: Doria G. Film.

La Cina è vicina (1967)

Regia e soggetto: Marco Bellocchio; *sceneggiatura*: Marco Bellocchio, Elda Tattoli; *interpreti*: Glauco Mauri, Elda Tattoli, Paolo Graziosi, Daniela Surina, Pier Luigi Aprà, Alessandro Haber, Claudio Trionfi, Laura

1. La filmografia è redatta sulla base delle seguenti fonti: ANICA Archivio Cinema (www. anica.it); The Internet Movie Data Base (www.imdb.com). La data tra parentesi indica l'uscita del film nelle sale.

De Marchi, Mimma Biscardi, Claudio Tura, Giuliano Todeschini, Renato Jalenti, Claudio Cassinelli; *fotografia*: Tonino Delli Colli; *musica*: Ennio Morricone; *montaggio*: Roberto Perpignani; *suono*: Vittorio De Sisti; *operatore*: Franco di Giacomo; *assistente operatore*: Giuseppe Lanci; *produzione*: Vides Cinematografica di Franco Cristaldi.

Il giorno della civetta (1968)

Regia: Damiano Damiani; *soggetto*: dall'opera di L. Sciascia; *sceneggiatura*: Ugo Pirro, Damiano Damiani; *interpreti*: Franco Nero, Claudia Cardinale, Lee J. Cobb, Gaetano Cimarosa, Nehemiah Persoff, Serge Reggiani, Ennio Balbo, Ugo D'Alessio, Fred Coplan, Giovanni Pallavicino, Laura De Marchi, Brizio Montinaro, Lino Coletta, Giuseppe Lauricella, Vincenzo Norvese, Vincenzo Falanga; *fotografia*: Tonino Delli Colli; *musica*: Giovanni Fusco; *costumi*: Marilù Carteny; *scene*: Sergio Canevari; *montaggio*: Nino Baragli; *suono*: Carlo Palmieri; *operatore*: Franco Di Giacomo, *assistente operatore*: Giuseppe Lanci; *produzione*: Panda, Società per l'Industria Cinematografica, Corona Cinematografica, Films Corona - Nanterre.

C'era una volta il West (1968)

Regia: Sergio Leone; *soggetto*: Dario Argento, Bernardo Bertolucci, Sergio Leone; *sceneggiatura*: Sergio Donati, Sergio Leone; *interpreti*: Claudia Cardinale, Henry Fonda, Jason Robards Jr., Charles Bronson, Gabriele Ferzetti, Paolo Stoppa, Woody Strode, Jack Elam, Keenan Wynn, Frank Wolff, Lionel Stander, Marco Zuanelli, Benito Stefanelli, Aldo Berti, Bruno Corazzari, Luigi Magnani, Tullio Palmieri, Simonetta Santaniello, Fabio Testi, Marilù Carteny, Paolo Figlia, Claudio Mancini; *fotografia*: Tonino Delli Colli; *musica*: Ennio Morricone; *costumi e scene*: Carlo Simi; *montaggio*: Nino Baragli; *suono*: Claudio Maielli, Elio Pacella, Fausto Ancillai; *operatore*: Franco Di Giacomo; *assistente operatore*: Giuseppe Lanci; *produzione*: Rafran Cinematografica, San Marco (1955), Paramount Picture, Los Angeles.

Metti, una sera a cena (1969)

Regia: Giuseppe Patroni Griffi; *soggetto*: omonimo lavoro teatrale, Dario Argento, Carlo Carunchio; *sceneggiatura*: Giuseppe Patroni Griffi; *interpreti*: Jean-Louis Trintignant, Florinda Bolkan, Tony Musante, Annie Girardot, Lino Capolicchio, Milly, Adriana Asti, Mariano Rigillo, Silvia Monti, Nora Ricci, Titina Maselli, Ferdinando Scarfiotti,

Claudio Carrozza, Antonio Jaja; *fotografia*: Tonino Delli Colli; *musica*: Ennio Morricone; *scene*: Giulio Coltellacci; *montaggio*: Franco Arcalli; *suono*: Giorgio Minoprio; *operatore*: Franco Di Giacomo; *assistente operatore*: Giuseppe Lanci; *produzione*: Finanziaria San Marco, Red Film (1968).

Porcile (1969)

Regia, soggetto e sceneggiatura: Pier Paolo Pasolini; *interpreti*: Pierre Clémenti, Franco Citti, Ninetto Davoli, Luigi Barbini, Jean-Pierre Léaud, Anne Wiazemsky, Alberto Lionello, Margherita Lozano, Ugo Tognazzi, Marco Ferreri, Sergio Elia; *fotografia*: Tonino Delli Colli, Armando Nannuzzi, Giuseppe Ruzzolini; *musica*: Benedetto Ghiglia; *costumi e scene*: Danilo Donati; *montaggio*: Nino Baragli; *suono*: Alberto Salvatori; *operatore*: Franco Di Giacomo; *assistente operatore*: Giuseppe Lanci; *produzione*: I Film dell'Orso, I.N.D.I.E.F. Internazionale Nembo Distribuzione Importazione, IDI Cinematografica, C.A.P.A.C. - Paris.

I cannibali (1969)

Regia: Liliana Cavani; *soggetto*: Liliana Cavani, dall'opera di Sofocle; *sceneggiatura*: Liliana Cavani, Italo Moscati, Fabrizio Onofri; *interpreti*: Britt Ekland, Pierre Clémenti, Tomas Milian, Delia Boccardo, Marino Masè, Francesco Leonetti, Alfredo Bianchini, Alessandro Cane, Cora Mazzoni, Francesco Arminio, Giampiero Frondini, Sergio Serafini, Giancarlo Caio, Carla Cassola, Massimo Castri, Giselda Castrini, Dino Desiata, Marco Gagliardo, Graziano Giusti, Renato Montanari, Giancarlo Palermo, Antonio Piovanelli, Alberto Rossati, Dania Colombo; *fotografia*: Giulio Albonico; *musica*: Ennio Morricone; *costumi e scene*: Ezio Frigerio; *montaggio*: Nino Baragli; *suono*: Raul Montesanti; *primo operatore di macchina*: Sebastiano Celeste; *secondo operatore di macchina*: Giuseppe Lanci; *produzione*: San Marco (1955), Produzione Doria, Finanziaria San Marco.

La tenda rossa (1969)

Regia: Mikhail Kalatozov; *soggetto*: Ennio De Concini; *sceneggiatura*: Ennio De Concini, Yurij Nagibin; *interpreti*: Peter Finch, Sean Connery, Claudia Cardinale, Hardy Krüger, Mario Adorf, Massimo Girotti, Luigi Vannucchi, Eduard Marzevich, Grigorj Gaj, Donatas Banionis, Nikita Mikhalkov, Otar Koberidze, Yurij Solomon, Boris Kmelnizki, Yu-

rij Vizbor, Nikolaj Ivanov, Gustavo D'Arpe; *fotografia*: Leonid Kalash-
nikov; *musica*: Ennio Morricone; *costumi*: Natalia Meshkova; *scene*:
Giancarlo Bartolini Salimbeni, Divid Vinitski; *montaggio*: Maria Timo-
feeva; *suono*: Alex Neiman, Victor Babushkin; *assistente operatore*:
Giuseppe Lanci; *produzione*: Vides Cinematografica di Franco Cristaldi,
Mosfil'm - Moskva.

Morire gratis (1969)
Regia e sceneggiatura: Sandro Franchina; *interpreti*: Karen Blanguer-
non, Franco Angeli, Isabel D'Avila, Adriano Amidei Migliano, Sandro
Brunori, Sandro Pagliero, Romana Severini, Enrico Marini, Mario Pisu;
fotografia: Guido Cosulich; *musica*: Stefano Torossi; *suono*: Vittorio De
Sisti; *operatore di macchina*: Giuseppe Lanci.

Uccidete il vitello grasso e arrostitelo (1970)
Regia: Salvatore Samperi; *soggetto e sceneggiatura*: Salvatore Samperi,
Dacia Maraini; *interpreti*: Maurizio Degli Esposti, Jean Sorel, Marilù
Tolo, Gigi Ballista, Pier Paolo Capponi, Noris Fiorina, Bernadette Kell,
Aleka Paizi, Gianni Pulone, Franca Sciutto; *fotografia*: Franco Di Gia-
como; *musica*: Ennio Morricone; *costumi e scene*: Gisella Longo; *mon-
taggio*: Franco Arcalli; *suono*: Mario Dallimonti; *operatore di macchina*:
Giuseppe Lanci; *produzione*: Mars Film Produzione, Prodigo Film di
Ezio Passadore e C.

Quando le donne avevano la coda (1970)
Regia: Pasquale Festa Campanile; *soggetto*: Umberto Eco; *sceneggiatu-
ra*: Lina Wertmüller, Ottavio Jemma, Marcello Coscia, Pasquale Festa
Campanile; *interpreti*: Senta Berger, Giuliano Gemma, Lando Buzzanca,
Frank Wolff, Lino Toffolo, Aldo Giuffrè, Renzo Montagnani, France-
sco Mulè, Paola Borboni, Gabriella Giorgelli, Valente Melù; *fotografia*:
Franco Di Giacomo; *musica*: Ennio Morricone; *costumi e scene*: Enrico
Job; *montaggio*: Sergio Montanari; *suono*: Carlo Palmieri; *operatore di
macchina*: Giuseppe Lanci; *produzione*: Clesi Cinematografica.

Strategia del ragno (1970)
Regia: Bernardo Bertolucci; *soggetto*: dall'opera di J. L. Borges; *sceneggiatura*: Marilù Parolini, Eduardo De Gregorio, Bernardo Bertolucci;
interpreti: Giulio Brogi, Alida Valli, Pippo Campanini, Franco Giovan-
nelli, Tino Scotti, Allen Midgette, Attilio Viti, Giuseppe Bertolucci; *fo-

tografia: Vittorio Storaro, Franco Di Giacomo; *costumi e scene*: Maria Paola Maino; *montaggio*: Roberto Perpignani; *suono*: Giorgio Pelloni; *operatori di macchina*: Enrico Umetelli e Giuseppe Lanci; *produzione*: RAI-Radiotelevisione Italiana, Red Film (1968).

Un'anguilla da 300 milioni (1971)

Regia: Salvatore Samperi; *soggetto e sceneggiatura*: Salvatore Samperi, Aldo Lado; *interpreti*: Lino Toffolo, Mario Adorf, Ottavia Piccolo, Senta Berger, Rodolfo Baldini, Gabriele Ferzetti, Daniele Dublino, Ricky Gianco, Sergio Cesca, Luciano Spadoni, Franco Marletta, Carla Mancini; *fotografia*: Franco Di Giacomo; *musica*: Fiorenzo Carpi; *costumi*: Luciano Spadoni; *scene*: Carlo Ferri; *montaggio*: Franco Arcalli; *suono*: Raul Montesanti; *operatore di macchina*: Giuseppe Lanci; *produzione*: Colt Produzioni Cinematografiche, Mega Film.

Nel nome del padre (1971)

Regia, soggetto e sceneggiatura: Marco Bellocchio; *interpreti*: Yves Beneyton, Lou Castel, Renato Scarpa, Aldo Sassi, Laura Betti, Piero Vida, Marco Romizi, Amerigo Alberani, Gérard Boucaron, Edoardo Torricella, Tino Maestroni, Gisella Burinato, Luisa De Gaetano, Claudio Besestri, Tino Maestroni, Livio Galassi, Orazio Stracuzzi, Christian Alegny, Gianni Schicchi, Guerrino Crivello, Marino Cenna, Rate Furlan; *fotografia*: Franco Di Giacomo; *musica*: Nicola Piovani; *costumi*: Enrico Job; *scene*: Amedeo Fago; *montaggio*: Franco Arcalli; *suono*: Fernando Pescetelli; *operatore di macchina*: Giuseppe Lanci; *produzione*: Vides Cinematografica di Franco Cristaldi.

Quattro mosche di velluto grigio (1971)

Regia: Dario Argento; *soggetto*: Dario Argento, Luigi Cozzi, Mario Foglietti; *sceneggiatura*: Dario Argento; *interpreti*: Mimsy Farmer, Jean-Pierre Marielle, Aldo Bufi Landi, Oreste Lionello, Stefano Satta Flores, Bud Spencer, Dante Cleri, Guerrino Crivello, Gildo Di Marco, Tom Felleghi, Leopoldo Migliori, Fulvio Mingozzi, Jacques Stany, Michael Brandon, Francine Racette, Calisto Calisti, Marisa Fabbri, Fabrizio Moroni, Corrado Olmi, Costanza Spada, Gianni Di Benedetto, Sandro Dori, Renzo Marignano; *fotografia*: Franco Di Giacomo; *musica*: Ennio Morricone; *costumi e scene*: Enrico Sabbatini; *montaggio*: Françoise Bonnot; *suono*: Mario Ronchetti; *operatore di macchina*: Giuseppe Lanci; *produzione*: Seda Spettacoli, Universal Productions France - Paris.

Carlo 23% (1972)
Telefilm 16 mm in bianco e nero.
Regia: Antonio Bertini; *fotografia*: Giuseppe Lanci.

Polvere di stelle (1973)
Regia: Alberto Sordi; *soggetto*: Ruggero Maccari; *sceneggiatura*: Ruggero Maccari, Bernardino Zapponi, Alberto Sordi; *interpreti*: Alberto Sordi, Monica Vitti, John Phillip Law, Eduardo Fajeta, Wanda Osiris, Carlo Dapporto, Franco Angrisano, Franca Scagnetti, Dino Curcio, Silvana Zalfatti, Francesco Magno, Alfredo Adami, Lorenzo Piani, Luigi Antonio Guerra, Elisa Colavecchi, Miriam Cunzio, Lia Ferri, Jolanda Piziem, Maria Luisa Serena, Alvaro Vitali, John Karlsen, Mimmo Poli, Pietro Ceccarelli; *fotografia*: Franco Di Giacomo; *musica*: Piero Piccioni; *costumi*: Bruna Parmesan; *scene*: Mario Garbuglia; *montaggio*: Raimondo Crociani; *suono*: Domenico Dubbini; *operatore di macchina*: Giuseppe Lanci; *produzione*: Capitolina Produzioni Cinematografiche.

La Tosca (1973)
Regia: Luigi Magni; *soggetto*: Luigi Magni, dall'opera di V. Sardou; *sceneggiatura*: Luigi Magni; *interpreti*: Monica Vitti, Vittorio Gassman, Luigi Proietti, Umberto Orsini, Fiorenzo Fiorentini, Gianni Bonagura, Aldo Fabrizi, Ninetto Davoli, Marisa Fabbri, Goffredo Pistoni, Alvaro Vitali, Gino Rocchetti, Franca Sciutto, Lorenzo Piani; *fotografia*: Franco Di Giacomo; *musica*: Armando Trovajoli; *costumi e scene*: Lucia Mirisola; *montaggio*: Ruggero Mastroianni; *suono*: Sandro Borni; *operatore di macchina*: Giuseppe Lanci; *produzione*: Quasars Film Company, UTI Produzioni Associate.

Orlando furioso (1974)
Regia: Luca Ronconi; *soggetto*: dall'opera di L. Ariosto; *sceneggiatura*: Edoardo Sanguineti, Luca Ronconi; *interpreti*: Massimo Foschi, Mariangela Melato, Ottavia Piccolo, Giacomo Piperno, Carlo Valli, Sergio Nicolai, Hiram Keller, Guido Mannari, Cesare Gelli, Rodolfo Lodi, Luigi Sportelli, Antonio Soldati, Luigi Soldati, Erika Dario, Germano Longo, Luigi Diberti, Ettore Manni, Michele Placido, Vittorio Sanipoli, Carlo Foschi, Claudio Milan, Carlo Montagna, Paolo Bonetti, Alessio Orano, Yorgo Voyagis, Marzio Margine, Sergio Doria, Paolo Turco, Pino Manzari, Carlo Del Mejo, Rodolfo Bandini, Luigi Basagaluppi, Carla Tatò; *fotografia*: Vittorio Storaro, Arturo Zavattini; *musica*: Giancarlo

Chiaramello; *costumi e scene*: Pierluigi Pizzi; *montaggio*: Pino Giomini; *operatori di macchina*: Enrico Umetelli, Giuseppe Lanci e Roberto Brega; *produzione*: N.O.C. Nuovi Orientamenti Cinematografici, RAI-Radiotelevisione Italiana.

Libera, amore mio... (1975)

Regia: Mauro Bolognini; *soggetto*: Luciano Vincenzoni; *sceneggiatura*: Luciano Vincenzoni, Nicola Badalucco, Mauro Bolognini; *interpreti*: Claudia Cardinale, Bruno Cirino, Adolfo Celi, Philippe Leroy, Bekim Fehmiu, Luigi Diberti, Rosita Pisano, Rosalba Neri, Tullio Altamura, Eleonora Morana, Luigi Patriarca, Marco Lucantoni, Maria Vittoria Virgili, Elisabetta Virgili, Franco Balducci, Gianni Solaro; *fotografia*: Franco Di Giacomo; *musica*: Ennio Morricone; *costumi*: Piero Tosi; *scene*: Guido Josia; *montaggio*: Nino Baragli; *suono*: Massimo Loffredi; *operatore di macchina*: Giuseppe Lanci.

Marcia trionfale (1976)

Regia: Marco Bellocchio; *soggetto e sceneggiatura*: Marco Bellocchio, Sergio Bazzini, Peter Berling; *interpreti*: Franco Nero, Michele Placido, Miou Miou, Patrick Dewaere, Nino Bignamini, Ekkehardt Belle, Alessandro Haber, Pino Tufillaro, Luciano Crovato, Piero Vida, Gisela Hahn, Francesco De Rosa, Flavio Andreini, Peter Berling, Gian Paolo Boccelli, Dario Cantarelli, Massimo Boldi, Pietro Calderone, Vito Cardascia, Marino Cenna, Fabrizio Cimicchi, Vittorio De Bisogno, Nicola Di Pinto, Vittorio Fanfoni, Giuseppe Lo Parco, Adriano Lapi Menotti, Massimo Loreto, Gigio Morra, Daniele Pagani, Oreste Rotundo, Christiane Satori, Cyrille Spiga; *fotografia*: Franco Di Giacomo; *musica*: Nicola Piovani; *scene*: Amedeo Fago; *montaggio*: Sergio Montanari; *suono*: Paolo Ferroni; *operatore di macchina*: Giuseppe Lanci; produzione: Clesi Cinematografica, Lisa Film, München, Renn Productions, Paris, Agence Meditérranéenne de Location de Films, Marseille.

Viaggio con Anita (1978)

Regia: Mario Monicelli; *soggetto*: Tullio Pinelli, Federico Fellini; *sceneggiatura*: Leo Benvenuti, Piero De Bernardi, Tullio Pinelli, Paul Zimmerman, Mario Monicelli; *interpreti*: Giancarlo Giannini, Goldie Hawn, Claudine Auger, Aurore Clément, Renzo Montagnani, Andréa Ferréol, Laura Betti, Franca Tamantini, Mario Pachi, Nunzia Fumo, Gino Santercole, Lorraine De Selle, Carlos De Carvalho, Guerrino Crivello, Claudio Carpi, Giuseppe

Janigro, Sergio Forconi, Marne Maitland, Reilly Ickerson, Geoffrey Copleston, Piero Mazzinghi, Mimmo Poli; *fotografia*: Tonino Delli Colli; *musica*: Ennio Morricone; *costumi*: Vittoria Guaita, Francesco Zavarone; *scene*: Lorenzo Baraldi; *montaggio*: Ruggero Mastroianni; *suono*: Roy Rocco Mangano; *operatori di macchina*: Carlo Tafani e Giuseppe Lanci; *produzione*: P.E.A. Produzioni Europee Associate, Productions Artistes Associés - Paris.

La macchina cinema (1980)

Regia: Silvano Agosti, Marco Bellocchio, Sandro Petraglia, Stefano Rulli; *fotografia*: Tonino Nardi; *seconda unità*: Giuseppe Lanci; *produzione*: Centofiori, RAI-Radiotelevisione Italiana.
Inizio della carriera come Direttore della Fotografia

Gino Severini (1976)

Documentario.
Regia: Sandro Franchina; *fotografia*: Guido Cosulich, Giuseppe Lanci; *musica*: Goffredo Petrassi; *montaggio*: A. Lo Conte.

Difficile morire (1977)

Regia: Umberto Silva; *soggetto e sceneggiatura*: Umberto Silva; *interpreti*: Marc Porel, Gerardo Amato, Barbara Magnolfi, Dominique Darel, Mario Adorf, Giuliana Calandra, Laura D'Angelo, Fabio Gamma, Valente Maria, Massimo Cosentini, Sergio Doria, Giancarlo Fantini, Enzo La Torre, Renata Ranieri; *fotografia*: Giuseppe Lanci; *musica*: Stefano Torossi; *costumi*: Aldo Buti; *scene*: Amedeo Fago; *montaggio*: Silvano Agosti [Jost Grapow], Angelo Loconte; *suono*: Mario Dallimonti; *produzione*: Cinelef.

Maternale (1977)

Film TV 16mm.
Regia, soggetto e sceneggiatura: Giovanna Gagliardo; *interpreti*: Carla Gravina, Anna Maria Gherardi, Marino Masé, Francesca Muzio, Benedetta Fantoli, Francesco Fantoli, Lajos Balázsovits, Umberto Silva; *fotografia*: Giuseppe Lanci; *musica*: Stelvio Cipriani; *costumi*: Maria Paola Maino; *scene*: Maria Paola Maino; *montaggio*: Roberto Perpignani; *produzione*: Cooperativa A.A.T.A. PANTHEON I Film.

In nome del Papa re (1977)

Regia: Luigi Magni; *sceneggiatura*: Luigi Magni; *interpreti*: Nino Manfredi, Danilo Mattei, Carmen Scarpitta, Giovannella Grifeo, Carlo Bagno, Gabriella Giacobbe, Ettore Manni, Salvo Randone, Camillo Milli, Rosalino Cellamare, Giovanni Rovini, Renata Zamengo, Luigi Basagaluppi, Guglielmo Spoletini, Nino Dal Fabbro, Giovanni Cianfriglia, Carlo Castroni, Enrico Fedeli, Giovanni Di Luzio, Alessandro Febi, Tito Mancini; *fotografia*: Danilo Desideri, Giuseppe Lanci (seconda unità); *musica*: Armando Trovajoli; *costumi*: Lucia Mirisola; *scene*: Lucia Mirisola; *montaggio*: Ruggero Mastroianni; *suono*: Luciano Welisch; *produzione*: Juppiter Generale Cinematografica.

Starcrash (1978)
Regia: Luigi Cozzi; *soggetto e sceneggiatura*: Luigi Cozzi, Nat Wachsberger; *interpreti*: Marjoe Gortner, Caroline Murro, Christopher Plummer, David Hasselhoff, Robert Tessier, Joe Spinell, Nadia Cassini, Judd Hamilton, Hamilton Camp; *fotografia*: Paul Beeson, Roberto D'Ettorre, Giuseppe Lanci (seconda unità); *musica*: John Barry; *scene*: Aurelio Crugnola; *montaggio*: Sergio Montanari; *suono*: Massimo Anzellotti; *produzione*: Nat Wachsberger, Patrick Wachsberger.

Il ritorno (1980)
Docudrama – produzione RAI
Regia: Giorgio Treves; *interpreti*: Uto Ughi, Guido Alberti; *montaggio*: Carla Simoncelli; *fotografia*: Giuseppe Lanci; *musica*: Egisto Macchi, Ackron, Bach, Mozart; *produzione*: RAI Radiotelevisione Italiana e Cinema & Cinema.

Salto nel vuoto (1980)
Regia: Marco Bellocchio; *soggetto*: Marco Bellocchio; *sceneggiatura*: Marco Bellocchio, Vincenzo Cerami, Amedeo Fago; *interpreti*: Michel Piccoli, Anouk Aimée, Michele Placido, Gisella Burinato, Antonio Piovanelli, Anna Orso, Piergiorgio Bellocchio, Francesca Maria De Monti, Natalia Fago, Amedeo Fago, Giampaolo Saccarola, Adriana Pecorelli, Paola Ciampi, Mario Prosperi, Elisabeth Labi, Enrico Bergier, Mario Ravasio, Gaetano Campisi, Marino Cenna, Lamberto Consani, Giancarlo Sammartano, Oreste Rotundo, Remo Remotti, Marina Sassi, Rossano Weber, Alessandro Antonucci, Giovanni Frezza, Matteo Fago, Maria Pia Frezza, Gianluca Giusti, Pasquale Moscianese, Daniele Pireti, Valerio Tozzi, Carlotta Natoli; *fotografia*: Giuseppe Lanci; *musica*: Nicola Piovani; *costumi*: Lia Francesca Morandini; *scene*: Amedeo Fago, Andrea Crisanti; *suono*: Remo Ugolinelli; *montaggio*: Brigitte Sousselier; pro-

duzione: Clesi Cinematografica, RAI-Radiotelevisione Italiana, Films 66 - Paris, Polytel International - Hamburg, MK 2 Productions - Paris.

Con-fusione (1980)

Regia: Piero Natoli; *soggetto e sceneggiatura*: Piero Natoli; *interpreti*: Piero Natoli, Luisa Maneri, Carlotta Natoli, Bruna Cealti; *fotografia*: Giuseppe Lanci; *musica*: Arturo Annecchino; *montaggio*: Anna Rosa Napoli; *suono*: Remo Ugolinelli; *produzione*: Azione Cinematografica.

Piso pisello (1981)

Regia: Peter Del Monte; *soggetto*: Bernardino Zapponi; *sceneggiatura*: Bernardino Zapponi, Peter Del Monte; *interpreti*: Luca Porro, Fabio Peraboni, Valeria D'Obici, Alessandro Haber, Leopoldo Trieste, Victoria Gadsen, Piero Mazzarella, Gaetano Sanguineti [Tatti], Eros Pagni, Massimo Loreto, Enrica Minini, Pier Luigi Pelitti, Nereo Rapetti, Alessia Salaci; *fotografia*: Giuseppe Lanci; *musica*: Fiorenzo Carpi; *costumi*: Giovanna Buzzi; *scene*: Gian Maurizio Fercioni; *montaggio*: Sergio Montanari; *suono*: Amedeo Casati; *produzione*: Clesi Cinematografica, RAI- Radiotelevisione Italiana (Rete 2), Polytel International - Hamburg.

Ehrengard (1982)

Regia: Emidio Greco; *soggetto*: dall'opera di K. Blixen; *sceneggiatura*: Emidio Greco, Enrico Filippini; *interpreti*: Audrey Matson, Jean-Pierre Cassel, Christian Borromeo, Lea Padovani, Alessandro Haber, Anita Laurenzi, Catherine Jarret, Caterina Boratto, Patrizia De Clara, Odino Artioli, Giovanni Fago, Michele Criscuolo; *fotografia*: Giuseppe Lanci; *musica*: Mozart; *costumi*: Lia Francesca Morandini; *scene*: Amedeo Fago; *montaggio*: Gino Bartolini; *suono*: Remo Ugolinelli; *produzione*: Antea Cinematografica, RAI-Radiotelevisione Italiana (Rete 1).

Gli occhi, la bocca (1982)

Regia: Marco Bellocchio; *soggetto*: Marco Bellocchio; *sceneggiatura*: Marco Bellocchio, Vincenzo Cerami, Catherine Breillat; *interpreti*: Lou Castel, Angela Molina, Emmanuelle Riva, Michel Piccoli, Antonio Piovanelli, Giampaolo Saccarola, Viviana Toniolo, Antonio Petrocelli, Maria Romagnoli, Paolo Bacchi, Osanna Borsari, Daniele Mondini, Giada Mondini; *fotografia*: Giuseppe Lanci; *musica*: Nicola Piovani; *costumi*: Lia Francesca Morandini, Stefano Tonelli; *scene*: Leonardo Scarpa, Giancarlo Basili; *montaggio*: Sergio Nuti; *suono*: Remo Ugolinelli; *produzione*: Odyssia, RAI-Radiotelevisione Italiana (Rete 2), Gaumont – Paris.

Nostalghia (1983)

Regia: Andrej Tarkovskij; *soggetto e sceneggiatura*: Andrej Tarkovskij, Tonino Guerra; *interpreti*: Oleg Jankovskij, Domiziana Giordano, Erland Josephson, Patrizia Terreno, Laura De Marchi, Delia Boccardo, Milena Vukotic, Alberto Canepa, Piero Vida, Elena Magoia, Livio Galassi, Raffaele Di Mario, Rate Furlan, Zoi (cane); *fotografia*: Giuseppe Lanci; *costumi*: Lina Nerli Taviani; *scene*: Andrea Crisanti; *montaggio*: Amedeo Salfa, Erminia Marani; *suono*: Remo Ugolinelli; *produzione*: Opera Film Produzione, RAI-Radiotelevisione Italiana (Rete 2), Sovin Film – Moskva.

Enrico IV (1984)

Regia: Marco Bellocchio; *soggetto*: dall'opera di L. Pirandello; *sceneggiatura*: Marco Bellocchio, Tonino Guerra; *interpreti*: Marcello Mastroianni, Claudia Cardinale, Latou Chardons, Paolo Bonacelli, Leopoldo Trieste, Gianfelice Imparato, Claudio Spadaro, Luciano Bartoli, Giuseppe Cederna, Giacomo Bertozzi, Fabrizio Macciantelli; *fotografia*: Giuseppe Lanci; *musica*: Astor Piazzolla; *costumi*: Lina Nerli Taviani; *scene*: Giancarlo Basili, Leonardo Scarpa; *suono*: Remo Ugolinelli; *montaggio*: Mirco Garrone; *produzione*: Odyssia, RAI-Radiotelevisione Italiana (Rete 2).

Kaos (1984)

Regia: Paolo Taviani, Vittorio Taviani; *soggetto*: dall'opera di L. Pirandello; *sceneggiatura*: Paolo Taviani, Vittorio Taviani, Tonino Guerra; *interpreti*: Margarita Lozano, Franco Franchi, Regina Bianchi, Biagio Barone, Claudio Bigagli, Orazio Torrisi, Ciccio Ingrassia, Salvatore Rossi, Omero Antonutti, Massimo Bonetti, Laura Mollica, Carlo Cartier, Pasquale Spadola, Laura De Marchi, Giovanna Taviani, Anna Malvica, Franco Scaldati, Enrica Maria Modugno, Valentina Taviani, Giuliano Taviani, Matilde Piana, Giuseppe Sorge, Maria Teresa Di Fede, Enzo Gambino, Carlo Gazziano, Giovanni Blandino, Veronica Campo, Giovanni Catania, Salvatore Chessari, Danilo Corasanti, Saro Di Martino, Giorgio Guerrieri, Lorenzo Randisi, Enzo Rizza, Maria Terranova, Bartolo Vindigni, Frida Terranova, Tania Vicari, Enzo Alessi, Maria Lo Sardo, Giovanni Marsala, Domenica Gennaro, Salvatore Mignosi, Toni Sperandeo, Nello Accardi, Sabina Belfiore, Marcello Bruno, Daniele Chessari, Maddalena De Panfilis, Claudio Gazzino, Maria Lauretta, Fernando Jelo, Giuseppe Meli, Angelo Mezzasalma, Francesco Nicolosi, Silvana Puglisi, Giovanni Scivoletto; *fotografia*: Giuseppe Lanci; *musica*: Nicola Piovani; *costumi*: Lina Nerli Taviani; *scene*: Francesco Bronzi; *montaggio*: Roberto Perpignani; *produzione*: Filmtre, RAI-Radiotelevisione Italiana (Rete 1), MK 2 Productions – Paris.

Blues metropolitano (1985)

Regia: Salvatore Piscicelli; *soggetto e sceneggiatura*: Salvatore Piscicelli, Carla Apuzzo; *interpreti*: Paolo Bonetti, Ida Di Benedetto, Barbara D'Urso, Tony Esposito, Stefano Sabelli, Marina Suma, Marina Viro, Maria Basile, Stefania Bifano, Maurizio Capone, Nino Bellomo, Sergio Boccalatte, Giuseppe Lanzetta, Marta Bifano, Angelo Cannavacciuolo, Lino Mattera, Diego Pesaola, Luigi Petrucci, Viola Prestieri, James Edward Sampson, Anne Walter, Patrizia Spinosi, Carlo Ercolino, Gianni Prestieri, Isabella Salvato, Bianca Sollazzo, Cetty Sommella, Francesca Thermes, Giorgio Verdelli, Pino Daniele, Tullio De Piscopo, Nana Vasconcelos, Adalberto Lara, Juan Pablo Tomas, Agostino Marangolo, Joe Amoruso, Rino Zurzolo; *fotografia*: Giuseppe Lanci; *musica*: Joe Amoruso, Pino Daniele, Tony Esposito, Little Italy, Anthra; *costumi*: Franz Prestieri; *scene*: Massimo Perna, Antonio Bosco; *montaggio*: Raimondo Crociani; *suono*: Mario Dallimonti; *produzione*: Numero Uno Cinematografica.

Elogio della pazzia (1985)

Regia, soggetto e sceneggiatura: Roberto Aguerre; *interpreti*: Donald Hodson, Fernando Grillo, Marcel Marceau, Elisabeth Lindauer, Franco Piacentini, Riccardo Pagni, Gianni Voltan, Marco Paoli, Emanuela Rigacci, Luciano Crovato, Marco Scala, Gaia Gastrenghi, Renato Condoleo; *fotografia*: Giuseppe Lanci; *musica*: Alessandro Sbordoni; *montaggio*: Amedeo Salfa; *produzione*: Cinestudio 12 di Aguerre Roberto.

Un complicato intrigo di donne, vicoli e delitti (1985)

Regia: Lina Wertmuller; *soggetto e sceneggiatura*: Elvio Porta, Lina Wertmuller; *interpreti*: Angela Molina, Harvey Keitel, Isa Danieli, Paolo Bonacelli, Daniel Ezralow, Elvio Porta, Vittorio Squillante, Mazzi Loffredo, Mario Scarpetta, Tommaso Bianco, Raffaele Verita, Franco Angrisano, Sebastiano Nardone, Pino Ammendola, Anny Papa, Amelia

Albertini; *fotografia*: Giuseppe Lanci; *musica*: Tony Esposito; *scene*: Enrico Job; *montaggio*: Michael J. Duthie, Luigi Zita; *produzione*: Italian International Film.

Diavolo in corpo (1986)

Regia: Marco Bellocchio; *soggetto*: Marco Bellocchio, Enrico Palandri; *sceneggiatura*: Marco Bellocchio, Ennio De Concini; *interpreti*: Maruschka Detmers, Federico Pitzalis, Anita Laurenzi, Riccardo De Torrebruna, Alberto Di Stasio, Catherine Diamant, Anna Orso, Claudio Botosso, Lidia Broccolino, Stefano Abbati, Marco Maggioni, Luciano D'Amico, Alex Partexano, Pietro Sanavio, Roberto Pozzi, Gerardo Bertelli, Germano Basile, Brunella Casolari, Lorenzo D'Avanzo, Raffaele De Nuccio, Riccardo Diana, Viviana Fedeli, Francesco Firpo, Doris Gean Foster, Claudio Lorimer, Marco Maggioni, Claudio Picariello, Riccardo Plati, Oreste Rotundo, Claudio Spadaro, Maria Toesca, Roberto Tozzi; *fotografia*: Giuseppe Lanci; *musica*: Carlo Crivelli; *costumi*: Lina Nerli Taviani; *scene*: Andrea Crisanti; *montaggio*: Mirco Garrone; *suono*: Sandro Zanon; *produzione*: Istituto Luce - Italnoleggio Cinematografico, L.P. Film, A.J. Films - Paris, Films Sextile - Paris, FR 3 - Paris.

La venexiana (1986)

Regia: Mauro Bolognini; *soggetto*: opera, Ciro Ippolito; *sceneggiatura*: Mauro Bolognini, Massimo Franciosa; *interpreti*: Laura Antonelli, Monica Guerritore, Jason Connery, Clelia Rondinella, Cristina Noci, Claudio Amendola, Annie Belle, Stefano Davanzati, Luigi Di Fiore, Michelangelo Pace; *fotografia*: Giuseppe Lanci; *musica*: Ennio Morricone; *costumi*: Aldo Buti; *scene*: Gastone Carsetti; *montaggio*: Alessandro Lucidi; *suono*: Riccardo Palmieri; *produzione*: Lux International.

Every Time We Say Goodbye (1986)

Regia: Moshé Mizrahi; *soggetto*: Moshé Mizrahi; *sceneggiatura*: Moshé Mizrahi, Rachel Fabien, Leah Appet; *interpreti*: Tom Hanks, Cristina Marsillach, Benedict Taylor, Anat Atzmon, Gila Almagor, Moni Moshonov, Avner Hizkiyahu, Esther Parnass, Orna Porat, Moshe Ivgy; *fotografia*: Giuseppe Lanci; *musica*: Philippe Sarde; *costumi*: Rona Doron; *montaggio*: Mark Burns; *suono*: Daniel Brisseau; *produzione*: Sharon Harel, Jacob Kotzky.

Good Morning Babilonia (1987)
Regia: Paolo Taviani, Vittorio Taviani; *soggetto*: Paolo Taviani, Vittorio Taviani; *sceneggiatura*: Paolo Taviani, Vittorio Taviani, Tonino Guerra; *interpreti*: Vincent Spano, Greta Scacchi, Joaquim De Almeida, Desirée Becker, Omero Antonutti, Bérangère Bonvoisin, David Brandon, Brian Freilino, Margarita Lozano, Massimo Venturiello, Andrea Prodan, Charles Dance, Dorotea Ausenda, Ugo Bencini, Daniel Bosch, Renzo Cantini, Marco Cavicchioli, Fiorenza D'Alessandro, Maurizio Fardo, Domenico Fiore, Mario Guidelli, John Francis Lane, Lionello Pio Di Savoia, Ubaldo Lo Presti, Luciano Macherelli, Sandro Mallegni, Elio Marconato, Michele Melega, Mauro Monni, Lamberto Petrecca, Diego Ribon, Antonio Russo, Giuseppe Scarcella, Leontine Snel, Egidio Termine, Francesco Tola, Pinon Toska; *fotografia*: Giuseppe Lanci; *musica*: Nicola Piovani; *costumi*: Lina Nerli Taviani; *scene*: Gianni Sbarra; *suono*: Carlo Palmieri; *montaggio*: Roberto Perpignani; *produzione*: Filmtre, RAI-Radiotelevisione Italiana (Rete 1), Films A.2 - Paris, MK 2 Productions - Paris, Edward Pressman Film Corporation, Burbarek.

Zoo (1988)
Regia: Cristina Comencini; *soggetto*: Cristina Comencini; *sceneggiatura*: Cristina Comencini, Francesca Melandri; *interpreti*: Asia Argento, Marco Maria Parente, Daniel Olbrychski, Louis Ducreux, Valentina Mascetti, Victor Poletti, Eleonora Parlante, Andrea Gnecco, Pierluigi Cuomo, Sebastiano Nardone, Paolo Pedica; *fotografia*: Alfio Contini, Giuseppe Lanci; *musica*: Marco Werba; *costumi*: Paola Comencini; *scene*: Paola Comencini; *montaggio*: Nino Baragli; *suono*: Romano Checcacci, Luciano Muratori; *produzione*: Istituto Luce - Italnoleggio Cinematografico, VE.GA. Produzioni, Reteitalia.

Hawink (1987)
Regia: Frans Weisz; *soggetto e sceneggiatura*: Ger Thijs, Marja Brouwers; *interpreti*: Willem Nijholt, Anne Martien Lousberg, Will van Kralingen, Carolien van den Berg, Maarten Wansink, Coen Flink, Dora van der Groen, Max Croiset, Kenneth Herdigein, Eric van Heyst; *fotografia*: Giuseppe Lanci; *musica*: Egisto Macchi; *costumi*: Yan Tax; *montaggio*: Ton Ruys; *suono*: Marcel De Hoogd.

La visione del Sabba (1988)
Regia: Marco Bellocchio; *soggetto*: Marco Bellocchio; *sceneggiatura*: Marco Bellocchio, Francesca Pirani; *interpreti*: Béatrice Dalle, Daniel

Ezralow, Corinne Touzet, Jacques Weber, Omero Antonutti, Roberta Lena, Daniele Nuccetelli, Sasa Vulicevic, Raffaella Rossellini, Eleonora Di Mario, Francesca Trasci, Laura Visconti; *fotografia*: Giuseppe Lanci; *musica*: Carlo Crivelli; *costumi*: Silvana Fusacchia, Anna Inciocchi; *scene*: Giantito Burchiellaro; *montaggio*: Marco Bellocchio, Mirco Garrone; *suono*: Bruno Charier; *produzione*: Gruppo Bema, Reteitalia, Cinémax Film - Paris, T.F.1 Films Production - Paris.

Paura e amore (1988)

Regia: Margarethe Von Trotta; *soggetto e sceneggiatura*: Dacia Maraini, Margarethe Von Trotta; *interpreti*: Fanny Ardant, Greta Scacchi, Valeria Golino, Peter Simonischek, Sergio Castellitto, Agnès Soral, Paolo Hendel, Gila von Weitershausen, Jean-Paul Biczycki, Ralph Schicha, Guido Alberti, Franco Javarone, Anna Maria Sozzani, Anna Lelio, Sonia Gessner, Carla Benedetti, Véronique Barrault, Giampiero Bianchi, Giovanni Colombo, Beniamino Placido, Giovanni Grazzini; *fotografia*: Giuseppe Lanci; *musica*: Franco Piersanti; *costumi*: Nicoletta Ercole; *scene*: Giantito Burchiellaro; *montaggio*: Enzo Meniconi; *suono*: Bruno Charier; *produzione*: ERRE Produzioni, Reteitalia, Bioskop Film & Co. - München, Cinémax France - Paris, Compagnie Générale d'Images - Paris.

Francesco (1989)

Regia: Liliana Cavani; *soggetto*: Liliana Cavani; *sceneggiatura*: Liliana Cavani, Roberta Mazzoni; *interpreti*: Mickey Rourke, Helena Bonham Carter, Andréa Ferréol, Paolo Bonacelli, Mario Adorf, Peter Berling, Nikolaus Dutsch, Hanns Zischler, Fabio Bussotti, Riccardo De Torrebruna, Alexander Dubin, Edward Farrelly, Paolo Proietti, Paco Reconti, Diego Ribon, Maurizio Schmidt, Sofia Amendolea; *fotografia*: Giuseppe Lanci, Ennio Guarnieri (per tre settimane a Perugia); *musica*: Vangelis; *costumi*: Danilo Donati; *scene*: Danilo Donati; *suono*: Frank Jahn; *montaggio*: Gabriella Cristiani; *produzione*: Istituto Luce - Italnoleggio Cinematografico, Karol Film, RAI-Radiotelevisione Italiana (Rete 1), Royal Film - München.

Palombella rossa (1989)

Regia: Nanni Moretti; *soggetto e sceneggiatura*: Nanni Moretti; *interpreti*: Nanni Moretti, Silvio Orlando, Mariella Valentini, Alfonso Santagata, Claudio Morganti, Asia Argento, Eugenio Masciari, Mario Patanè,

Antonio Petrocelli, Remo Remotti, Fabio Traversa, Luigi Moretti, Mario Schiano, Giovanni Buttafava, Gabriele Ceracchini, Luisanna Pandolfi, Imre Budavari, Mauro Maugeri, Raoul Ruiz; *fotografia*: Giuseppe Lanci; *musica*: Nicola Piovani; *costumi*: Maria Rita Barbera; *scene*: Giancarlo Basili, Leonardo Scarpa; *montaggio*: Mirco Garrone; *suono*: Franco Borni; *produzione*: RAI-Radiotelevisione Italiana (Rete 1), Sacher Film, So.Fin.A., Palmyre Film - Paris.

Il prete bello (1989)

Regia: Carlo Mazzacurati; *soggetto*: dall'opera di G. Parise; *sceneggiatura*: Franco Bernini, Carlo Mazzacurati, Enzo Monteleone, Mirco Garrone; *interpreti*: Massimo Santelia, Davide Torsello, Roberto Citran, Jessica Forde, Adriana Asti, Marco Messeri, Stefano Petrocelli, Silvana De Santis, Luisa De Santis, Amy Werba, Raul Billerey, Sergio Vastano; *fotografia*: Giuseppe Lanci; *musica*: Fiorenzo Carpi; *costumi*: Maria Rita Barbera; *scene*: Leonardo Scarpa, Giancarlo Basili; *suono*: Franco Borni; *montaggio*: Mirco Garrone; *produzione*: Nickelodeon, RAI-Radiotelevisione Italiana (Rete 3), Partner's Production - Paris.

Il sole anche di notte (1990)

Regia: Paolo Taviani, Vittorio Taviani; *soggetto*: dall'opera di L. Tolstoj; *sceneggiatura*: Paolo Taviani, Vittorio Taviani, Tonino Guerra; *interpreti*: Julian Sands, Charlotte Gainsbourg, Massimo Bonetti, Maria Antonia Capotorto, Patricia Millardet, Margarita Lozano, Gaetano Sperandeo, Matilde Piana, Vittorio Capotorto, Riccardo Parrisio Perrotti, Nastassja Kinski, Rüdiger Vogler, Pamela Villoresi, Geppy Glejeses, Sonia Gessner, Salvatore Rossi, Teresa Brescianini, Biagio Barone, Ferdinando Murolo, Aleksander Mincer, Ubaldo Lo Presti, Carlo Luca De Ruggieri; *fotografia*: Giuseppe Lanci; *musica*: Nicola Piovani; *costumi*: Lina Nerli Taviani, *scene*: Gianni Sbarra; *montaggio*: Roberto Perpignani; *suono*: Frank Jahn; *produzione*: Filmtre, RAI-Radiotelevisione Italiana (Rete 1), Sara Films - Paris, Interpool - Paris, Capoul Paris, Direkt Film - München.

I tarassachi (1990)

Regia: Francesco Ranieri Martinotti, Rocco Mortelliti, Fulvio Ottaviano; *soggetto*: Fulvio Ottaviano, Francesco Ranieri Martinotti; *sceneggiatura*: Fulvio Ottaviano, Francesco Ranieri Martinotti, Rocco Mortelliti; *interpreti*: Athina Cenci, Sergio Castellitto, Laurentina Guidotti, Miscia Maser, Nini Salerno, Scilla Ficcadenti, Emma Dante, Matteo Chioatto, Ilaria Borrelli; *fotografia*: Giuseppe Lanci; *musica*: Fiorenzo Carpi; *costumi*: Sonia Ciuffi; *scene*: Luca Donnini; *montaggio*: Annalisa Forgione; *suono*: Fabio Felici; *produzione*: Nuovo Film.

Le Baule, le Pins (1990)
Regia: Diane Kurys; *soggetto*: Diane Kurys; *sceneggiatura*: Diane Kurys, Alain Le Henry; *interpreti*: Nathalie Baye, Richard Berry, Zabou Breitman, Jean-Pierre Bacri, Vincent Lindon, Valeria Bruni Tedeschi, Didier Bénureau, Julie Bataille, Candice Lefranc, Alexis Derlon; *fotografia*: Giuseppe Lanci; *musica*: Philippe Sarde; *costumi*: Caroline de Vivaise, Fanny Jakubowicz; *scene*: Tony Egry; *montaggio*: Raymonde Guyot; *produzione*: Centre National de la Cinématographie, Films A2, Société Général de la Gestion Cinématographique.

In nome del popolo sovrano (1990)
Regia: Luigi Magni; *soggetto e sceneggiatura*: Luigi Magni, Arrigo Petacco; *interpreti*: Alberto Sordi, Luca Barbareschi, Serena Grandi, Nino Manfredi, Jacques Perrin, Elena Sofia Ricci, Massimo Wertmüller, Carlo Croccolo, Luigi De Filippo, Gianni Bonagura, Elena Berera, Roberto Herlitzka, Gianni Garko; *fotografia*: Giuseppe Lanci; *musica*: Nicola Piovani; *costumi*: Lucia Mirisola; *scene*: Lucia Mirisola; *montaggio*: Ruggero Mastroianni; *suono*: Gianni Sardo; *produzione*: RAI-Radiotelevisione Italiana (Rete 2), ERRE Produzioni, Inital Audio Visuel - Paris, Taurus Film - München.

La condanna (1991)
Regia: Marco Bellocchio; *soggetto e sceneggiatura*: Marco Bellocchio, Massimo Fagioli; *interpreti*: Vittorio Mezzogiorno, Andrzej Szeweryn, Claire Nebout, Grazyna Szapolowska, Paolo Graziosi, Maria Immacolata Sneider, Claudio Emeri; *fotografia*: Giuseppe Lanci; *musica*: Carlo Crivelli; *costumi*: Stefania Benelli; *scene*: Giantito Burchiellaro; *montaggio*: Mirko Garrone; *produzione*: Cineuropa '92, Istituto Luce - Italnoleggio Cinematografico, RAI-Radiotelevisione Italiana (Rete 2), Cactus Film - Zürich, Banfilm - Paris, Canal Plus - Paris.

La villa del venerdì (1991)

Regia: Mauro Bolognini; *soggetto*: dall'opera di A. Moravia; *sceneggiatura*: Sergio Bazzini; *interpreti*: Julian Sands, Joanna Pacula, Tchéky Karyo, Lara Wendel, Marco Di Stefano, Jeanne Valérie, Veronica Del Chiappa, Ines Nobili, Sonia Topazio; *fotografia*: Giuseppe Lanci; *musica*: Ennio Morricone; *costumi*: Alberto Spiazzi, Giorgio Armani; *scene*: Claudio Cinini; *suono*: Carlo Palmieri, Piero Fondi; *montaggio*: Sergio Montanari; *produzione*: Metrofilm, P.A.C. - Produzioni Atlas Consorziate.

Johnny Stecchino (1991)

Regia: Roberto Benigni; *soggetto e sceneggiatura*: Vincenzo Cerami, Roberto Benigni; *interpreti*: Roberto Benigni, Nicoletta Braschi, Paolo Bonacelli, Franco Volpi, Ivano Marescotti, Turi Scalia, Loredana Romito, Alessandro De Santis, Salvatore Borgese, Gaetano Campisi, Giulio Donnini, Domenico Minutoli, Giorgia O'Brien, Ignazio Pappalardo, Gigliola Reina, Gaetano Sperandeo, Giorgio Trestini, Vito Zappalà; *fotografia*: Giuseppe Lanci; *musica*: Evan Lurie; *costumi*: Gianna Gissi; *scene*: Paolo Biagetti; *suono*: Remo Ugolinelli; *montaggio*: Nino Baragli; *produzione*: Cecchi Gori Group - Tiger Cinematografica, Pentafilm.

Le amiche del cuore (1992)

Regia: Michele Placido; *soggetto*: Angelo Pasquini; *sceneggiatura*: Angelo Pasquini, Michele Placido, Roberto Nobile; *interpreti*: Asia Argento, Carlotta Natoli, Claudia Pandolfi, Michele Placido, Simonetta Stefanelli, Enrico Lo Verso, Laura Trotter, Franco Interlenghi, Orchidea De Santis; *fotografia*: Giuseppe Lanci; *musica*: Nicola Piovani; *costumi*: Ornella Campanale, Marina Campanale; *scene*: Francesco Frigeri; *suono*: Luciano Muratori; *montaggio*: Ruggero Mastroianni; *produzione*: Pladi Audiovisivi, Clemi Cinematografica, RAI-Radiotelevisione Italiana (Rete 2).

Tra due risvegli (1993)

Regia: Amedeo Fago; *soggetto*: Lia Francesca Morandini; *sceneggiatura*: Paolo Breccia, Amedeo Fago; *interpreti*: Ivano Marescotti, Franco Castellano, Silvia Cohen, Cecilia Dazzi, Francesca Fago, Martina Germi, Gisella Burinato, Giovanni Vettorazzo; *fotografia*: Giuseppe Lanci; *musica*: Juan Bacalov; *costumi*: Stefania Svizzeretto; *scene*: Carmelo Patrono; *suono*: Alessandro Zanon; *montaggio*: Ilaria De Laurentiis; *produzione*: Daedalus.

Fiorile (1993)

Regia: Paolo Taviani, Vittorio Taviani; *soggetto e sceneggiatura*: Sandro Petraglia, Paolo Taviani, Vittorio Taviani; *interpreti*: Claudio Bigagli, Galatea Ranzi, Michael Vartan, Lino Capolicchio, Athina Cenci, Constanze Engelbrecht, Renato Carpentieri, Chiara Caselli, Ciro Esposito, Elisa Giani, Giovanni Guidelli, Norma Martelli, Pier Paolo Capponi, Laurent Schilling, Fritz Mueller-Scherz, Giancarlo Carboni, Mario Andrei, Carlo Luca De Ruggieri, Laura Scarimbolo, Giovanni Cassinelli, Sergio Dagliana; *fotografia*: Giuseppe Lanci; *musica*: Nicola Piovani; *costumi*: Lina Nerli Taviani; *scene*: Gianni Sbarra; *montaggio*: Roberto Perpignani; *suono*: Bruno Pupparo; *produzione*: Filmtre, Gierre Film, Pentafilm, Florida Movies - Nanterre, Canal Plus Productions, - Paris, Roxy Film - München, K. S. Film - München, La Sept Cinéma - Paris.

Caro diario (1993)

Regia, soggetto e sceneggiatura: Nanni Moretti; *interpreti*: Nanni Moretti, Cristina Aubry, Donatella Botti, Giulio Base, Renato Carpentieri, Mario Schiano, Emanuele Gerratana, Giovanna Bozzoilo, Raffaella Lebboroni, Valerio Magrelli, Sebastiano Nardone, Marco Paolini, Sergio Lambiase, Antonio Petrocelli, Claudia Della Seta, Roberto Nobile, Gianfranco Mecacci, Lorenzo Alessandri, Pino Gentile, Italo Spinelli, Antonio Neiwiller, Gianni Ferraretto, Carlo Mazzacurati, Conchita Airoldi, Franco Lucarelli, Jennifer Beals, Riccardo Zinna, Serena Nono, Alexander Rockwell, Moni Ovadia, Yu Ming Lun, Gruppo Diapason, Yu Ming Chang Pio, Umberto Contarelli; *fotografia*: Giuseppe Lanci; *musica*: Nicola Piovani; *costumi*: Maria Rita Barbera; *scene*: Marta Maffucci; *suono*: Franco Borni; *montaggio*: Mirco Garrone; *produzione*: Sacher Film, RAI-Radiotelevisione Italiana (Rete 1), Banfilm - Paris, La Sept Cinéma - Paris, Canal Plus Productions - Paris.

Il teppista (1994)

Regia: Veronica Perugini; *soggetto e sceneggiatura*: Veronica Perugini, Giancarlo Sartoretto; *interpreti*: Giacomo Zito, Michela Cescon, Massimo Somaglino, Carlo Vitale, Claudio Mezzelani, Igor Sclausero, Paolo Fagiolo, Giorgio Basile, Fabio Scaramuzzi; *fotografia*: Giuseppe Lanci; *musica*: Alessandro Molinari; *costumi*: Beatrice Scarpato; *scene*: Luisa Tomasetig; *suono*: Gianni Sardo; montaggio: Chiara Anselmi; *produzione*: Caro Film di Veronica Perugini.

Con gli occhi chiusi (1994)

Regia: Francesca Archibugi; *soggetto*: dall'opera di F. Tozzi; *sceneggiatura*: Francesca Archibugi; *interpreti*: Stefania Sandrelli, Marco Messeri, Debora Caprioglio, Alessia Fugardi, Fabio Modesti, Sergio Castellitto, Margarita Lozano, Angela Molina, Laura Betti, Gabriele Bocciarelli, Nada Malanima, Silvio Vannucci, Raffaele Vannoli, Sergio Pierattini, Ornella Marini, Rocco Papaleo, Massimo Salvianti, Riccardo Zinna, Chiara Amadio; *fotografia*: Giuseppe Lanci; *musica*: Battista Lena; *costumi*: Paola Marchesin; *scene*: Davide Bassan; *montaggio*: Roberto Perpignani; *suono*: Alessandro Zanon, Gianrico La Rosa; produzione: M.G., International Film, RAI-Radiotelevisione Italiana, Paradis Films - Paris, Cartel Films - Madrid, Canal Plus Productions - Paris.

Scooter (1995)

Regia, soggetto e sceneggiatura: Roberto Palmerini; *interpreti*: Francesco Tinaro, Danny Durantini, Maurizio Mattioli, Carola Stagnaro, Stefano Antonucci, Nadia Rinaldi, Eugenio Palma, Valentino Berlino, Stefano Lucidi, Alessandro Manzo, Ester Astrologo, Marco Carbognani, Marco Giannoni; *fotografia*: Giuseppe Lanci; *musica*: Paolo Margoni; *costumi*: Gaia Zambelli; *scene*: Davide Bassan; *suono*: Dino Raini, Roberto Tomaselli; *montaggio*: Bruno Sarandrea; *produzione*: Filmcraft & Take off.

Compagna di viaggio (1996)

Regia: Peter Del Monte; *soggetto*: Peter Del Monte; *sceneggiatura*: Peter Del Monte, Gloria Malatesta, Claudia Sbarigia; *interpreti*: Asia Argento, Michel Piccoli, Lino Capolicchio, Silvia Cohen, Max Malatesta, Pierfrancesco Poggi, Tarcisio Branca, Antonio Calia, Sebastiano Colla, Germano Di Mattia, Silvana Gasparini, Maddalena Maggi, Patrizia Pezza, Christele Procopio, Elisabetta Rocchetti, Maria Teresa Saponangelo, Chantal Ughi, Katarzyna Waszynska; *fotografia*: Giuseppe Lanci; *musica*: Dario Lucantoni; *costumi*: Paola Marchesin; *scene*: Mario Rossetti; *suono*: Mario Iaquone; *montaggio*: Simona Paggi; *produzione*: Alia Film, Istituto Luce.

Le affinità elettive (1996)

Regia: Paolo Taviani, Vittorio Taviani; *soggetto*: dall'opera di J. W. Goethe; *sceneggiatura*: Paolo Taviani, Vittorio Taviani; *interpreti*: Isabelle Huppert, Fabrizio Bentivoglio, Jean-Hugues Anglade, Marie Gillain, Massimo Popolizio, Laura Marinoni, Consuelo Ciatti, Stefania Fuggetta,

Massimo Grigò, Adelaide Foti, Giancarlo Carboni; *fotografia*: Giuseppe Lanci; *musica*: Carlo Crivelli; *costumi*: Lina Nerli Taviani; *scene*: Gianni Sbarra; *suono*: Bernard Bats; *montaggio*: Roberto Perpignani; *produzione*: Filmtre, Gierre Film, RAI-Radiotelevisione Italiana (Rete 1), Florida Movies - Nanterre, France 3 Cinéma - Paris, Canal Plus - Paris, Films du Camélia - Paris.

Il principe di Homburg (1997)

Regia: Marco Bellocchio; *soggetto*: dall'opera di H. Von Kleist; *sceneggiatura*: Marco Bellocchio; *interpreti*: Andrea Di Stefano, Barbora Bobulova, Toni Bertorelli, Anita Laurenzi, Fabio Camilli, Gianluigi Fogacci, Italo Dall'Orto, Bruno Corazzari, Diego Ribon, Pierfrancesco Favino, Federico Scribani Rossi, Marco Piccioni, Memo Dini, Riccardo Diana, Erika Urban, Barbara Chiesa, Gianluca Petrazzi; *fotografia*: Giuseppe Lanci; *musica*: Carlo Crivelli; *costumi*: Francesca Sartori; *scene*: Giantito Burchiellaro; *montaggio*: Francesca Calvelli; *suono*: Maurizio Argentieri; *produzione*: Istituto Luce, Filmalbatros.

Santo Stefano (1997)

Regia: Angelo Pasquini; soggetto e sceneggiatura: Roberto Nobile, Angelo Pasquini; *interpreti*: Claudio Amendola, Claudio Bigagli, Laura Morante, Andrea De Rosa, Antonio Petrocelli, Lucio Allocca, Giorgio Tirabassi, Roberto Nobile, Antonio Pennarella, Lello Serao, Gaetano Amato, Paolo Gasparini, Nicola Rignanese, Nello Riviè, Luigi Maria Burruano, Roberto Rosini, Rosa Pianeta, Alessandra Vanzi, Maurizio Romoli, Nicoletta Maragno, Emanuele Valenti, Sara Angelini, Andrea Pirro, Marco Troncone; *fotografia*: Giuseppe Lanci, Franco Di Giacomo; *musica*: Nicola Piovani; *costumi*: Lia Francesca Morandini; *suono*: Alessandro Zanon, Gianni Sardo; *montaggio*: Sergio Nuti; *produzione*: Alia Film.

Oscar per due (1998)

Film TV super 16.
Regia: Felice Farina; *soggetto e sceneggiatura*: Stefano Vicario, Giovanna Koch; *interpreti*: Claudio Bisio, Amanda Sandrelli, Roberto de Rosa, Giacomo Ecossi, Selvaggia Quattrini, Nicola Pistoia, Everardo dalla Noce, Sabrina Scuccimarra, Bruno Armando, Emilia Marra, Gippy Soprani; *fotografia*: Giuseppe Lanci; *musica*: Tommaso Vittorini; *co-*

stumi: Vera Cozzolino; *scene*: Giovanni Albanesi; *montaggio*: Roberto Schiavone; produzione: RAI-Radiotelevisione Italiana.

Fedra – Dentro il cuore (1998)

Regia: Memè Perlini; *soggetto*: Francesco Portone; *sceneggiatura*: Andrea Cassini, Francesco Portone; *interpreti*: Isabelle Pasco, Marco Bonini, Ida Di Benedetto, Nuccio Siano, Memè Perlini, Marco Quaglia, Antonio Zequila, Giuseppe Bisogno, Nicola D'Eramo, Alberto Rossi, Saverio Deodato, Gianluca Bemporad, Raffaella Offidani, Bedlu Cerchiai, Anna Giampiccoli, Giorgio Aprea, Giacomo Ferullo; *fotografia*: Giuseppe Lanci; *musica*: Gianni Fiori; *costumi*: Gabriella Laurenzi; *scene*: Antonio Panzieri; *suono*: Giuseppe Cricchi; *montaggio*: Antonio Siciliano; *produzione*: New Regency Productions, Mediaset.

Aprile (1998)

Regia, soggetto e sceneggiatura: Nanni Moretti; *interpreti*: Nanni Moretti, Silvio Orlando, Silvia Nono, Pietro Moretti, Nuria Schoenberg, Agata Apicella Moretti, Angelo Barbagallo, Silvia Bonucci, Quentin de Fouchecour, Renato De Maria, Daniele Luchetti, Andrea Molaioli, Nicola Piepoli, Corrado Stajano, Claudio Francia, Jacopo Francia, Matilde Francia, Giovanna Nicolai; *fotografia*: Giuseppe Lanci; *musica*: Ludovico Einaudi; *costumi*: Valentina Taviani; *scene*: Marta Maffucci; *suono*: Alessandro Zanon; *montaggio*: Angelo Nicolini, Daniele Sordoni; *produzione*: Sacher Film, RAI-Radiotelevisione Italiana, Bac Films - Paris, Canal Plus - Paris, La Sept Cinéma - Paris, La Studio Canal Plus - Paris.

I piccoli maestri (1998)

Regia: Daniele Luchetti; *soggetto*: dall'opera di L. Meneghello, Stefano Rulli, Daniele Luchetti, Sandro Petraglia, Domenico Starnone; *sceneggiatura*: Daniele Luchetti, Sandro Petraglia, Gioia Petraglia, Domenico Starnone; *interpreti*: Stefano Accorsi, Stefania Montorsi, Giorgio Pasotti, Filippo Sandon, Diego Gianesini, Marco Piras, Marco Paolini, Massimo Santelia, Stefano Scandaletti, Martin Glade, Pierpaolo Sovran, Luigi Mercanzin, Mirco Artuso, Marco Bidin, Elia Dal Maso, Tommaso Bonetto, Elena Schivo, Federico Fumo, Guglielmo Tagliaferri, Roberta Forte, Massimo Dal Sasso, Alessandro Basso, Pier Giorgio Alberti, Adriano Braidotti, Alessandro Lise, Lorenzo Rizzato, Gianantonio Campi, Ivana Barutti, Barbara Rampazzo, Roberto Giacomazzi, Maurizio Camilli, Alessandra Stradella, Romeo Monaro, William Gasparini; *fotografia*:

Giuseppe Lanci; *musica*: Dario Lucantoni; *costumi*: Maria Rita Barbera; *scene*: Giancarlo Basili; *suono*: Remo Ugolinelli; *montaggio*: Patrizio Marone; *produzione*: Cecchi Gori Group - Tiger Cinematografica.

Tu ridi (1998)

Regia: Paolo Taviani, Vittorio Taviani; *soggetto*: dall'opera di L. Pirandello; *sceneggiatura*: Paolo Taviani, Vittorio Taviani; *interpreti*: Antonio Albanese, Giuseppe Cederna, Luca Zingaretti, Sabrina Ferilli, Pietro De Silva, Turi Ferro, Luciano Virgilio, Lello Arena, Roberto Nobile, Steve Spedicato, Carmelo Carnemolla, Dario Cantarelli, Ludovico Caldarera, Biancamaria D'Amato, Elena Ghiaurov, Roberto Fuzio, Alessandro Costanzo, Orio Scaduto, Filippo Dini, Andrea Di Casa, Riccardo Mosca, Gianluca Valenti, Frida Bruno, Nanà Torbica, Valentina Barresi, Elvira Anna, Elena Feo, Donatella Furino, Maurilio Scaduto; *fotografia*: Giuseppe Lanci; *musica*: Nicola Piovani; *costumi*: Lia Nerli Taviani; *scene*: Gianni Sbarra; *suono*: Tullio Morganti; *montaggio*: Roberto Perpignani; *produzione*: Filmtre, Dania Film, RAI Cinemafiction.

La vita che verrà (1999)

Film TV.

Regia: Pasquale Pozzerese; *sceneggiatura*: Sandro Petraglia, Stefano Rulli; *interpreti*: Margherita Buy, Roberto De Francesco, Stefano Dionisi, Nicola Farron, Valeria Golino, Andrea Occhipinti, Silvio Orlando, Antonella Ponziani, Karin Proia, Claudio Santamaria; *fotografia*: Giuseppe Lanci; *musica*: Franco Piersanti; *montaggio*: Carlo Valerio; *produzione*: RAI Fiction, realizzata da Angelo Barbagallo, Donatella Botti per Bibi Film Tv.

La balia (1999)

Regia: Marco Bellocchio; *soggetto*: Marco Bellocchio, Daniela Ceselli, dall'opera di L. Pirandello; *sceneggiatura*: Marco Bellocchio, Daniela Ceselli; *interpreti*: Maya Sansa, Michele Placido, Fabrizio Bentivoglio, Valeria Bruni Tedeschi, Jacqueline Lustig, Pier Giorgio Bellocchio, Gisella Burinato, Elda Alvigini, Eleonora Danco, Fabio Camilli, Alessandra Bacigalupi, Letizia Bellocchio, Maria Luisa Bellocchio, Maria Calvelli, Francesca Calvelli; *fotografia*: Giuseppe Lanci; *musica*: Carlo Crivelli; *costumi*: Sergio Ballo; *scene*: Marco Dentici; *suono*: Maurizio Argentieri; *montaggio*: Francesca Calvelli; *produzione*: Filmalbatros, Istituto Luce, RAI-Radiotelevisione Italiana.

Tierra del fuego (2000)

Regia: Miguel Littin; *soggetto*: dall'opera di F. Coloane; *sceneggiatura*: Luis Sepùlveda, Miguel Littin; *interpreti*: Jorge Perugorrìa, Ornella Muti, Claudio Santamaria, Nancho Novo, Nelson Villagra, Álvaro Rudolphy, Tamara Acosta, Mateo Iribarren, Ángel Perra, Héctor Delgado, Uxía Blanco; *fotografia*: Giuseppe Lanci; *musica*: Angel Parra, Milladoiro; *costumi*: Pablo Nuñez; *scene*: Alejandra Egaña; *montaggio*: Ernest Blasi; *suono*: Aitor Berenguer; *produzione*: Surf Film, RAI-Radiotelevisione Italiana, Telepiù, Castelao Productions, Buenaventura Films, TVG Televisión Gallega, Televisión Nacional de Chile, ICAA, Xunta Gallega, Xacobeo 99.

La stanza del figlio (2001)

Regia: Nanni Moretti; *soggetto*: Nanni Moretti; *sceneggiatura*: Nanni Moretti, Linda Ferri, Heidrun Schleef; *interpreti*: Nanni Moretti, Laura Morante, Jasmine Trinca, Giuseppe Sanfelice, Silvio Orlando, Stefano Accorsi, Toni Bertorelli, Claudia Della Seta, Luisa De Santis, Dario Cantarelli, Eleonora Danco, Sofia Vigliar, Renato Scarpa, Roberto Nobile, Paolo De Vita, Roberto De Francesco, Claudio Santamaria, Antonio Petrocelli, Lorenzo Alessandri, Alessandro Infusini, Silvia Bonucci, Marcello Bernacchini, Alessandro Ascoli, Emanuele Lo Nardo; *fotografia*: Giuseppe Lanci; *musica*: Nicola Piovani; *costumi*: Maria Rita Barbera; *scene*: Giancarlo Basili; *montaggio*: Esmeralda Calabria; *suono*: Alessandro Zanon; *produzione*: Sacher Film, Telepiù, RAI Cinema, Bac Films - Paris, Studio Canal Plus - Paris.

Nowhere (2001)

Regia, soggetto e sceneggiatura: Luis Sepúlveda; *interpreti*: Luigi Maria Burruano, Ariel Casas, Oscar Castro, Daniel Fanego, Caterina Murino, Jorge Purugorría, Andrea Prodan, Leonardo Sbaraglia, Angela Molina, Harvey Keitel, Fernando Guillèn Cuervo, Laura Mana, Patricio Contreras, Martin Seefeld, Antonio Ugo, Roberto Vallejos, Manuel Bandera, Manuel Valente, Leon Sepúlveda; *fotografia*: Giuseppe Lanci; *musica*: Nicola Piovani; *costumi*: Fiamma Bedendo; *scene*: Graciela Oderigo; *montaggio*: Mauro Bonanni; *produzione*: Surf Film, Telepiù, RAI Cinema, Castelao Productions, Patagonik Film Group.

Bimba – È clonata una stella (2002)

Regia, soggetto e sceneggiatura: Sabina Guzzanti; *interpreti*: Sabina Guzzanti, Francesco Paolantoni, Adriana Asti, Giovanni Esposito,

Enzo Vitagliano, Caterina Guzzanti, Antonio Catania, Iaia Forte, Olimpia Carlisi, Stefania Orsola Garello, Gary Hughes, Pietro De Silva, Neri Marcorè; *fotografia*: Giuseppe Lanci; *musica*: Paolo Silvestri; *costumi*: Salvatore Slazano; *scene*: Marco Dentici; *montaggio*: Francesca Calvelli; *produzione*: Medusa Film, Telepiù.

La spettatrice (2004)
Regia: Paolo Franchi; *soggetto*: Paolo Franchi; *sceneggiatura*: Paolo Franchi, Heidrun Schleef, Rinaldo Rocco, Daniela Caselli, Diego Ribon; *interpreti*: Barbora Bobulova, Andrea Renzi, Brigitte Catillon, Chiara Picchi, Matteo Mussoni; *fotografia*: Giuseppe Lanci; *musica*: Carlo Crivelli; *costumi*: Alessandro Lai; *scene*: Maurizia Narducci; *montaggio*: Alessio Doglione; *suono*: Alessandro Zanon; *produzione*: Emme Produzioni S.r.l., Ubu Film S.r.l.

Nel mio amore (2004)
Regia: Susanna Tamaro; *soggetto e sceneggiatura*: Susanna Tamaro, Roberta Mazzoni; *interpreti*: Licia Maglietta, Urbano Barberini, Vincent Riotta, Damiano Russo, Alessia Fugardi, Sara Franchetti, Arturo Paglia, Marco Bellini, Angela Curri, Sergio Fiorentini; *fotografia*: Giuseppe Lanci; *musica*: Giovanni Paolo Fontana; *costumi*: Monica Simeone; *scene*: Massimo Vichi; *suono*: Benito Alchimede, Maurizio Grassi; *montaggio*: Alessio Doglione; *produzione*: Italian International Film.

Peperoni ripieni e pesci in faccia (2004)
Regia: Lina Wertmuller; *soggetto*: Umberto Marino; *sceneggiatura*: Elvio Porta, Umberto Marino; *interpreti*: Sophia Loren, F. Murray Abraham, Caspar Zafer, Carolina Rosi, Jesus Emiliano Coltorti, Melissa Lohman, Silvia Abascal, Armando Pugliese, Elio Pandolfi, Moira Grassi, Anna Longhi, Maria Zulina Job, Nicolas Nati, Angela Pagano; *fotografia*: Giuseppe Lanci; *musica*: Lucio Gregoretti, Italo Greco; *costumi*: Sybille Ulsamer; *scene*: Enrico Job; *suono*: Massimo Pisa; *produzione*: Solaris International S.r.l., GAM Film.

La masseria delle allodole (2007)
Regia: Paolo Taviani, Vittorio Taviani; *soggetto*: Paolo Taviani, Vittorio Taviani, liberamente ispirato dall'omonimo romanzo di Antonia Arslan; *sceneggiatura*: Paolo Taviani, Vittorio Taviani; *interpreti*: Paz Vega, Moritz Bleibtreu, Alessandro Preziosi, Angela Molina, Moham-

med Bakri, Tchéky Karyo, Mariano Rigillo, Christo Shopov, Christo Jivkov, Stefan Danailov, Yvonne Dussollier, Arsinée Khanjian; *fotografia*: Giuseppe Lanci; *musica*: Giuliano Taviani; *costumi*: Lina Nerli Taviani; *scene*: Andrea Crisanti; *montaggio*: Roberto Perpignani; *produzione*: Ager 3, RAI Cinema, Eagle Pictures, Nimar Studios, Sagrera TV, TVE, Flach Film - Paris, France 2 Cinéma - Paris, Canal +, 27 Film Production, ARD Degeto.

No problem (2008)
Regia: Vincenzo Salemme; *soggetto*: Vincenzo Salemme; *sceneggiatura*: Vincenzo Salemme, Ugo Chiti; *interpreti*: Vincenzo Salemme, Sergio Rubini, Giorgio Panariello, Aylin Prandi, Iaia Forte, Oreste Lionello, Gisella Sofìo, Cecilia Capriotti, Marco Marelli, Loretta Rossi Stuart, Massimiliano Gallo, Nicola Acunzo, Fabrizio Ceccarelli, Francesco Ceccarelli, Renato Marchetti, Federico Pacifici, Teresa Del Vecchio, Paola Minaccioni, Rosalia Porcaro, Daniela Marazita, Giacomo Furia, Anna Proclemer; *fotografia*: Giuseppe Lanci; *musica*: Gigi D'Alessio; *costumi*: Mariano Tufano; *scene*: Cinzia Lo Fazio; *suono*: Maurizio Argentieri; *montaggio*: Luca Montanari; *produzione*: Medusa Film, Sky.

Lo STrAGE (2010)
Cortometraggio.
Realizzato con gli allievi del corso "Assistente di regia e produzione dell'audiovisivo", promosso dall'IPSSCT "Luzzati" e dall'ITCS "Gramsci" di Mestre (Ve), in collaborazione con Regione Veneto, C.P.V. Bmovie Production.

Beyond the glass (2011)
Cortometraggio.
Regia: Andrea Di Bari; *soggetto e sceneggiatura*: Erri De Luca, Andrea Di Bari; *interpreti*: Isa Danieli, Erri De Luca; *fotografia*: Giuseppe Lanci; *musica*: Daniele Sepe; *costumi*: Nicoletta Taranta; *scene*: Ettore Guerrieri; *montaggio*: Marco Spoletini; *produzione*: Pasta Garofalo, Blue Door Production, Pesce Rosso Comunicazione e Design.

Acciaio (2012)
Regia: Stefano Mordini; *soggetto*: Stefano Mordini, Giulia Calenda, dall'omonimo romanzo di S. Avallone; *sceneggiatura*: Stefano Mordini, Giulia Calenda; *interpreti*: Michele Riondino, Vittoria Puccini, Anna

Bellezza, Matilde Giannini, Francesco Turbanti, Luca Guastini, Monica Brachini, Massimo Popolizio; *fotografia*: Marco Onorato, Giuseppe Lanci (seconda unità); *musica*: Andrea Mariano; costumi: Ursula Patzack; *scene*: Luciano Ricceri; *suono*: Emanuele Cecere; *montaggio*: Jacopo Quadri, Marco Spoletini; *produzione*: Palomar S.p.A., RAI Cinema, Regione Toscana.

Premi e riconoscimenti

1982
Arriflex d'argento

1983
Premio Ubu per *Nostalghia*

1986
David di Donatello per *Un complicato intrigo di donne, vicoli e delitti*

1987
Ciak d'oro per *Diavolo in corpo*

1988
Premio Europa Cinema della critica internazionale per *Hawink*

1990
Sacher d'oro per *Il sole anche di notte*
Globo d'oro per *Il sole anche di notte*
Grolla d'oro per *Il sole anche di notte*

1991
Premio Cineforum per *La condanna*
Premio per la fotografia al V Festival Internazionale di Medicina e scientifico per *I tarassachi*

1992
Grolla di platino

1995
Onorificenza della Presidenza del Consiglio per il centenario della Nascita del Cinema

1996
Efebo d'oro per *Le affinità elettive*
Premio Cinema e Società per *Compagna di viaggio* e *Le affinità elettive*

1997
Premio miglior fotografia al 50° Festival Internazionale di Salerno per *Fedra*

1999
Globo d'oro per *La balia*
Grolla d'oro per *La balia*
Ciak d'oro per *La balia*

2004
Premio come miglior contributo tecnico al Festival di Bellaria per *La spettatrice*

2005
Premio come miglior contributo tecnico al Festival International du Film d'Amour di Mons per *La spettatrice*

2006
Premio Gianni di Venanzo alla carriera

Insegnamento

- Responsabile del corso di fotografia presso il Centro Sperimentale di Cinematografia di Roma (1984-85)

- Seminario al Festival dell'Aquila (1985)

- Seminario per la facoltà di Sociologia, Università La Sapienza, Roma (1989)

- Corso di aggiornamento professionale per operatori RAI (1996)

- Seminari per la scuola Laboratorio cinema (1996-1999)

- Due seminari e uno stage per la Cineteca di Bologna (1997-1999)

- Responsabile (insieme a Franco Di Giacomo) del corso di fotografia presso la Nuova Università del Cinema, NUCT, Roma (1998)

- Stage a Palermo per la Regione Sicilia (2000)

- Lezioni di fotografia per registi al Centro Sperimentale di Cinematografia – Scuola Nazionale di Cinema, Roma (2005)

- Seminario per la facoltà di Scienze Umanistiche, Università La Sapienza, Roma (2006)

- Responsabile del corso di fotografia per la NUCT, Roma (2007-2012)

- Seminario per il Dipartimento del DAMS di Roma Tre (2010)

- Responsabile del corso di fotografia presso il Centro Sperimentale di Cinematografia, Roma (dal 2014)

- Docente presso la Scuola d'Arte Cinematografia Gian Maria Volontè, Roma (2011-2012)

Bibliografia

Roberto Aita, *Giuseppe Lanci: Le Forme della Luce*, da OffScreen.com, 30 novembre 2001.

Vincent Amiel, *Lumière, surfaces*, Positif, n. 475, septembre 2000.

Juliette Bénabent, *Que reste-t-il de Pier Paolo Pasolini ?*, Télérama.fr, 26 octobre 2013.

Elisabetta Bruscolini, *Roma nel cinema tra realtà e finzione*, Fondazione Scuola Nazionale di Cinema, Roma 2000.

Giovanni Buttafava, *Nostalghia, Nostalghia...*, in Bianco e Nero, n. 4, ottobre-dicembre 1986.

Carlo Chatrian, Eugenio Renzi, *Entretiens. Nanni Moretti*, Editions Cahiers du Cinéma, 2008.

Stefano Consiglio, Fabio Ferzetti (a cura di), *La bottega della luce: i direttori della fotografia*, Ubulibri, Milano 1983.

Gualtiero De Marinis, *Una generazione di luci italiane*, Cineteca, anno XIV, n. 1, febbraio-marzo 1998.

Laura Di Bianco, Maria Orsini, Viridiana Rotondi (a cura di), *Intervista a Giuseppe Lanci*, in E. Bruscolini, Roma nel cinema tra realtà e finzione, Fondazione Scuola nazionale di cinema, Roma 2000.

Riccardo Ferrucci (a cura di), *La bottega Taviani. Un viaggio nel cinema da San Miniato a Hollywood*, La Casa Usher, 1987.

Alessandro Gatti (a cura di), *I Cineoperatori. La storia della cinematografia italiana dal 1941 al 2000 raccontata dagli autori della fotografia*, Vol. 2, AIC.

Alessandro Gatti (a cura di), *Foto-cinematografia e regia: il mestiere del regista nel racconto degli autori della fotografia*, AIC 2002.

Jean A. Gili, *Giuseppe Lanci. La lumière comme émotion*, Positif, n. 475, septembre 2000.

Jean A. Gili, Nanni Moretti, Gremese, Roma 2001.

Stéphane Goudet, *Il grido d'angoscia dell'uccello predatore, 20 tagli d'Aprile. The last customer*, Positif, n. 509/510, Juillet/Août 2003.

Giovanni Grazzini, *Due ore di poesia nei grovigli di "Nostalghia"*, Corriere della Sera, 18 maggio 1983.

Antonella Iadanza, *Bellocchio senza "luce"*, Rivista del Cinematografo, n. 3, marzo 2001.

Tullio Kezich, *Malati di nostalgia abbattete le frontiere*, la Repubblica, 18 maggio 1983.

Giuseppe Lanci, *L'eredità di "Nostalghia"*, Close Up, anno 1, n. 1, 1997.

Valeria Mannelli, *Lanci e i suoi autori*, Cineteca, anno XIV, n. 1, febbraio-marzo 1998.

Stefano Masi, *Italian Cinematographers: le nuove tendenze*, Cineforum, n. 226, luglio-agosto 1983.

Stefano Masi (a cura di), *Storie della luce*, La Lanterna Magica, L'Aquila 1983.

Stefano Masi, *I maghi della luce. Lanci*, Ciak, anno 3, n. 1, gennaio 1987.

Stefano Masi, *Dizionario mondiale dei direttori della fotografia*, Le Mani-Microart'S, Recco (Ge) 2009.

Antonio Monda, *I Taviani a New York*, La Repubblica, 16 novembre 2001.

Morando Morandini, *Un maestro e poeta della luce*, Il Gazzettino, 22 giugno 2000.

Anita Nicastro (a cura di), *Marco Bellocchio. Per un cinema d'autore*, Ferdinando Brancato Editore, Firenze 1992.

S. N., *A colloquio con Giuseppe Lanci*, Immagine e comunicazione, Kodak, n.10/1983.

S. N., *A colloquio con Liliana Cavani*, Immagine & Pubblico, anno VII, n. 1, gennaio/marzo 1989.

Andrej Tarkovskij, *Diari - Martirologio*, Edizioni della Meridiana, Firenze 2002.

Andrej Tarkovskij, *Luce istantanea*, Ultreya, Milano 2002.

Sergio Toffetti (a cura di), *Morale e bellezza. Marco Bellocchio*, Istituto Luce Cinecittà, Roma 2014.

Vito Zagarrio (a cura di), *Utopisti, esagerati. Il cinema di Paolo e Vittorio Taviani*, Saggi Marsilio, Marsilio Editori, Venezia 2004.

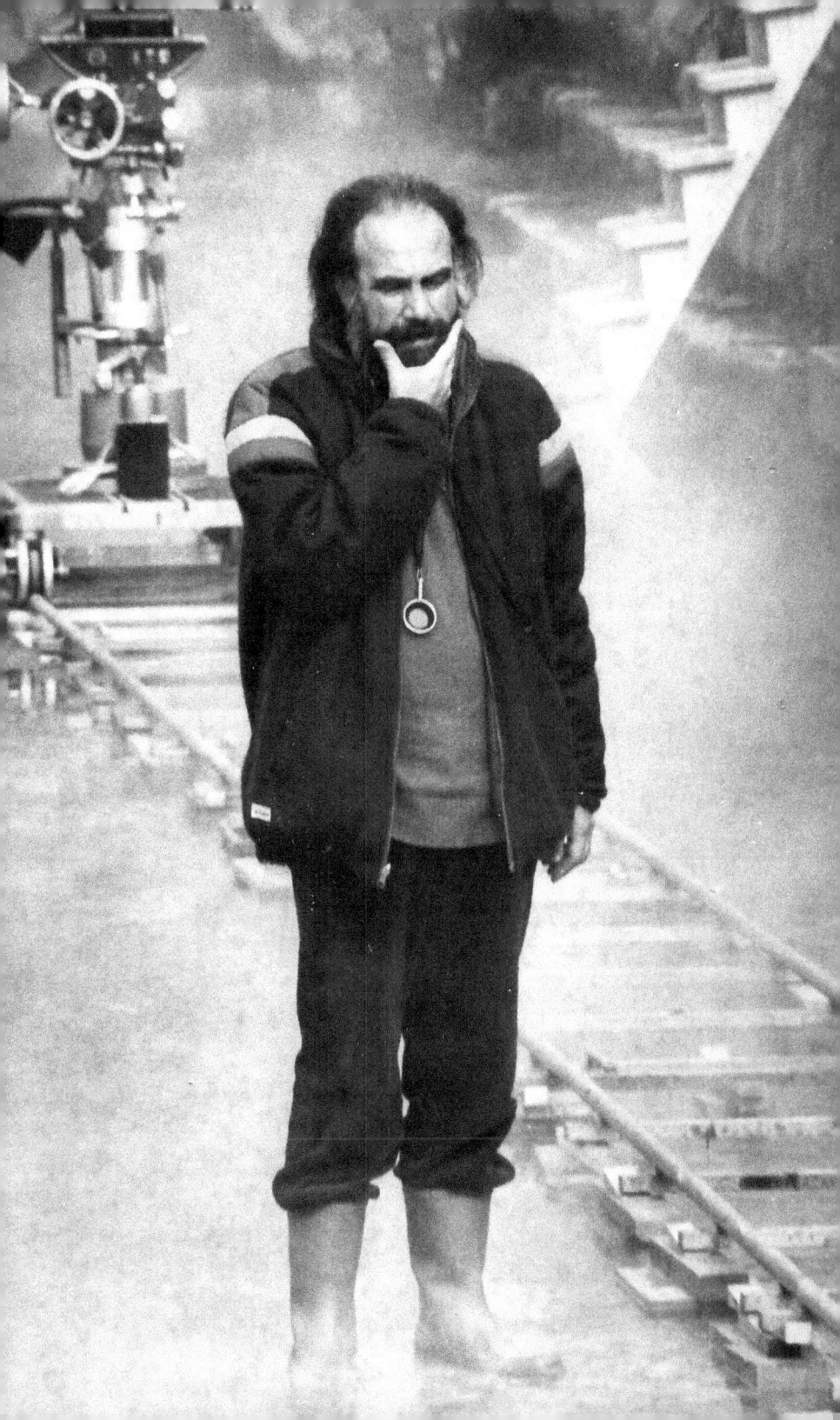

Artdigiland è un'attività editoriale che offre – attraverso l'editoria digitale e il broadcasting – interviste esclusive ad artisti internazionali. E saggi, monografie, biografie, raccolte di materiali. Artdigiland è anche una community web di autori, curatori, videomaker.

Vi invitiamo a sottoscrivere la nostra newsletter per essere informati sulle nuove uscite, sui nostri eventi e sulle offerte riservate ai nostri lettori: http://www.artdigiland.com/newsl

http: //artdigiland.com

Per informazioni: www.artdigiland.com
Per contatti: info@artdigiland.com

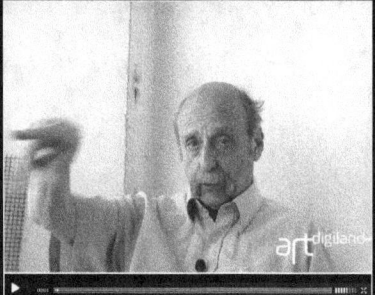

intervista a Marc Scialom
a cura di Silvia Tarquini

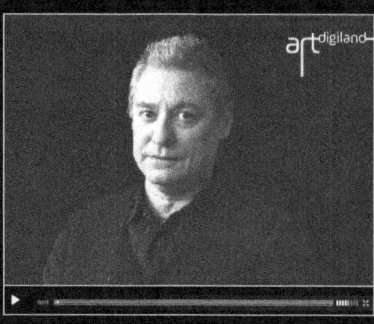

intervista a Fabrizio Crisafulli
a cura di Enzo Cillo

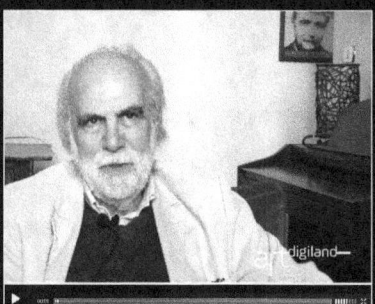

intervista a Beppe Lanci
a cura di Monica Pollini

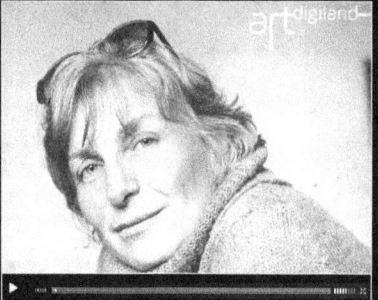

intervista a Adriana Berselli
a cura di Vittoria C. Caratozzolo

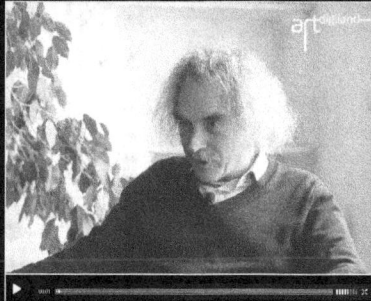

intervista a Eugène Green
a cura di Federico Francioni

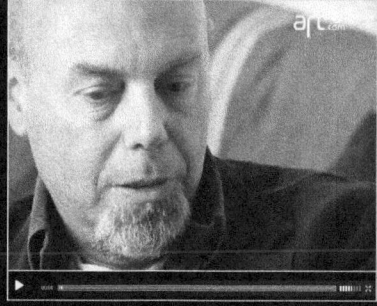

intervista a Luca Bigazzi
a cura di Alberto Spadafora

Artdigiland ha pubblicato in italiano:

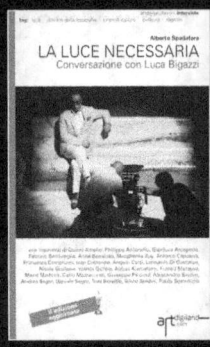

LA LUCE NECESSARIA
Conversazione con Luca Bigazzi
a cura di Alberto Spadafora
prefazione di Silvia Tarquini, 2012 - II ed. agg. 2014

Un libro intervista che "illumina" aspetti non noti delle migliori opere cinematografiche italiane degli ultimi trent'anni. La narrazione di Luca Bigazzi – direttore della fotografia e insieme operatore di macchina – raccoglie con coerenza caratteri tecnici, artistici ed etici del lavoro sul set. Bigazzi racconta la genesi del suo modo di lavorare libero da regole codificate, i motivi delle sue scelte professionali, la luce che ama, le ragioni della sua passione per lo stare in macchina. Come "controcampo", le testimonianze di 24 protagonisti del cinema italiano, tra registi, attori, produttori, fotografi di scena e collaboratori.

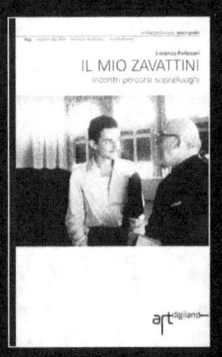

IL MIO ZAVATTINI
Incontri percorsi sopralluoghi
di Lorenzo Pellizzari, 2012

Il libro raccoglie quanto Pellizzari ha scritto e pensato su Zavattini da quando era ragazzo ad oggi, insieme ad una storica intervista, in cui Zavattini si concede forse come mai; documenta un lungo rapporto intellettuale e personale, fatto di infinite riflessioni, desideri, slanci, critiche, pentimenti, ripensamenti; e rivela l'ininterrotto impegno del critico a capire, da una parte, e a "stimolare", quasi, dall'altra, il suo personaggio. Un impegno appassionato e civile, e insieme sedotto dalla qualità giocosa della scrittura zavattiniana.

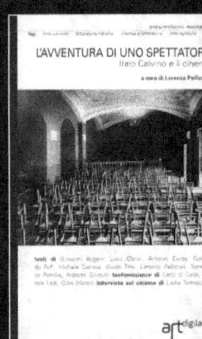

L'AVVENTURA DI UNO SPETTATORE
Italo Calvino e il cinema
a cura di Lorenzo Pellizzari, 2015
con saggi e autori vari

Nel trentennale della scomparsa, Artdigiland celebra Italo Calvino. Il libro ripercorre le poche ma fruttuose relazioni dello scrittore con il cinema italiano ma soprattutto sviluppa il viaggio in un immaginario che dal cinema prende le mosse. Si parte da quanto Calvino racconta nella sua *Autobiografia di uno spettatore*, del '74, prefazione al volume *Fellini: quattro film*, si attraversano racconti, romanzi, saggi critici individuando l'imprinting cinematografico, e si arriva al "segno calviniano" di non poche opere del cinema e del disegno animato contemporanei. L'apparato iconografico rende omaggio alla fascinazione calviniana per il cinema classico, soprattutto americano.

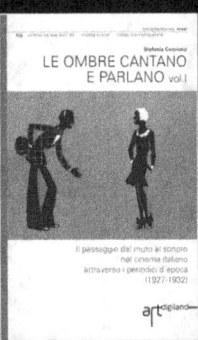

LE OMBRE CANTANO E PARLANO
Il passaggio dal muto al sonoro nel cinema italiano
attraverso i periodici d'epoca (1927-1932)
di Stefania Carpiceci
prefazione di Adriano Aprà, vol. I, 2012

L'intento di questo libro è quello di indagare, in Italia, il passaggio dal cinema silenzioso delle origini ai nuovi fonofilm. A fare da mappa sono soprattutto le riviste e i periodici cinematografici nazionali d'epoca, analizzati a partire dal 1927 – anno della prima proiezione americana de *Il cantante di jazz*, pellicola che notoriamente decreta la nascita ufficiale e internazionale del cinema sonoro – fino al 1932, data di adozione del doppiaggio in Italia. Undici film sono poi scelti e analizzati come casi rappresentativi delle questioni messe in campo dal sonoro.

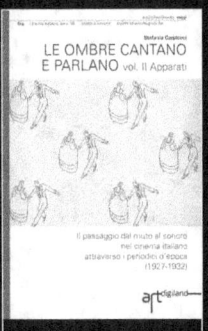

LE OMBRE CANTANO E PARLANO
Il passaggio dal muto al sonoro nel cinema italiano
attraverso i periodici d'epoca (1927-1932)
di Stefania Carpiceci, vol. II Apparati, 2013

Il volume II di *Le ombre cantano e parlano* propone una mappatura ragionata dei maggiori periodici cinematografici dell'epoca: «L'Argante», «Cine-Gazzettino», «Cinema Illustrazione», «Il Cinema Italiano», «Cinema-Teatro», «La Cinematografia», «Il Cine Mio», «L'Eco del Cinema», «Kines», «La Rivista Cinematografica», «Rivista Italiana di Cinetecnica» e «Lo Spettacolo Italiano». Ad essi si aggiungono due riviste teatrali, «Comoedia» e «Il Dramma», e un quotidiano, «Il Tevere», particolarmente attenti al cinema. Le testate sono scandagliate in relazione ai vari aspetti del passaggio dal muto al sonoro. Altro osservatorio privilegiato sono naturalmente i film, dei queli si riporta il repertorio.

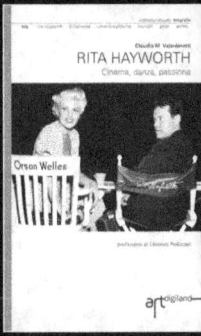

RITA HAYWORTH
Cinema, danza, passione
di Claudio Valentinetti
prefazione di Lorenzo Pellizzari, 2014

Una sterminata filmografia, più di sessanta titoli, anche se pochi sono quelli folgoranti, *Sangue e arena*, *La signora di Shanghai*, *Gilda*. Cinque mariti, tra cui il genio Orson Welles e l'"imam" Ali Khan, e molti grandi partner sul set. Un mito costruito dalla Mecca del Cinema di quegli anni per mano di sapienti produttori e di abili registi: Charles Vidor, Rouben Mamoulian, Howard Hawks, William Dieterle, Henry Hathaway, Raul Walsh e, ovviamente, Welles. Una vita durissima: un lungo lavoro per raggiungere il successo, prima come ballerina, negli spettacoli e nella scuola di flamenco della sua famiglia, i Dancing Cansinos, e poi come attrice. Senza mai ottenere quello che più desiderava: la felicità familiare.

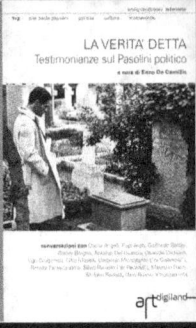

LA VERITÀ DETTA
Testimonianze sul Pasolini politico
a cura di Enzo De Camillis, 2015

Il quarantennale della morte di Pasolini cade in una fase del nostro Paese che in molti definiscono di "catastrofe culturale" (e politica, economica, umanitaria). Ponendosi in relazione con l'oggi, il libro propone una serie di testimonianze inedite sul Pasolini "politico", intellettuale spesso in contrasto con la sinistra ufficiale della sua epoca.

Si avvisano i lettori che il libro è esaurito.

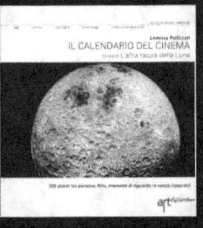

IL CALENDARIO DEL CINEMA
Ovvero L'altra faccia della Luna
365 giorni tra persone, film, momenti di riguardo (e senza riguardo)
di Lorenzo Pellizzari, 2016

Un calendario che si rispetti dedica ognuno dei suoi 365 giorni a un cosiddetto santo o a un memorabile momento della liturgia. Poteva sfuggire alla regola un calendario dedicato all'empireo del cinema, all'Olimpo dei suoi divi e delle sue divine, agli eventi della sua ormai lunga storia? Non poteva. Persone, film, momenti, ripescati dalla memoria di un vecchio critico, con il dovuto riguardo per quanti se lo meritano e senza alcun riguardo per altri. Anche un modo per rievocare incontri personali, amici scomparsi, visioni effimere.

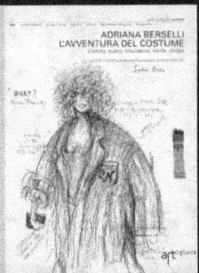

BERSELLI. L'AVVENTURA DEL COSTUME
Cinema, teatro, televisione, moda, design
a cura di Vittoria Caterina Caratozzolo, Silvia Tarquini
prefazione di Steve Della Casa, 2016

Un libro intervista, un ritratto d'artista che traccia contestualmente la fisionomia di un mestiere. Dopo l'esordio con Pabst, negli anni '50, Berselli è al fianco di Blasetti, Risi, Comencini, Vasile, Petroni e Camerini in film che ritraggono l'evoluzione della società italiana del boom economico. Michelangelo Antonioni le affida i costumi per *L'avventura*. Negli anni '60 Berselli rappresenta la rivoluzione sessantottina e l'affermarsi di nuove tecniche, nuovi tessuti, nuove forme. Nei '70 racconta sottotraccia le intemperanze e le frustrazioni di un decennio già carico di fallimenti ideologici e politici. A fine anni '70 segue il marito in Venezuela, paese in cui ha ottenuto premi e riconoscimenti nei campi del teatro e della moda e ha tenuto corsi sul costume in accademie, circoli culturali, università e in programmi televisivi. Tornata poi in Italia, al cinema e alla televisione, esprime ancora il suo talento disegnando "personaggi di strada".

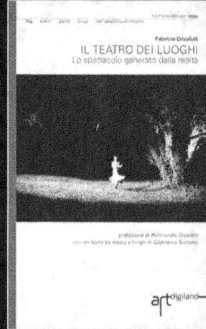

IL TEATRO DEI LUOGHI
Lo spettacolo generato dalla realtà
di Fabrizio Crisafulli
con un testo su danza e luogo di Giovanna Summo, prefazione Raimondo Guarino, 2015

Crisafulli analizza quel particolare tipo di ricerca che ha chiamato "teatro dei luoghi", a oltre vent'anni dalla sua prima formulazione. Un tipo di lavoro nel quale il "luogo" e l'insieme delle relazioni che lo costituiscono vengono assunti come matrice e "testo" della creazione teatrale. Le motivazioni alla base di questa ricerca, il suo riportare l'attenzione sulla realtà locale, la prossimità, si sono riaffermate nel corso degli anni per l'accrescersi delle questioni legate allo sviluppo mediatico, alla perdita di contatto della vita quotidiana con i luoghi, e per le criticità che le forme di comunicazione a distanza e i social network creano, accanto a nuove opportunità, sul piano delle relazioni umane e dei modi di sentire lo spazio. Il volume fa definitivamente luce sul fatto che il "teatro dei luoghi", nell'uso comune a volte inteso (e frainteso) semplicemente come teatro che si svolge fuori dagli edifici teatrali, non è definito dallo spazio dove si fa lo spettacolo, ma dall'idea stessa di "luogo" e dal modo specifico in cui il lavoro si relaziona al sito. In qualsiasi posto si svolga. Chiarendo ragioni e operatività di quello che è un modo radicalmente nuovo di fare e concepire il teatro.

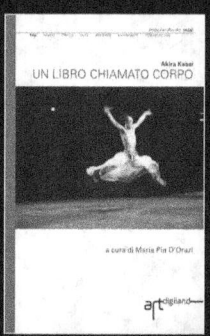

UN LIBRO CHIAMATO CORPO
di Akira Kasai
a cura di Maria Pia D'Orazi, 2016

Le discipline esoteriche insegnano che il corpo non è mai un ostacolo per la realizzazione dell'individuo. Al contrario, è il mezzo necessario per la sua elevazione spirituale, perché lo spirito si forma per gradi dopo aver accolto ed elaborato le esperienze del mondo fisico. È attraverso la percezione delle sensazioni fisiche che l'essere umano può acquisire consapevolezza della sua identità più profonda: quando mette a tacere l'intelletto e dirige la coscienza sulle sensazioni riesce a percepire il corpo interiore come un flusso di energia che scorre nell'organismo, sperimentando il contatto con la sua identità di essenza a partire dalla sua identità di forma. Attraverso il contatto con l'Essenza è possibile distinguere i pensieri individuali generati dal proprio sé da quelli provenienti da istinti fisici o abitudini sociali; mentre si entra in un territorio senza limiti dove "io è un altro" e scompare ogni differenza fra individui, generazioni, civiltà o religioni che possa generare una cultura della sopraffazione e della violenza. Allora, la ricerca espressiva diventa qualcosa di più e d'altro: è sistema pedagogico e visione dell'uomo nuovo.

Artdigiland ha pubblicato in italiano, francese e inglese:

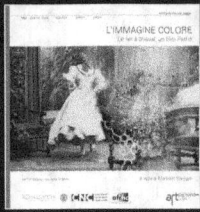

L'IMMAGINE COLORE
Le fer à cheval un film Pathé
a cura di / ed. by Marcello Seregni
prefazione di / foreword by Giulia Barini, 2016

Il libro propone una raccolta di saggi dedicati alla storia del cinema muto e al restauro del film, con particolare riferimento a *Le fer à cheval* (1909) di Camille de Morlhon, restaurato a cura di Associazione Culturale Hommelette e Fondation Jérôme Seydoux-Pathé. Hanno contribuito Rossella Catanese, Eric Le Roy, Federico Pierotti, Alice Rispoli, Stéphanie Salmon, Claudio Santancini, Elisa Uffreduzzi, Giandomenico Zeppa; premessa di Giulia Barini. A conclusione del volume un ampio inserto iconografico con fotogrammi a colori. All'interno le modalità per richiedere la visione gratuita online di *Le fer à cheval*.

Artdigiland ha pubblicato in italiano e francese:

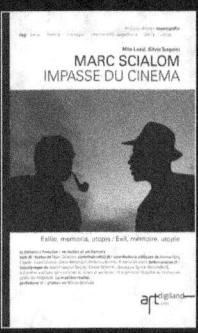

MARC SCIALOM. IMPASSE DU CINEMA
Esilio, memoria, utopia / Exil, mémoire, utopie
a cura di / sous la direction de Mila Lazić, Silvia Tarquini
prefazione di / préface de Marco Bertozzi, 2012

Marc Scialom, ebreo di origini italiane, toscane, poi naturalizzato francese, nasce a Tunisi nel 1934. Dopo le persecuzioni naziste nel '43 in Tunisia, le ripercussioni sugli Italiani, meccanicamente associati al fascismo nel periodo dell'"epurazione", e la strage di Biserta (1961) – che il regista denuncia nel corto *La parole perdue* (1969) –, si trasferisce in Francia. La sua vita si intreccia, "mancandola", con la storia del cinema: a Parigi il lungometraggio *Lettre à la prison* (1969-70), realizzato senza un produttore e quasi clandestinamente, non è sostenuto dai suoi amici cineasti, tra cui Chris Marker. Deluso, Scialom chiude il film in un cassetto. Torna alle sue origini, allo studio della lingua e della letteratura italiane. Traduce la *Divina Commedia* (Le Livre de Poche, 1996). Dopo il ritrovamento di *Lettre à la prison*, il restauro e la presentazione nel 2008 al Festival International du Documentaire di Marsiglia, Scialom torna al lavoro cinematografico con *Nuit sur la mer* (2012).

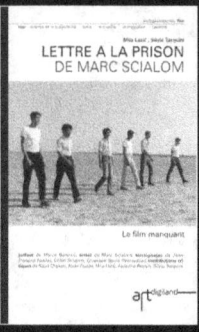

LETTRE A LA PRISON DE MARC SCIALOM
Le film manquant
sous la direction de Mila Lazić, Silvia Tarquini
préface de Marco Bertozzi, 2014

Le livre présente, en français seulement, la partie consacrée à *Lettre à la prison* dans l'ouvrage bilingue – italien et français – *Marc Scialom. Impasse du cinéma. Esilio, memoria, utopie/ Exil, mémoire, utopie*, sous la direction de Mila Lazić et Silvia Tarquini (2012). Le livre source est consacré à l'œuvre de Scialom – cinématographique et littéraire – dans son ensemble, et approfondit sa relation avec la *Divine Comédie* de Dante Alighieri. Ce volume restitue à l'histoire du cinéma la mémoire historique et cinématographique cristallisée dans l'aventure, au sens antonionien, de Marc Scialom. Avec *Lettre à la prison* (1969) nous sommes confrontés à un film Nouvelle Vagues "trouvé", tourné avec une camera prêtée par Chris Marker, puis englouti dans un abîme bien précis, personnel et historique. La préface de Marco Bertozzi cite Alberto Grifi, Chris Marker et Jean Rouch, filmmakers "dépaysés", constamment à la recherche, à travers le cinéma, d'un contact avec la réalité.

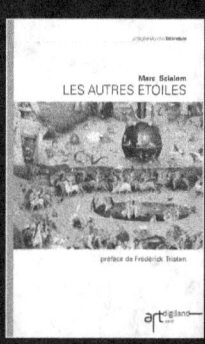

LES AUTRES ETOILES
de Marc Scialom
roman, préface de Frédérick Tristan, 2015

«Voici donc ce que je souhaitais réussir : le lecteur serait plus ou moins perdu tout au long de mon livre, perdu mais accroché, avec le sentiment croissant de frôler une chose intense, de l'entrevoir dans un brouillard, de supposer cette chose peut-être à tort, un peu comme un rêveur sur le point de s'éveiller voit parfois poindre à travers les volutes et sous les masques de son rêve une vérité douteuse, douteuse mais imminente, cela jusqu'aux dernières pages – puis tout à coup il comprendrait : rétrospectivement sa lecture indécise lui deviendrait claire parce qu'il découvrirait, lovée au coeur de la spirale et hors littérature, la scène première dont le livre est sorti».

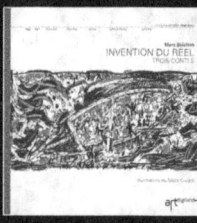

INVENTION DU REEL. TROIS CONTES
de Marc Scialom
illustré par Mélik Ouzani, 2016

Le réel est-il vrai ? Le vrai est-il réel ? Humoristiques mais graves, noirs mais flamboyants et bariolés, burlesques mais parfois terrifiants, ces contes ne peignent pas seulement un univers distinct du nôtre mais qui lui ressemble. À l'aveuglette et à tâtons, ils en esquissent aussi quelques possibles prolongements futurs...

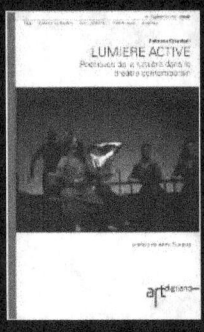

LUMIERE ACTIVE
Poétiques de la lumière dans le théâtre contemporain
de Fabrizio Crisafulli
préface de Anne Surgers, 2015

Cet ouvrage revisite, du point de vue des poétiques de la lumière, quelques épisodes importants de la mise en scène théâtrale au XXe siècle, depuis les grands réformateurs des premières décennies jusqu'à divers artistes contemporains tels que Josef Svoboda, Alwin Nikolais, Robert Wilson. Non pour proposer une histoire plus ou moins organique de la lumière au théâtre, mais pour tenter de préciser, relativement à son utilisation, certaines questions fondamentales. S'affranchissant des contextes étroits de la technique et de l'image dans lesquels on tend souvent à les enfermer, les problématiques de la lumière sont examinées ici sous d'autres angles, ceux de la structure spatio-temporelle du spectacle, de la construction dramatique, de la création poétique, de l'action, du rapport avec le performer. Une partie de l'ouvrage est consacrée au travail théâtral de l'auteur. Elle documente le point de vue particulier sur lequel sa réflexion se fonde, point de vue suscité et enrichi par son expérience personnelle de metteur en scène.

Artdigiland published in English/Italian:

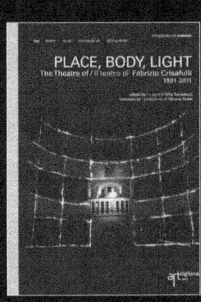

PLACE, BODY, LIGHT
The Theatre of / Il teatro di Fabrizio Crisafulli. Twenty Years of Research / Venti anni di ricerca 1991-2011 edited by / a cura di Nika Tomašević, foreword by / prefazione di Silvana Sinisi, 2013

Fabrizio Crisafulli's theatre research centres on Place, Body and Light, and challenges performance practices at their very foundations, in an attempt to reclaim the original potency of theatre and its relevance and effectiveness in contemporary times. This is where dance meets architecture, drama meets territory, and the performance of the body meets poetic light. Crisafulli's works – poetic and visionary, hypnotic and deeply emotional, full of life and irony – are revealed through interviews, personal accounts, critiques, information and photos related to performances and installations created between 1991 and 2011.

Artdigiland published in English:

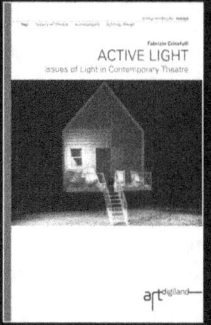

ACTIVE LIGHT
Issues of Light in Contemporary Theatre
by Fabrizio Crisafulli
foreword by Dorita Hannah, 2013

This book looks at various important events relating to the poetics of light in theatre production in the West in the twentieth century, from the great reformists at the beginning of the century to contemporary artists such as Josef Svoboda, Alwin Nikolais and Robert Wilson. The intention isn't to outline a somewhat organised history of stage lighting, instead it is an attempt to identify some basic issues concerning its use. Lighting issues are unshackled from the limited contexts of technique and image, where they often end up only to be relegated, and examined in the context of the performance's space/time structure, poetic and dramatic construction, and the relationship with the performer. A section dedicated to the theatrical work of the author outlines the distinctive point of view behind the book.

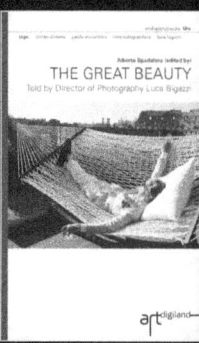

THE GREAT BEAUTY
Told by Director of Photography Luca Bigazzi
Alberto Spadafora (ed. by), 2014

Luca Bigazzi is one of Italy's most acclaimed award-winning directors of photography (DOP). His life has been dedicated entirely to the best of independent Italian cinema (not counting his work with Abbas Kiarostami). He has worked with directors such as Mario Martone, Gianni Amelio, Ciprì e Maresco, Silvio Soldini, Carlo Mazzacurati, Antonio Capuano, Leonardo Di Costanzo and Andrea Segre, and has been working with Paolo Sorrentino since *The Consequences of Love* in 2004. In this interview, edited by the photographer and film critic Alberto Spadafora, the Italian cinematographer talks about *The Great Beauty*, prizewinner of the Academy Award for Best Foreign Language Film of 2014.

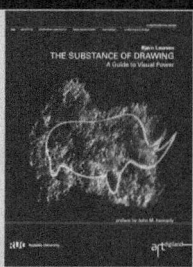

THE SUBSTANCE OF DRAWING
A Guide to Visual Power, by Bjørn Laursen
preface by John Kennedy, 2017

This book is not a manual as it is normally meant. It is not just a technical guide to learning how to draw. It lets you understand the motivations and impulses that are at the origin of drawing and the processes that are activated when you draw. And drawing is intended not so much as a simple tool, more or less effective, to imitate reality, but as a means of knowledge and memory with respect to reality. What Bjørn Laursen lets us understand is how listening and the availability to be captured by what we have around are essential qualities for an artist, and how the act of drawing is not a passive recording of objects, but a discovering and imagining, discovering the present and its history, and imaging the future of the environment we live in. (Fabrizio Crisafulli)